조안호 지음

중학함수, 제대로 가르쳐주마

POLIVERSE

중학함수를 방정식으로 풀면
고등수학 90%가 위험하다

**중학수학 우등생의 70%가
고등수학에서 추락한다는 것은 팩트다.**

중학교 우등생이 곧 고등학교 우등생은 아니라는 말이다. 물론 그 렇다고 중학교에서 공부를 못해야 나중에 고등에서 수학을 잘한다 는 말이 아니다. 중학교에서 공부를 잘하던 학생이 계속 고등에 가 서도 잘하는 경우도 있고, 중학교에서는 두각을 나타내지는 못했 지만 나중에 고등학교에 가서 잘하는 학생이 있다. 중학교에서 잘 하는 것보다 최종적으로 고등수학에서 잘하는 것이 중요하다는 깨 침과 그렇다면 "고등수학을 잘하는 중학생의 공통점이 무엇일까?" 라는 궁금증이 생겨야 할 것이다. 분명한 것은 학원, 과외, 문제집 등 닥치는 대로 문제들을 풀리면서 "생각하지 않는 학생"으로 변한다면, 반드시 고등수학에서 추락하더라는 것이다.

여기서 꼭 기억해야 하는 것이 있다. 중학수학에서 100점을 받았다는 알량한 자신감과 추억이 고등수학의 추락 앞에서는 어떠한 힘이 되어주지 못한다는 것이다. 그러니 쉬운 중학수학 내신시험에서 100점만을 받기 위해서 많은 문제를 푸는 것이 능사가 아니라 고등수학을 대비하는 진정한 실력을 길러야 한다.

진정한 수학실력은 어떻게 기르나? 수학은 개념을 가지고 문제를 해결하는 학문이 분명하다. 그러니 모든 문제풀이의 목적은 개념의 강화에 있고, 개념이 튼튼해지는 것을 수학실력이 높아진다고 한다. 따라서 개념을 배우고 문제풀이에 개념을 사용하여야만 수학공부다. 중학교에서 이렇게 많은 문제를 풀고도 고등수학에서 추락을 면치 못하는 것은 모두 초·중학교에서 개념을 배우지 못해서다. 이를 반영하듯 시중에는 기술만이 난무하고 개념은 눈을 씻고 찾으려야 찾을 수가 없는 지경에 이르렀다.

수학개념이 무엇인지는 아나?
수학개념의 3가지 특징을 알려주마.

개념이 무엇인지를 구분할 수 없다면 기술을 개념이라고 가르쳐도 열심히 공부할 뿐이다. 그렇다고 필자만이 개념을 가르친다고 하면 건방지다고 할 것이니 개념의 특징을 말하고 그 구분을 독자에게 맡기고자 한다.

일반적으로 개념은 '생각의 덩어리'라고 하고는 더 이상 언급하지 않는다. 수학에서 사용되는 개념은 일상어로써의 용어인 개념과는 판이하다. 수학적 개념의 특징은 크게 3가지다. 첫째, 인문학적 개념과 달리 정의·정리 등의 수학개념은 하나다. 분명해야 하고 만약 다양하게 해석된다면 수학개념이 아니다. 둘째, 반드시 한 줄이어야 한다. 개념은 문제를 해결하는 도구다. 항상 가지고 다녀야 하고 꺼내쓸 수 있어야 한다. 따라서 집채만 하게 크면 안 되고 최대한 간결해야 한다. 때로 가르치면서 장황한 설명이 있을 수도 있지만 모두 최종의 한 줄을 설명하는 과정이어야 한다. 셋째, 한 줄의 내용이 전체를 내포해야 한다. 예를 들어 이해하기 쉽도록 수학은 아니지만 '총각은 결혼하지 않는 남자'라는 정의가 있을 때, 총각이라는 말 안에는 이미 '결혼하지 않은 것'과 '남자라는 것'을 내포하고 있어서 분석이 가능하다. 그에 반해 '철수, 남수 등은 총각이다'와 같은 말은 아무리 고민을 해도 철수나 남수로부터 총각이라는 전체를 이끌어 낼 수 없는 단편 지식이거나 기술이다.

정리하면 개념이란 하나이고 간결하며 전체를 내포하고 있기에 분석이 필요하다고 할 수 있다. 역으로 이 세 가지 조건을 갖추지 못한 것은 모두 기술이라고 보면 된다.

전 국민의 80~90%가 수포자다. 이 정도면 수학교육의 명백한 실패이고, 무언가 조금 바꾸면 되거나 열심히 하지 않은 탓이 아니라 무언가 근본적인 것에 잘못이 있다. 수학교육에서 가장 큰 변수는 학생, 선생님, 학부모, 교재다. 그런데 학생이나 선생님들의 머리와 학부모의 교육열은 전 세계 최고다. 그렇다면 나머지는 단 하나 교재, 즉 초·중등 수학 교과서에 의혹의 눈초리를 보내야 한다. 그런데 이상하게 교과서를 가장 좋은 교재라거나 가장 많은 개념을 가지고 있다느니 하며 성역화하고 있다. 학생들만 쥐잡듯 잡고 있다. 필자가 교과서의 잘못된 관점과 오류를 지적하고 바꾸자고 주장하면, "자칫 교과서를 가지고 배워야 할 학생들에게 나쁜 메시지를 줄 수 있다."며 필자를 비난한다. 맞다. 그러나 나쁜 점을 지적하지 않고 바꿀 수는 없으며, 필자의 생각에는 지금의 교과서가 근본적으로 잘못되어서 타협의 여지조차도 없다. 만약 수학을 공부하는 다양한 시각이 있다면 굳이 교과서를 비난할 마음이 없다. 그러나 지금 초·중등 수학 교과서가 이끄는 방향이 대한민국 수학교육의 유일한 방향이라면 다르다.

우리나라는 초중등의 수학 교과서가 지향하는 바를 학교는 물론이고 학원, 학습지, 문제지 등 하다못해 과외 선생까지 모두 획일적으로 시행하고 있다. 수학 교과서가 모두의 길을 잘못 인도하였다면 대한민국의 전체 수학이 안 될 것이며 불행하게도 현재 우리가 맞이한 상황이다.

수학은 "개념을 가지고 문제를 해결"하는 과목이다.

우선 초중고의 수학 교과서 어디에도 "개념을 가지고 수학 문제를 해결한다"라고 말한 적이 없다. 다만 가르치는 선생님들의 입을 통해서 "개념이 중요하다." 내지 "개념 기반 학습" 등의 말을 할 뿐이다. 선생님들이 이렇게 얘기하면 학부모님들이 "내 아이가 개념을 배우고 개념으로 문제를 풀고 있겠거니"라고 착각하지만, 실상은 다르다.

교과서가 개념을 가지고 문제를 푼다고 하지 않는 이유는 교과서에 개념을 싣지 않았기 때문이다. 아니 교과서에 개념을 넣을 마음이 없다고 하는 것이 더 옳은 표현이다. 초중등의 수학 교과서는 고등수학과는 달리 개념을 탐구·발견하라고 하면서 교과서에 써놓을 수는 없었을 것이다. 관찰, 탐구, 추측 등으로 개념을 발견하는 일은 천재 과학자들조차 일생에 한 번 일어나기도 어려운 일이다. 그러니 다시 말하지만, 수학 교과서에는 개념이 없다.

필자가 이렇게 강력하게 말해도 많은 독자들이 "너무 강력하게 말한다"며 반신반의하실 것이다. 그래서 구체적 사례를 든다. 앞서 말했듯이 하나이고 간결하며 전체를 내포하고 있어야 한다는 3가지 특성을 모두 가지고 있어야 개념이다.

중1 수학 교과서의 개념처럼 보이는 내용을 잠깐 보자. 처음 정수를 배우면서 첫째, 정수의 정의가 없다. 둘째, +를 양의 부호, −를 음의 부호라고 한다. 셋째, 이와 같이 수를 대응시킨 직선을 수직선이라고 한다. 넷째, 수직선 위에서 원점과 어떤 수에 대응하는 점 사이의 거리를 그 수의 절댓값이라고 한다. 다섯째, 부호가 다른 두 수의 합은 두 수의 절댓값의 차에 절댓값이 큰 수의 부호를 붙인 것과 같다.

첫째, 정수의 정의만 없는 것이 아니다. 자연수, 분수, 소수, 정수,

유리수, 무리수 등 초·중 수학 교과서에 나오는 모든 수들의 정의가
없다. 그래서 필자가 모두 정의를 만들었다. 쓰임새가 없으니, 교
과서가 다루지 않은 것이라 생각을 할 수도 있다. 그렇지 않다. 필
자의 머릿속에는 이 수들의 정의들을 몰라서 학생들이 자주 틀리
는 문제들이 주마등처럼 지나간다. 게다가 어려운 문제나 처음 보
는 모든 문제는 정의로 푸는 것 외에는 방법이 없다는 것을 기억하
기 바란다.

둘째, 교과서처럼 '+를 양의 부호, −를 음의 부호'라고 가르치면,
대부분의 아이들은 +와 −의 부호 이외에 다른 부호들도 있는 줄로
안다. 단편적인 지식들을 나열하는 이런 식으로 공부하면 먼 훗날
에 깨우치는 학생도 있지만, 대부분은 끝끝내 아무리 공부해도 부
호가 무엇인지 전체에 이르지 못한다.

부분들을 공부해서 전체에 이르려는 것은 과학(귀납적 학문)이고,
전체를 가지고 부분인 문제들을 해결하는 것이 수학(연역적 학문)
이다. 부분들로부터 전체에 이르는 성취는 너무도 어렵기에 천재
과학자들도 평생 한 개 얻기가 어렵다. 그런데 이런 것을 아이들
보고 매번 발견하라고 강요하고 있다. 그동안 수학을 아이들이 왜
어려워했는지 알겠나?

초·중등 수학 교과서를 관통하는 관찰, 탐구, 발견, 측정, 창의 등은 모두 수학이 아니라 단편적인 경험을 요구하는 과학이다. 그래서 수학의 한 줄 개념은 반드시 전체를 포함해야 한다고 한 것이다. 대부분 전체인 개념을 가르치는 것이 더 어려운 것도 아니라 생각만 바꾸면 된다. "부호에는 +부호와 −의 부호가 있다"라고 가르치면, 두 가지가 전부이고 전체라서 다른 것이 추가될 수 없어서 머리가 간명해진다. 그러니 정의나 개념들을 가르치려면, "~~는 ○○이라고 한다"가 아니라 "○○의 정의는 ~~이다"라고 해야만 수학의 개념이 된다.

셋째, "이와 같이 수를 대응시킨 직선을 수직선이라"도 역시 "~~는 ○○이라고"이니 정의가 아니라 사례이고 단편적인 지식이다. 이렇게 가르치면 수직선이 무엇인지를 아이들이 아무리 공부해도 수직선이 무엇인지 모른다. 그냥 수직선의 정의는 "직선에 있는 점을 수로 인식하는 것"이라고 올바르게 알려주기만 하면 대부분의 학생들이 곧바로 이해한다.

넷째, "수직선 위에서 원점과 어떤 수에 대응하는 점 사이의 거리를 그 수의 절댓값"도 "~~는 ○○이라고"이니 정의가 아니다. 뿐만아니라 내용 중에 '수직선 위에서'와 '거리'의 정의를 학생들은 초등에서도 배운 적이 없다. 또한 위 교과서 내용을 가지고 풀 수 있는 중2부터 고3까지 수학 문제가 한 문제도 없다.

다섯째, "부호가 다른 두 수의 합은 두 수의 절댓값의 차에 절댓값이 큰 수의 부호를 붙인 것과 같다."는 학생들도 아무도 사용하지 않는 쓸데없는 계산 기술이다. 이 기술을 사용하려면 항을 배웠어야 하는데, 아직 항을 배우지 않는 상태이다. 게다가 "차"의 개념을 잘못 사용해서 자체로도 틀린 말이다. 이 모든 것은 "부호의 정의"를 가르치지 않아서 생기는 일이다.

교과서를 설명하려고 일부만 언급만 했는데도 가슴이 답답해져 온다. 이 책으로 수학교육이 된다면 기적이다. 필자가 보는 견지에서 교과서는 대부분 정의가 없고 그나마 어쩔 수 없이 써야만 하는 것들은 전체가 아니라 단편적인 나열에 그쳤기 때문에 개념이라고 할 수 없다. 게다가 개념이 없으니, 직접적으로 문제 푸는 기술을 적은 것들조차도 개념이라고 착각하는 사람들이 많다. 교과서를 철석같이 믿는 선생님이나 학부모님들은 교과서에 있는 것이 모두 개념이라고 생각한다. 더 나아가 훌륭한 박사님들이 고민해서 써 놓은 것인데, 어디 듣보잡이 교과서의 흠을 잡는다며 필자를 비난하는 경우도 있었다. 그런 방식이면 역으로 수학의 정의는 수천 년간 세계의 수많은 수학 천재들이 고민고민해서 하나씩 만든 것인데 한 나라의 박사 나부랭이들이 바꾼 것이다.

교과서에 개념이 없다 보니 성실하게 교과서대로 수학공부를 하는 모범생일수록 더 못하는 기이한 현상마저 벌어진다. 교과서를 열심히 해도 이해가 안 되니 돈을 들여 학원이나 과외를 보내고, 그래도 안 되어 급기야는 모든 문제의 유형을 외우는 기이한 일이 대한민국의 대표 공부법이 되고 있다.

필자가 수년째 수학개념 공부의 필요성을 피력해 오고 있다. 최근에는 답답한 마음에 수억 원의 자비를 들여 수빡공(수학 빡세게 공부하기) 프로그램을 시작했다. 전 국민들에게 수학의 개념은 무엇이고, 개념으로 공부하는 방법이 무엇인지를 보여주겠다는 것이다. 당연히 이 책도 개념의 특성에 맞게 공부시키려는 목적으로 펴낸 것이다. 우리나라처럼 똑똑한 선생님과 학생이 넘쳐나고 또 세계적인 교육열의 나라에서 정확한 "수학개념"이 무엇인지 몰라서 국민의 80~90%가 수포자로 내몰리는 것은 말도 안 된다.

** 수학의 최종 도착지는 함수이니
결국 함수를 잘하는 자가 수학을 정복하리라 **

수학도 언어이며 함수는 인간이 만들어낸 가장 합리적이며 고차원의 언어이다. 언어라는 것은 결국 의사전달이 목적이며 의사전달을 위해서는 수학의 수식이 갖고 있는 의미를 이해하는 것이 가장 중요한 과제이다.

수학의 수식은 수천 년에 걸쳐서 가장 간결하게 표현하였고 간결한 만큼이나 이해가 어려워졌다는 말이기도 하다. 하나하나 파헤쳐서 이해의 수준으로 끌어내린 다음 최종적으로 수식을 그냥 보는 것만으로도 그 의미가 들어와야 수학을 언어로써 제대로 공부하는 것이 된다. 그냥 주어진 문제를 풀 수 있다는 것으로 수학 공부를 다 했다고 하는 것은 수박 겉핥기라는 말이다.

수학의 최종 도착지는 당연히 함수이니 함수의 기본이 되는 일차함수와 이차함수의 관계식을 철저히 다루어서 그 식을 바라보는 눈을 키워놓는 것이 중학수학에서 필수다. 고차원이라고 했던 것은 이해를 위한 귀차니즘을 동반할 것이고 최종 도착지란 말은 고등수학의 방향성이기도 하다. 함수에서 한 개념을 이해하고 안다는 것은 일당백의 가치가 있으니 하나하나 철저히 이해하여야 한다.

함수 이전에 배운 것은 준비 과정이었고 모든 개념은 다시 함수에서 재등장한다. 함수를 싫어하는 학생이 많은 것도 비단 우연이 아니다. 여러 개의 개념이 혼재되어 있어 이전에 열심히 하지 않은 학생은 당연히 추가로 그래프까지 그려야 하는 함수가 좋을 리 만무하다. 그러나 함수는 중학교 수학에서 반드시 완전하게 갖추어야 한다. 중학함수는 비록 중학교의 수학에서 차지하는 분량이 많지 않지만, 고등수학의 90%를 차지하는 주된 부분으로 연결하는 통로이다.

중학교 우등생들 중 많은 수가 함수의 개념을 잡지 못하면서도 잘한다고 맹신한다. 함수의 관계식을 함수로써가 아니 방정식으로 보고 대입만으로 풀어도 문제가 풀리기에 함수문제를 잘 풀지만 정작 함수를 잘 모르는 기이한 현상 때문이다. 일반 중학생은 물론이고 소위 전교 최상위권이라는 학생들조차 함수가 무엇인지조차 모르면서 문제를 풀고 있는 것이다. 중학교의 함수 문제는 대부분 그냥 대입만 하면 답이 나오는 수준이라서 방정식을 잘 푸는 아이라면 함수의 문제를 풀기가 어려운 것이 아닐 것이다. 소위 답이 맞으니, 함수를 안다는 착각을 하기에 이르게 되었다는 말이다.

함수의 의미를 잘 모르고 고등학교에 올라간다면 비록 지금 최상위권이라 할지라도 고등학교의 문제를 풀면서 혹독한 시련을 겪거나 아니면 추락 내지는 포기 대열에 합류하는 일이 벌어지게 된다. 설사 중학교에서 함수를 잘 못한다 해도 함수 단원이 시험 범위에 들어갔을 때만 일시적으로 점수가 하락했다가 다음에 다른 단원을 시험을 보게 되면 다시 성적이 올라간다. 그러면 자신이 계속 수학을 잘하는 걸로 착각하게 된다. 다시 한번 강조하니 중학수학에서 함수는 다른 어떤 단원보다 개념을 튼튼히 잡아야 하고 이를 대충해서는 안 된다.

그렇다고 함수의 이해가 어렵다는 것은 아니다. 앞으로도 수학에서 중요한 것이 어려운 것은 없다. 함수에 대한 이해가 잘 안된다면 중학수학이 문제가 아니라 고등수학의 전체가 위태로워진다. 고등학교에서 함수란 이름이 붙어있는 것만 언뜻 보더라도 합성함수, 역함수, 유리함수, 무리함수, 지수함수, 로그함수, 삼각함수 등이 있고 원이나 기타 도형 등(나중에 배우겠지만 음함수라고 한다.)도 모두 그래프 안으로 들어갈 것이다. 뿐만 아니라 모든 방정식은 함수와 연관되고 수열, 미적분 등 전혀 함수라는 이름이 들어가 있지 않은 모든 것들이 함수와 관련된다.

중학교 우등생의 절반 이상이 고등학교에서 추락하는 이유도 바로 함수 때문이다. 다른 부분을 비록 잘한다 해도 90%를 차지하는 함수를 못 하면서 고등수학을 잘하는 것은 불가능하다.

함수 $f(x)$ 를 바라보는 눈

이 책에서 다루려고 하는 것은 단 하나 '함수 $f(x)$'이다. 이 책을 읽고 이것이 무엇인지를 알게 된다면 이 책의 소임을 다했다고 생각한다. 함수 $f(x)$란 한마디로 말해서 'x에 대한 함숫값들'이고 이 말을 이해한다면 이 책을 볼 필요가 없는 것이다. 그런데 중학교 3년 동안 함수를 가르치면서 공사교육을 모두 합쳐서 함수 $f(x)$ 즉 '함숫값들'이라는 단 하나를 가르치는 데 대부분 실패하였다.

필자가 찾아오는 고등학생을 3년간 전수조사한 적이 있었는데, 찾아오는 고등학생의 전부가 함숫값을 몰랐다. 이것을 아는지 모르는지 중학교의 수학 집필진들은 최대, 최솟값을 학생들이 어려워하니 고등학교에서 올려보내니 마니 한다. 학생들이 모르는 것은 최대, 최솟값이 아니라 함숫값이다. 함숫값을 모르니 함숫값 중에서 가장 크거나 작은 최대, 최솟값을 모르는 것은 당연하다.

개념만 있으면 공허하고, 개념 없이 문제만 풀면 무의미하다

개념이 중요하다고 하였지 문제를 풀지 않아도 된다고 하지 않았다. 올바른 개념을 배웠다면 이것을 적용하는 문제를 풀어야 한다.

수학개념을 배우면 쓸데없는 것을 배우는 것 같고, 문제만 풀면 도대체 생각이 정리가 되지 않아서 늘 혼동만이 남는다. 개념은 생각의 프레임이고, 프레임을 채우는 것은 문제이고 경험이기 때문이다. 문제의 이해와 해결의 판단 기준이 개념이다. 그러니 수학개념을 가지고 문제를 해결해야만 실력이 쌓인다라는 기본을 지키기 바란다.

조안호

목차

3부 ｜ 3학년의 함수　　203

f(x)

1학년의 함수

수학교육은 연산과 개념을 도구로 연역적 사고를 길러가는 과정이다.

- 조안호

중학교에서 가장 중요한 단원은 단연코 함수이며, 고등함수를 위해 중학교 전체가 모두 함수의 기초를 배우는 시기다. 이를 잘 처리하지 못한다면 중학 우등생이라는 말이 무색하게 고등수학에서 무너지게 된다. 어려워하는 기초는 처음부터 확실하게 배워야 하지만, 중1에서 학생들이 함수를 어려워한다는 이유로 해마다 분량을 덜어내고 있다. 필자의 생각은 다르다. 어려우므로 더 다양한 각도와 엄격함으로 처음부터 충실히 배워야 한다고 생각한다. 교과서에서는 다루지 않지만 중요한 것이라면 중1에서 다루려고 했고, 이를 잘 따라와 준다면 중2와 중3에서 쉬워질 것이다.

함수에서 배우는 하나하나는 하나의 개념을 이해하면 수백 문제를 이를 이용해서 풀 수 있을 정도로 하나하나가 모두 중요하다. 만약 중1의 함수를 튼튼히 하지 않으면 중2나 중3의 함수를 공부하면서 이해가 안 되므로 기술에 치중할 우려가 크다. 기술로 문제를 풀면 당장은 진전하고 있는 듯이 보이지만 결국 고등수학에서 발목을 붙잡히게 된다. 실제로 함수를 못하는 학생들은 대부분 중1의 함수부터 놓치고 있다. 처음 서문에서 밝혔듯이 $f(x)$가 중요한 데, 그 $f(x)$가 무엇인지부터 이해하는 것에서부터 막히는 것이다. 전교 상위권은 물론이고 거의 모든 중학생들이 함수의 개념을 잡지 못하는 데는 이유가 있고 이를 보완하기 위해서 다음 두 가지를 기존의 방법에 추가했다.

첫째, 교과서가 함수의 정의를 다양한 방법으로 강화해 주려는 대신에 요식행위처럼 넘어갔다. 그래서 필자가 대응의 내용을 좀 더 강화하여 교과서에서 배우지 않는 정의역, 공역, 치역이라는 용어를 추가했다. 공부의 분량이 조금 많아졌지만 중3에서 최댓값과 최솟값을 공부하면서나 고등수학에서의 함수와 방정식, 함수와 부등식의 관계를 깔끔하게 정리하는 데 도움이 될 것이다. 그리고 오히려 전체 공부의 분량은 적어지게 되므로 필자를 너무 탓하지 말고 다소의 귀찮음을 이겨 내기 바란다.

둘째, 필자가 함수 $f(x)$를 'x에 대한 함숫값들'이라고 정의했는데, 한 마디로 이 정의는 잘못된 것이다. 정확하게 하려면 'x의 변화에 따른 함숫값들로 이루어진 함수'라고 해야 한다. 그런데 이렇게 하면 의미가 모호해서 정의를 하는 의미가 없기 때문에 부득이한 조치라고 이해해 주기 바란다. 본문에 오류의 이유를 설명하고 오류를 보완하는 방법을 제시했다.

중1의 함수 과정은 함수의 뜻과 용어, 정비례, 반비례의 그래프를 그리는 것까지이다. 그리고 용어들에는 정비례, 반비례, 상수, 변수, 대응(정의역, 공역, 치역), 함숫값, 좌표평면, 좌표축, x축, y축, 제1, 2, 3, 4사분면, 순서쌍, 좌표, x좌표, y좌표, 원점, 함수의 그래프 등이 있다. 함수는 이러한 용어들의 개념을 충실히 잡기 위해 다양한 문제가 제시된다고 보면 된다. 앞으로 차차 설명하겠지만 1부에서 함수를 받아들이는 데는 3번의 어려움이 있다. 이 어려움 때문에 사람들이 함수에 진입도 못 하는 실정이지만 필자의 독자들은 그러한 전철을 밟지 않기를 바란다.

1.1

함수의 교과서적 정의

함수를 열심히 공부하겠다는 마음으로 이 책을 보고 있을 것이다. 앞서 이야기한 바와 같이 수학은 연역적 학문으로서 가장 먼저 전체인 개념으로 프레임을 만들고 그 안에 세세한 것들을 맞추어가는 접근방식을 따른다. 그렇다면 이 마음이 변하거나 줄어들기 전에 함수의 정의부터 살펴보자. 다음 〈함수의 정의〉를 이해하고 외우고 그 안에 품고 있는 의미가 점차 확장되고 깊어져 체화되어야 한다. 물론 하나하나 이해하도록 설명하겠지만, 이 방법이 올바른 방법이라는 것이지 쉽다는 말이 아니다. 처음에 연역적 접근방식으로 공부하면 쓸데없는 것을 공부하는 것 같고 뜬구름을 잡는 것만 같다. 그러나 하나하나 분석하여 체화시키면 계속 어둠 속의 빛처럼 유일한 의지가 된다. 이후 고등수학까지 개별문제들을 만나 더

욱 빛을 발할 것이며 연역법으로 공부하지 않은 다른 사람들보다
자신감과 수학 실력이 높아질 것이다.

<함수의 정의>

두 변수 x, y에 대하여

x의 값이 변함에 따라 y의 값이 하나로 정해지는 대응관계가 있을
때 y를 x의 함수라고 하고 기호로 함수 $y = f(x)$ 라고 한다.

함수를 처음 접하는 사람에게는 이 정의가 내포하는 의미를 곧바
로 이해하기가 어려울 것이다. 교과서에서는 함수의 정의를 직접
적으로 설명하는 대신에 대응관계를 표로 보여주고 함수의 설명을
끝낸다. 그래서 선생님이 대응표를 아무리 잘 설명하더라도 함수
를 이해하는 것은 역부족일 수밖에 없다. 아는 만큼 보인다는 말이
있듯이 설사 이 의미를 안다고 생각하는 사람이라도 이 정의를 모
두 안다고 하기는 어렵다. 필자의 지도를 따르며 이 정의를 사정없
이 쪼개고 분해·분석하여 더 이상 이해가 안 되는 부분이 없도록
해보자. 필자도 모처럼 책의 분량을 고민하지 않고 원하는 만큼 썼
다. 그런데 지금까지 '잘 모르겠으면 대충 넘어가고 쭉쭉 진도를 나
가다 보면 알게 되는 때가 온다.'라는 생각을 가지고 있을지 모르겠
다. 물론 이것도 공부의 한 방법인 것은 맞지만 대체로 이러한 방
법은 수학이나 과학과 같은 과목을 공부할 때는 잘못된 공부습관

을 키울 우려가 있다. 만약 이러한 생각을 가지고 있는 학생이라면 34쪽에 있는 *Tip*을 먼저 읽고 오기 바란다.

위 정의를 이해하기 위해 사용된 용어를 우선 간단히 살펴보자.

변수: 필자는 '어떤 범위 안에 특정한 값이 될 수 있는 수'라고 정의한다.

교과서는 변수를 "여러 가지로 변하는 값을 나타내는 문자"라고 했는데, 이를 그대로 사용하면 자칫 오류가 만들어진다. 수학에서의 수는 절대로 변하지 않는다. 다시 말해 수학에서 어떤 수가 살아있는 생물처럼 4.9가 4.99로 되었다가 다시 4.999로 변하는 수가 있는 것처럼 생각하면 안 된다. 이를 잘못 이해하면 극한이 안 되고, 극한이 안 되면 고등수학에서 미적분을 이해할 수 없게 된다.

대응관계: '두 대상이 어떤 관계에 의해 서로 짝지어지는 관계'라고 정의한다. 이는 설명이 더 어려워 보인다. 교과서에서는 다루지 않았지만 앞으로 대응을 통해 함수를 다시 이해해 볼 요량이므로 자연스럽게 이해할 수 있을 것이다. 교과서에서는 대응관계를 생략하여 학생들의 직관에 의존하고 대응으로 함수를 설명하지 않아도 함수를 설명하는 데 지장이 없다고 판단하고 있다. 물론 교과서에서 하고 있는 함수의 정의만으로도 설명은 되었다고는 보지만, 문제는 학생들이 이해를 잘 못하고 있다는 데에 있다. 함수를 좀 더

정확하게 이해하려면 비록 설명이 중복되더라도 다양한 방법으로 공부해야 한다고 생각한다. 어차피 대응을 고등수학에서 함수의 개수를 묻는 문제 등을 통해 다루고 있으므로 미리 공부한다면 여러모로 유용하다고 본다.

함수(函數): 한자 말의 의미를 담아 함(函)이 '상자 함' 자이며, 이는 영어 *function*(기능, 작용)을 중국어로 음역한 것이다. 여기서 함수가 '수를 담는 그릇'이라는 이미지를 가지기 바란다.

함수의 정의를 외웠나요? 이제 함수의 정의를 한 마디씩 분해해서 설명해 보겠다.

① '두 변수 x, y에 대하여'

이는 함수의 전제조건이다. 이를 설명하는 선생님을 본 적이 없지만 이 안에는 중요한 많은 의미가 포함되어 있다. 어려운 문제는 모두 개념을 묻는 것이므로 아래 3가지를 반드시 외우고 몸에 체득해야 고등수학의 심화문제들을 이해하고 풀 수 있게 될 것이다.

첫째, 두 개의 변수 사이에서만 함수관계가 성립한다.
이는 고등수학까지의 모든 함수에서 변수는 항상 2개가 나온다는 말이고, 더 이상의 변수를 사용하지 않는다는 말이다.

둘째, 변수는 x, y만이고 나머지의 미지수는 상수이다.

원래 수학의 모든 수는 변수이거나 상수이다. 그런데 미지수는 "아직은 알지 못하는 수"이다. 여기서 미지수는 모르는 수이니 변수인지 상수인지도 모른다. 따라서 모든 미지수는 항상 각 문제에서마다 변수인지 상수인지를 지정해 주어야 한다. 만약 지정해 주지 않는 문제가 있다면 문제 오류가 된다. 미지수를 변수를 x, y로 지정했으므로 다른 미지수들은 상수라는 것이다. 예를 들어 $y = ax + b + z$ 라는 함수에서 a, b, z은 상수인 것이다.

셋째, '두 변수 a, b에 대하여'라고 변수의 지정을 새롭게 해도 된다는 뜻이다.

중학함수의 변수가 대부분 x, y에 대해서만 나오기 때문에 아직 받아들이기 힘들겠지만, 점점 어려워지거나 고등함수에 올라가면 변수 지정을 스스로 해야 하는 경우가 나온다. 물론 어떤 설명도 없으며 그 근거는 정의한 바에 따라 파생된 것이다.

② 'x의 값이 변함에 따라 y의 값이 하나로 정해지는'

이는 함수의 조건이다. 다음 두 가지를 이해하도록 한다.

첫째, 'x의 값이 변함에 따라'는 x의 값이 변한다는 것이 아니라 변할 수도 있고 변하지 않을 수도 있지만 '만약 변한다면'이라는 의미를 가지고 있다. 따라서 함수는 규칙이 있지 않아도 된다. 예를 들어 하나의 대응만으로 함수가 될 수 있고, 심지어는 규칙을 몰라도 함수가 될 수 있다는 것이다.

둘째, x의 값이 무언가로 정해질 때마다 y의 값이 하나씩 존재하겠다는 것이다.

이것이 함수의 조건이며 반대로 x의 값이 정해질 때, y의 값이 존재하지 않거나 두 개 이상이라면 함수가 되지 않는다는 말이 된다.

③ 함수 $y = f(x)$

첫째, '$f(x)$'와 '함수 $f(x)$'는 다르다.

$f(x)$는 그냥 x와 상수로 이루어진 단순 식이라는 뜻이다. 그에 반해 '함수 $f(x)$'는 함수이므로 정의에 따라 두 변수 가 있는데 x와 그에 따라 나타나는 $f(x)$가 변수라는 뜻이다.

둘째, '함수 $f(x)$'라고 했으므로 앞서 함수의 설명에서 언급했던 변수 x와 $f(x)$ 사이에 함수의 조건을 갖추고 있다는 말이다.

셋째, '함수 $y = f(x)$'는 '함수 y'라고 표현하거나 '함수 $f(x)$'라고만 표현해도 된다.

정리하면 함수는 두 양의 관계에서만 설정되며, 한 양이 변함에 따라 각각에 대하여 다른 양이 하나씩 정해지는 대응관계라는 것이다. 그런데 이는 두 변수 사이의 관계를 나타내는 식을 사용하는 구체적인 모습의 함수 개념이므로 정비례나 반비례, 일차함수, 이차함수 등과 같은 관계식을 이용하여 설명하겠다는 의미를 담고 있다. 여기서 하나하나를 파헤쳐 나가므로 오히려 더 헷갈리고 더 모르겠다는 생각이 들 수도 있겠다. 아무것도 모른다면 헷갈릴 일도 없으므로 헷갈리는 것은 이해하는 과정이고 좋은 일이다. 헷갈리는 모든 것은 문제로 제시될 것이고, 어려운 문제일수록 이 〈함수의 정의〉가 생각의 바로미터이며 그 이상은 없다. 앞으로 중고등학교에서 6년 동안 함수를 배우겠지만 이 정의를 벗어나지 않는다. 앞으로 계속 깊게 다루면서 헷갈림을 없애기만 하면 함수가 무엇인지를 보다 명확하게 이해할 수 있을 것이다.

앞서 〈함수의 정의〉를 언급하고 하나하나 설명했지만 어려웠을 것이다. 사실 수학의 올바른 공부법인 연역법은 처음이 가장 어렵다. 그래서 초중등의 수학 교과서는 이 어려움을 회피하기 위해 편법으로 연역법이 아닌 귀납법으로 가르친 것이다. 교과서는 비례식, 좌표, 정비례와 반비례, 대응표를 보여주고 난 뒤에 비로소 〈함수의 정의〉를 써 놓았다. 대신에 〈함수의 정의〉에 대한 설명은 없다. 아이들이 이해하고 발견하기 쉽도록 여러 가지를 보여주었으므로 함수의 정의를 설명하지 않아도 될 것이라는 교과서의 의도는 잘못되었다.

사실 학생들이 스스로 이해하거나 발견하기는 불가능에 가까워서 전혀 모르겠으며 무서워하기까지 한다. 심지어 중학교 전교 1등 학생조차 당연히 알아야 할 함숫값도 모르는 지경에 이르렀다. 어떤 전교 1등이 알려주었는데도 모르겠는가? 그나마 함수의 정의는 교과서에 있지만 대부분의 개념들은 써놓지도 않았다. 필자가 30년 동안 학생들을 가르치면서 수학의 올바른 공부방법인 연역법으로 알려주기 위해 정의를 낱낱이 밝힌 것이다.

학생들에게 알려주지 않고 스스로 발견하게 될 것이라는 수학 교과서의 방법은 귀납법이라는 편법이다. 수학자들에게 수학의 공부방법이 귀납법이냐고 묻는다면, 이구동성 모두 아니라고 할 것이다. 아무리 편법이라 할지라도 최대한 수학의 특성 자체를 벗어나서는 안 된다고 생각한다.

연역법으로 알려주기 어려운 것만 일부분 제한적으로 귀납법으로 하는 것이 아니다. 초중등수학 교과서는 거의 10년 동안 관찰, 탐구, 발견, 측정, 귀납적 추론, 창의 등의 귀납법적 도구를 사용하여 귀납법으로만 가르치고 있는 실정이다. 귀납법은 과학에서 사용해야 하고, 수학은 과학과는 공부방법이 반대인 연역법이다. 그러니 10년 동안 엉뚱한 과학 공부를 열심히 하다가 어려운 고1 수학에서 전 국민의 90%가 수포자가 된다.

대부분의 국민이 수포자가 된 고2가 되면, 교과서가 지금까지의 귀납법을 버리고 갑자기 수학의 올바른 공부방법인 연역법으로 바꾼다. 그런데 교과서도 선생님도 어느 누구도 이같은 사실을 알려주지 않으며 당연히 학생들도 알아채지 못한다. 일타강사나 고등학교수학 선생님이 교과서에 나온 대로 연역법으로 가르치지만, 학생들은 10년 동안의 귀납법적 습관을 버리지 못한다. 고등수학 선생님들이 아무리 올바르게 가르쳐도 중학교에서 하던 대로 죽어라 문제만 풀다가 3~4등급이나 그 아래 등급에 머문다. 3~4등급은 개념으로 배우지 못했을 때 나올 수 있는 최대치이다. 아마 수많은 수포자가 있는 상황에서 그나마 문제라도 많이 풀어서 3~4등급이라도 맞았으니 다행이라고 생각하는 듯하다. 필자가 보기에 연역법으로 그 정도 노력을 하였다면 1~2등급을 받았을 것이기 때문에 안타깝다. 또한 연역적접근이나 연역법은 수능시험 지문의 90%에 사용하고 있고, 이공계의 모든 대학공부의 방법이자 대기업 공문과 대면보고에 사용된다. 이미 이 사회의 주류는 수학에서 배우고 익힌 연역법과 연역적 접근이 일상화되고 있다. 수학에서 초·중등부터 연역법이라는 수학의 특성을 받아들여야 하는 이유다.

수학의 공부방법

문과와 이과가 통합되었지만 여전히 학생들을 문과 스타일이나 이과 스타일로 구분하는 경향이 있다. 모든 고등학생이 선택권이 없이 모두 하나의 수학시험을 보는 날까지 이 말은 없어지지 않을 것이다. 소위 국어나 암기과목의 성적이 잘 나오면 문과 스타일, 수학이나 과학을 잘하면 이과 스타일이라고 말한다. 이렇게 구분 짓는 것은 바람직한 현상은 아니다. 문과 또는 이과 스타일이라는 것은 고정된 것이 아니며, 환경이나 상황에 따라 바뀔 수 있는 그저 생각의 차이일 뿐이다.

소위 문과 스타일 학생들은 국어를 공부하다 보면 전체적으로 어떤 느낌이고 대강의 줄거리가 어떠하며 문단에서의 주제가 되는 문장과 핵심어들에 집중하게 된다. 그래서 하나하나의 세세한 부분을 모르더라도 쭉쭉 읽어 내려가면서 자신만의 언어로 재조합하는 과정을 거친다. 또 이렇게 하는 학생들이 국어 공부를 잘한다. 문제는 이 방법으로 공부를 성공했기 때문에 다른 과목에서도 모두 똑같은 공부방법을 적용하려고 시도하기 때문에 어려움이 생기고 이것을 문과 스타일이라고 한 것이다.

수학에서는 국어 과목의 공부 방법을 적용하면 얻는 것이 적다. 예를 들어 '두 변수 x, y에 대하여 x의 값이 변함에 따라 y의 값이 하나로 정해지는 대응관계가 있을 때 y를 x의 함수라고 한다.'라는 함수의 정의를 읽은 뒤에 국어 공부를 하듯이 'x와 y와의 관계구나!'라고 한마디로 정리한다면 어떻게 될까? 결국 수학을 국어 공부하는 것처럼 한다면 아무리 공부를 하더라도 이 정의로부터 얻는 것이 거의 없는 상태가 된다. 물론 이것을 이해하려고 노력해도 안 될 것이다. 문제를 풀다 보면 이 정의의 의미를 저절로 파악했던 선 경험들이 작동하였기 때문이기도 하다. 수학에서의 정의, ○○의 성질 등은 수학자들이 더 이상 줄일 수 없을 만큼 가장 간결하게 표현한 것이므로 많은 함축된 의미를 내포하고 있다. 평생 동안 연구에 매진한 수학자들이 더 이상 줄일 수 없을 만큼 줄여 놓은 것을 이제 막 수학을 공부하는 초심자가 한 단어로 압축한다

는 것은 불가능하며, 만약 줄인다면 개념은 거의 없고 그냥 쭉정이
를 손에 쥐면서 안다고 하는 것과 같다.

그러면 수학을 어떻게 공부해야 하는 걸까?
앞서 말한 것처럼 문제를 많이 풀어 개념을 잡겠다는 귀납법은 수
학의 공부 방법이 아니다. 책을 다 읽고 나서 이것은 무엇에 대한
책이라고 요약을 하거나 문단을 읽고 핵심어를 뽑아내는 국어의
공부방법도 귀납법의 일종이다. 또한 귀납법에 익숙한 고등학생
들이 정의를 읽고 한마디로 줄이려고 하는 것은 잘못된 수학공부
법이다. 수학에서 정의는 수학자가 만든 선험적인 것이기 때문에
외워야 한다. 수학의 정의를 외우라고 하면, 외우는 것이 아니라
이해하는 것이라고 지적하는 사람들이 있다. 정의를 외우라는 말
이 이해하지 말라는 것으로 들리는 것은 논리의 오류다. 정의를 이
해해야 외워지고, 외워진 상태에서 끝나는 것이 아니라 주어진 정
의를 이해할 수 있는 최소단위로 잘게 자르고 하나하나 분석해야
한다. 앞서 필자가 함수의 정의를 분해한 뒤에 설명했던 것이 좋은
예일 것이다. 물론 이렇게 하면 처음에는 좀 더 공부 분량이 늘어
나고 진도는 나가지 않고 시간도 더 걸리며 오히려 더 혼동되는 과
정을 거치는 경우가 많다. 그렇지만 이해가 깊어지게 되면 부풀었

던 것의 거품이 서서히 꺼지면서 머릿속에 원래의 정의가 의미를 담고 고스란히 남게 된다. 수학의 정의는 절대 줄일 수 없지만 대신에 자신만의 언어로 이해하기 쉽게 더 길게 하는 것은 상관없다. 문과 스타일이든지 이과 스타일이든지 수학을 잘하려면 이 방법을 적용해야 하며 자신의 스타일을 고집해서는 안 된다. 이처럼 문과 스타일이 수학을 못 하는 이유는 머리 탓이 아니라 그냥 공부하는 방법이 잘못된 것일 뿐이고, 수학에 접근하는 태도만 바꾸면 얼마든지 잘할 수 있다.

정의를 세세하게 정리한 뒤에 계속 문제를 풀면서 외운 정의가 어떻게 사용되는지를 확인하며 적용되는 범위를 넓혀 나가는 과정을 거치게 되면 상대적으로 많은 문제를 풀지 않아도 개념이 튼튼해진다. 그리고 개념이 튼튼해지는 것이 곧 수학실력이 좋아지는 것이며 이것이 유일한 길이다. 고등수학에서 이 길로 가지 않으면 너무 많은 수학문제들에 고생만 하게 될 뿐 수학실력이 좋아지지 않는다.

1.2
대응관계로 함수 설명하기

앞서 함수를 교과서대로 '한 양이 변함에 따라 다른 양이 하나씩 정해지는 대응관계'로 설명했다. 그런데 함수에 대한 정의는 이것만 있는 것이 아니라 '집합에서 집합으로의 대응'으로도 설명할 수 있다. 이게 뭐냐고? 대응을 설명한 뒤에 소개하겠지만, 이 방법이 고등함수의 관점이다. 이렇게 이야기를 하면 "얼른 문제를 풀어야 되는데, 고등수학은 고등학교에서 배우면 안 돼요?"라고 하는 학생들이 있다. 학생들은 공부의 분량을 줄이기 위해 하는 말이겠지만, 필자에게는 문제를 많이 풀기 위해 개념을 적게 배우겠다는 말도 안 되는 소리로 들린다. 개념을 튼튼히 배우는 것이 문제를 푸는 시간을 줄여주고 실력을 높이는 더 좋은 방법임을 모르고 하는 말이다.

대응으로 집합을 설명하는 것은 집합, 정의역, 공역, 치역과 같은 새로운 용어에 대한 설명으로 다소 공부 분량이 늘어나지만, 앞으로의 함수의 그래프를 이해하는 데 도움이 될 것이므로 전체적으로 볼 때는 훨씬 함수를 이해하기가 쉽다. 교과서는 여러분이 집합을 배우지 않았던 것, 중복설명 등의 이유로 대응을 다루지 않고 있지만 대응으로 설명하는 것은 설사 집합을 배우지 않았더라도 직관적인 까닭에 이해하기가 훨씬 편하다. 글보다 이미지에 익숙한 요즘 학생들이 이해하기 쉬운 대응으로 함수를 설명하는 것을 귀찮다는 이유로 외면할 수는 없다고 본다.

3명의 여학생 a, b, c 가 활을 쏘았는데, 과녁은 2점, 4점, 6점, 8점, 10점으로 되어 있으며 과녁을 맞추지 못하는 경우는 0점이다. 3명이 활을 한 번씩 쏘아서 얻은 점수를 표로 나타내면 다음과 같다고 하자.

이름	a	b	c
점수	6	8	10

위 표에서 활을 쏘는 사람들을 모아서 X라 하고 나올 수 있는 점수를 모아서 Y라 하고 대응의 그림으로 나타내면 다음과 같다.

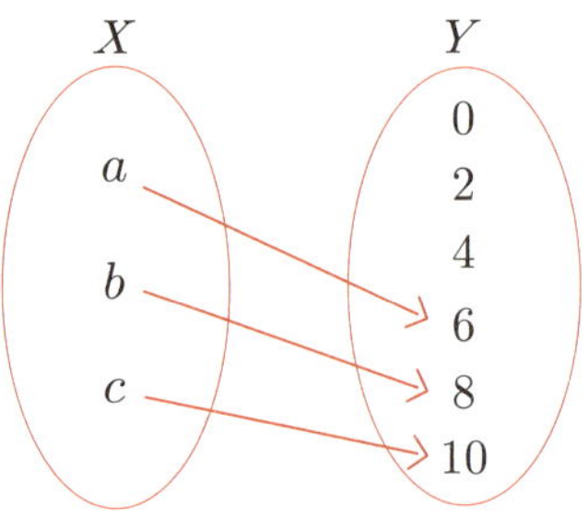

앞서 나타낸 표보다는 위 그림이 훨씬 이해하기가 편하다. 이처럼 그림이라고 하는 것은 직관적이고 한눈에 보인다는 장점을 가진다. 함수도 최종적으로는 그림으로 나타내어 편리한 장점을 활용하기 위한 것이므로 한동안 어렵더라도 함수의 그래프를 자유자재로 활용하게 될 때까지 인내하며 배우도록 하자. 이러한 대응의 종류는 일대일대응, 다대일대응, 일대다대응, 다대다대응이 있으며 다음 그림과 같다.

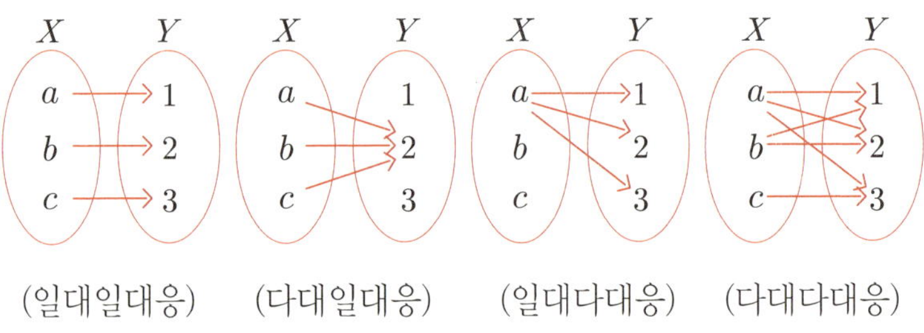

대응이 모두 함수가 되는 것이 아니라 함수의 조건 (46쪽 *Tip* 참

조)에 따라 일대일대응과 다대일대응만이 함수가 된다. 이제 대응에서 필요한 용어를 설명해 본다.

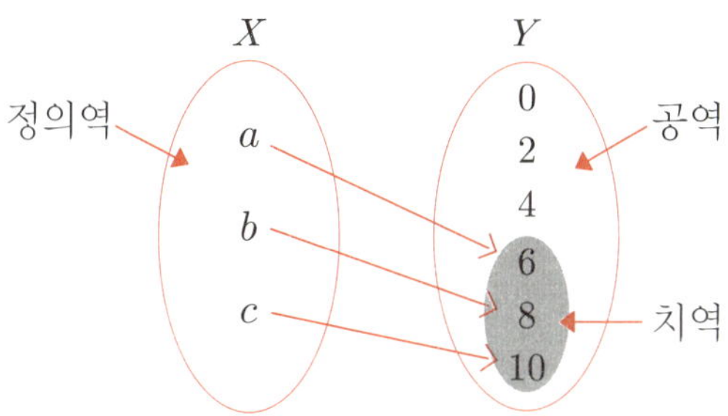

학교에서는 배우지도 않는 대응을 너무 깊게 설명한다고 생각하는 학생들도 있을 것 같다. 그런데 지금 설명하고 있는 정의역, 공역, 치역들의 관계가 나중에 함수의 그래프를 이해하는데 무척 도움이 되므로 필자를 믿고 정확하게 이해하기 바란다. 활을 쏜 사람들을 X라 했는데 이것을 **정의역**이라 하고, 받을 수 있는 점수들을 모아서 Y라 하는데 이것을 **공역**이라고 한다. 각각의 사람들이 얻는 점수를 함숫값이라 하고 함숫값들을 통틀어 **치역**이라고 한다. 이때의 '역'은 지역(地域)과 같은 단어처럼 어떤 범위를 나타낸다.

* **정의역**: 대응이나 함수의 문제에서 출제자가 제시하는 범위. 만약 정의역이 별도로 주어지지 않는다면 수 전체를 정의역으로 한다.

* **공역(共域)**: 공(共)은 '함께 공자'로 정의역과 따라다니는 범위

이다. 예를 들어 활을 쏘려고 할 때는 과녁과 같은 것이 있어야 하는데 이때 과녁이 공역이 된다.

＊ **치역(値域)**: 함숫값들을 모아놓았을 때의 범위다. 함숫값들은 모두 공역 안에 있어야 하기 때문에 치역은 공역의 일부분이 될 수밖에 없다. 만약 어느 함숫값이 공역 안에 있지 않으면 함수가 아닌 것이다. 공역과 치역과의 관계를 정확하게 하기 위해 대응이라는 것을 다루었다고 해도 과언이 아니다. 다시 한번 강조하는데, 공역과 치역의 관계를 이해하지 못하면 나중에 최대, 최소의 문제나 고등학교 전체 수학을 이해하기 어려워질 수 있으므로 반드시 알고 넘어가도록 하자.

정의역, 공역, 치역이라는 말을 이 책에서도 계속 사용하며 반복하겠지만, 교과서에 없는 것이라고 거부하지 말고 용어의 이름과 의미를 반드시 기억하기 바란다. 그런데 앞서 함수의 정의를 '집합에서 집합으로의 대응'으로도 설명할 수 있다고 했고 고등수학에서는 집합으로 함수의 정의를 내린다. 그런데 여기에서 집합이라는 단어가 낯설어서 거슬리나? 만약 집합을 어렵게 생각되면 쉽게 '모임'이라고 받아들이면 다음 정의를 이해할 수 있을 것이다. 그래도 집합이라는 말이 이해하기 어렵다면 고등학교로 넘겨도 상관없다.

앞서 처음 나온 함수의 정의를 외우고 철저하게 이해했다면 위 설명은 같다는 것만 알아차려도 될 것이다. 이제 문제를 풀어보자.

:: 다음 중에서 함수를 모두 찾아라.

① y 는 자연수 x 보다 큰 자연수이다.

② y 는 자연수 x 보다 1 큰 자연수이다.

③ y 는 자연수 x 의 배수이다.

④ y 는 자연수 x 의 약수이다.

⑤ y 는 자연수 x 의 약수의 개수이다.

⑥ y 는 자연수 x 의 소인수의 개수이다.

⑦ y 는 절댓값이 자연수 x 인 수이다.

⑧ y 는 자연수 x 를 3으로 나눈 나머지이다.

⑨ y 는 둘레의 길이가 x 인 직사각형의 넓이다.

일부러 개념이 들어있는 보기들로 구성했다. 여러 개념과 함수의 정의를 동시에 고려해야 하므로 헷갈릴 것이다. 항상 문제를 풀어보며 헷갈리는 경우는 정의를 생각해 보기 바란다. 'x의 값이 변함에 따라 y의 값이 하나로 정해지는 대응'이라는 함수의 정의를 기억하나? 반대로 x의 값이 하나로 정해지면 y의 값도 하나라는 의미다. 다음과 같이 $x = 6$처럼 구체적인 수를 하나 정하고 문제를 풀면 더 나을 것이다.

① '6보다 큰 자연수'는 엄청 많으므로 일대다대응이 되며 함수가 아니다.

② '6보다 1 큰 자연수'는 7이고 하나이므로 일대일대응의 함수다.

③ '6의 배수'는 6, 12, 18 등 엄청 많아서 일대다대응으로 일단 답은 아니다. 그런데 6의 배수는 초등학교에서 배운 것처럼 양의 배수만 있는 것이 아니다. ⋯, −12, −6, 0, 6, 12, 18, ⋯로 생각하는 것이 올바른 생각이다.

④ '6의 약수'도 역시 1, 2, 3, 6뿐만 아니라 음의 약수인 −1, −2, −3, −6도 포함해야 한다. 물론 4개이든지 8개이든지 1개가 아니므로 일대다대응으로 함수가 아니다.

⑤ '6의 약수의 개수'는 앞서 얘기한 대로 $y = 8$로 하나이므로 일대일대응의 함수다.

⑥ '6의 소인수 개수'에서 소인수란 '소수인 인수'라는 뜻이므로

$6 = 2 \times 3$으로 인수에서 소수인 인수는 2와 3으로 $y = 2$로 하나이므로 일대일대응의 함수다.

⑦ 절댓값이 6인 수는 6과 −6으로 2개이므로 일대다대응으로 함수가 아니다.

⑧ '6을 3으로 나눈 나머지는 0으로 하나이므로 일대일대응의 함수다. 미심쩍으면 6이 아닌 다른 수를 사용하여 3으로 나눈다 해도 나머지는 각각 1개가 될 것이므로 함수다.

⑨ '둘레의 길이가 6인 직사각형의 넓이'에서 넓이라는 것은 가로와 세로의 곱으로 이루어지는데 둘레의 길이가 주어지더라도 가로와 세로의 길이가 정해지는 것이 아니므로 넓이는 엄청 많이 나오게 되므로 일대다대응으로 함수가 아니다. 물론 이 문제를 'y 는 둘레의 길이가 6인 직사각형의 최대넓이다.'처럼 바꾼다면 하나로 정해져서 함수가 될 수 있다.

함수의 조건: 반드시 한번 장가(시집)가야 한다

교과서처럼 대응으로의 접근 없이 함수를 설명하는 것도 가능하다. 그러나 대응은 그림으로 보여 주어 보다 직관적인 이해를 돕고 순서쌍으로의 생각의 이전이 용이하다. 또 고등수학 과정에서는 대응에 대해 배우자마자 기초가 없는 학생들에게 과도한 난이도를 요구하기 때문에 사전에 중학수학에서 대응의 기본적인 사항을 알았으면 좋겠다는 생각이다. 이제 대응을 통해 함수의 조건을 알아보자.

함수의 정의를 설명하면서 앞서 x의 값이 무언가로 정해질 때마다 y의 값이 하나씩 존재한다는 것이 함수의 조건이라고 했다. 반대로 x의 값이 정해질 때, y의 값이 존재하지 않거나 두 개 이상이라면 함수가 되지 않는다는 말도 했다. 이러한 함수의 중요한 특징은 '존재성'과 '유일성'으로 존재하되 반드시 하나이어야 한다는 것이다.

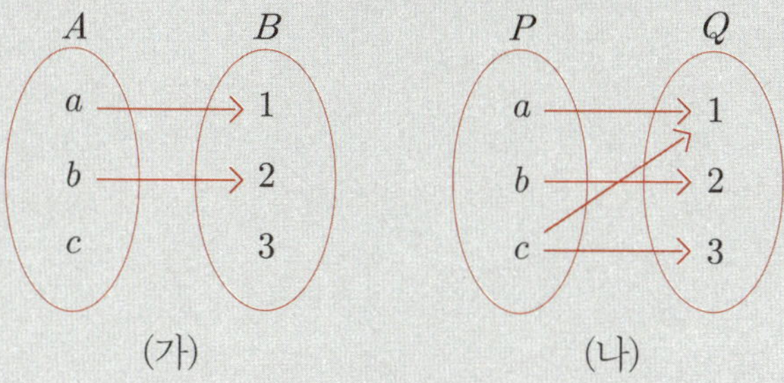

우선 반드시 'X에서 Y로의 함수'라고 해야 하는 것이 아니라 위처럼 정의역과 공역의 이름은 아무렇게나 지정해도 된다. 위 그림 (가)에서 a에 대응하는 것이 1, b에 대응하는 것이 2로 하나씩 존재하지만 c에 대응하는 것이 존재하지 않는다. "화살을 아직 쏘지 않아서 그렇지 조금 이따가 쏘려고 한다"라고 생각하면 안 되고 쏘았는데 공역 안에 들어가지 못했다고 보는 것이 타당하다. 따라서 그림 (가)는 존재성을 위배하여 함수가 아니다. 그림 (나)도 a와 b는 함수의 조건 갖추었다. 그런데 c는 화살을 한꺼번에 두 발을 동시에 쏘았다. 이는 존재성은 만족하나 유일성을 위배하여 함수가 아니다. 이를 가르칠 때 학생들에게 "반드시 한 번 장가(시집)가야 한다.", "안 가도 안 되고 두 번 가도 안 된다."라고 가르치면 임팩트가 있었는지 잊어버리지 않았다.

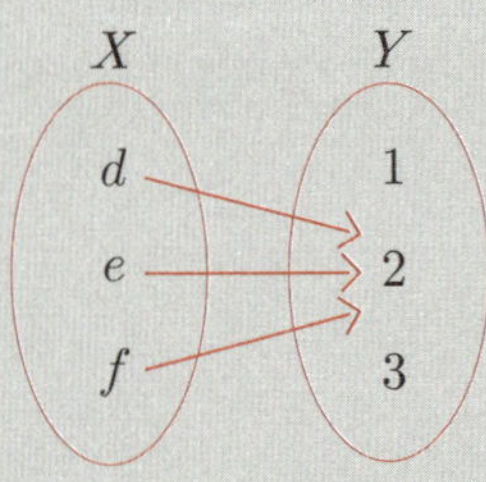

위 그림에서 d, e, f에 대응하는 것이 각각 1개씩이므로 위 대응은 함수가 맞다. 반드시 한 번 장가(시집)가야 한다는 것을 알면서 대응하는 값이 모두 같아 이상하다고 하면 "다른 사람 신경 쓰지 말고 너나 잘하세요."라고 말한다. 재미없었다고요? 하여튼 이러한 이유로 여러 종류의 대응 중에서 함수가 되는 것은 일대일대응과 다대일대응만이 된다. 다음 문제를 풀어보자.

:: 다음 대응 중에서 함수인 것은?

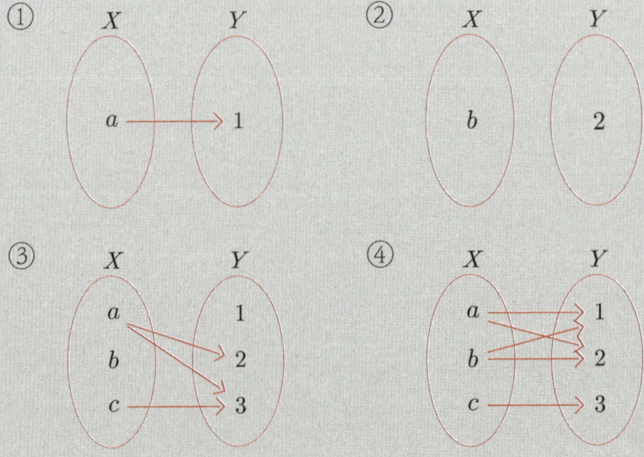

①의 정의역에 a 한 개만 있어서 이상하게 생각된다면 다시 한번 함수의 정의를 설명한 부분을 읽어 보기 바란다. 정의역의 원소가 한 번 장가(시집)를 갔으므로 함수다. 함수에는 항상 규칙성이 있어야 한다는 편견을 가진 경우가 많다. 물론 규칙성을 가진 함수를 훨씬 많이 다루기는 하지만 규칙이 함수의 조건은 아니다. a가 어떤 규칙을 가지고 1에 대응했는지를 문제 출제자로서 필자도 생각하지 않고 문제를 내었으므로 여러분도 생각할 필요가 없다는 말이다. 함수가 규칙성을 가지지 않아도 된다는 것 역시 함수의 정의에 이미 내포하고 있다고 설명했다.

함수인가 아닌가를 묻는 문제는 거의 매년 출제되고 있다. 그것이 식인가 또는 좌표평면 위의 그림인가 등으로만 바뀔 뿐 존재성과 유일성을 알고 있는지를 물어보는 것이다. 정확하게 이해한다면 매년 한 문제씩은 거저먹는 것이다. 그리고 이것으로 나중에는 그래프 중에서 함수인 것과 그렇지 않은 것을 구분하게 된다.

1.3

함수의 관계식 $y = f(x)$ 이해하기

이제 함수 $y = f(x)$에 대해 설명하려고 한다. 그런데 $f(x)$의 의미를 이해하는 것이 첫 번째의 어려움이다. 그러면 처음부터 막혔다는 것은 함수를 시작도 못 했다는 말이다. 설사 이해되었더라도 먼 훗날에 이해가 되어 그사이에 튼튼히 다져야 할 것들을 못 하게 되는 경우가 많으므로 정확하게 이해해야 한다. 많은 학생들이 $f(x)$를 보는 것만으로도 싫어하는데, 그 이유는 이해가 되지 않은 상태에서 문제를 풀다가 오답을 낸 아픈 기억이 있기 때문이다. 함수에서 함(函)은 '상자 함' 자이며 사물함, 잠수함처럼 무엇을 담을 수 있는 그릇을 말하고, 수(數)는 '수 수' 자이므로 한 마디로 함수(函數)는 수를 담는 상자 또는 그릇이라고 할 수 있다. 이러한 생각을 가진 채 다음 그림을 살펴보자. 상자(함)에 어떤 수를 집어넣

으면 상자 안의 규칙에 따라 계산하여 나오는 그림이다. 다음은 초
등수학으로부터 보아오던 그림이니 익숙할 것이다. 상자에 어떤
수를 하나씩 넣으면 5를 더한 뒤에 내보내는 상자라고 생각하면 된
다.

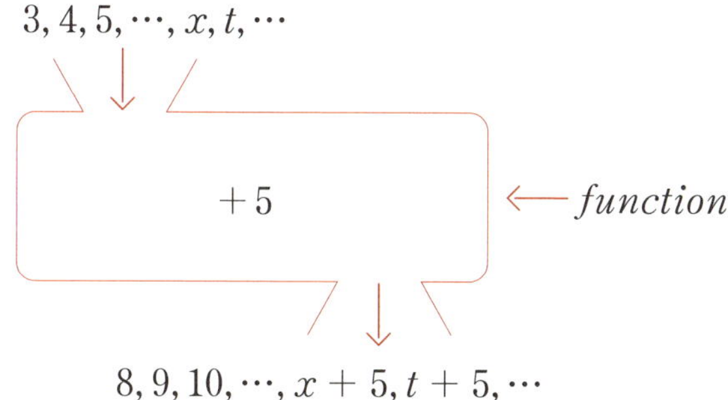

상자에 3을 넣으면 5를 더한 뒤에 8이 되어 나오고, 4를 넣으면
9가 나오며, 5를 넣으면 10이 나온다. 그리고 x를 넣으면 당연
히 $x+5$가 나오고, t를 넣으면 $t+5$가 나오게 된다. 함수를 영어
로는 $function$이라고 하는데, 앞 글자인 f를 사용하고 집어넣
는 것을 괄호를 사용한다. 이러한 규칙을 좀 더 간단하게 표현하
면 $f(3) = 8, f(4) = 9, f(5) = 10, \cdots, f(x) = x + 5, f(t) =
t + 5$이다.

이해하기가 어려웠던 것은 아니지요? 이해하기가 어렵지 않고 또
그렇다고 생각한 선생님들이 이후 $f(x) = x + 5$와 같은 관계식
을 마구 사용한다. 그런데 사실 이해하는 것과 사용하는 것은 간극

이 있다. 선생님들이 이해시켰다고 생각하는 $f(x)$를 학생들은 사용이 불편하고 시간이 지나면서 점차 두려운 마음을 가지게 된다. 그래서 필자는 $f(x)$만을 보고 그 의미가 들어가도록 하여 두려움 대신에 친숙함을 주고자 새롭게 식을 해석했다. 그런데 그에 따른 설명을 하기에 앞서 잠깐 두 식 $f(x) = x + 5$와 $f(t) = t + 5$의 관계를 설명한다. 설명한다고 하였지만 같은 규칙이고 변수만 달라졌으니 같은 함수라고 하는 것이 다이다. 그런데 이것을 이해하지 못하면 자칫 중학함수의 치환, 고등함수에서 합성함수 전체를 이해하기가 어려울 수도 있다. 필자의 고등수학 책에서 다시 설명하겠지만 독자가 그 책을 보지 않는다면 걱정되는 점이 있어 언급했다.

자, 이제 여러분이 수학자라고 생각해 보자. 그래서 위 상자를 매번 사용할 수는 없으므로 간단하게 한 문자로 표현하려고 한다. 그 문자는 아무래도 함수를 의미하는 f를 사용하는 데는 이의가 없으리라고 본다. 그런데 상자를 문자로 표현하더라도 상자의 핵심인 들어가는 구멍(입구)과 나오는 구멍(출구)을 어떻게든지 표현해야 한다. 그래서 다음과 같이 해석해 보았다.

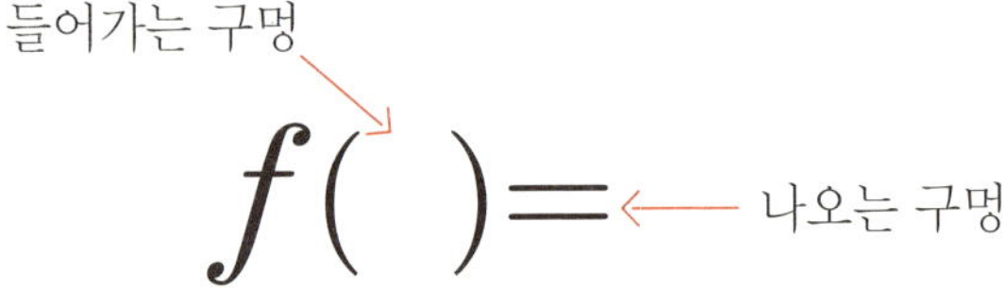

표현이 촌스럽게 여겨질 수 있겠지만 직관적으로 이해될 것이다. 그럼, 이제 확인해 보자. 만약 $f(3) = 5$를 보고 3을 넣었더니 5가 나왔고, $f(-2) = 8$을 보고 −2를 넣었더니 8이 나왔으며 $f(a) = b$를 보고 a를 넣었더니 b가 나왔다는 것이 보인다면 성공이다.

함수 $f(a)$: (1) a에서의 함숫값

(2) a에 대응하는 함숫값

(3) f에 의한 a의 함숫값

함수 $y = f(x)$에서 $f(x)$를 x에서의 **함숫값**이라 하고, 그 함숫값 전체의 범위를 **치역**이라고 한다. 함수 $f(x)$에 대해서 이번에는 앞서 배운 대응으로 생각해 보자. 위 상자를 대응관계로 표현하면 다음과 같다.

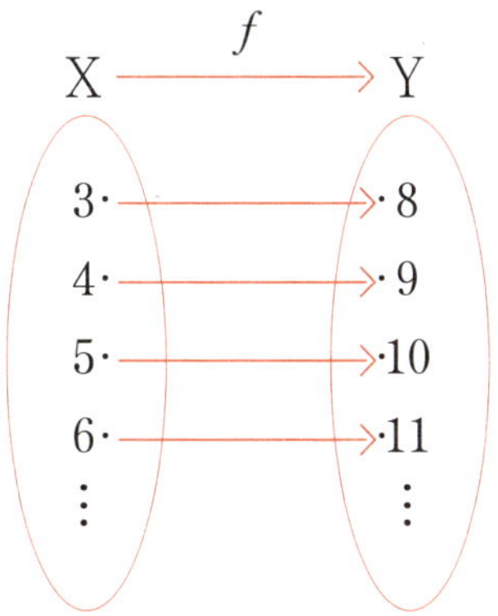

대응에서 배운 것을 다시 한번 확인해 보자. 위 대응은 일대일대응이므로 함수이다. X에 있는 것들을 통틀어 정의역이라 하고, Y에 있는 것을 통틀어 공역이라 한다는 것이 기억이 나는가? 그런데 위 대응은 함숫값들이 공역 안에 있는 것들에 모두 화살표가 가므로 공역과 치역이 같다. 이것을 읽을 때는 'X에서 Y로의 함수'라고 읽으며 기호로는 $f: X \to Y$라고 한다. 또 다른 기호가 있으니 낯설겠지만, 간단하게만 이해해 보자. $f: X \to Y$는 f라는 변환과정이 있는데 이것은 X를 정의역으로 하고 Y를 공역으로 한다는 말이다. 또 하나의 예를 들면 $g: Y \to Z$라고 한다면 g라는 변환과정의 정의역이 Y이고 공역이 Z라는 말이다. 어찌 되었든 간에 위 대응을 상자 모양과 비교할 때, 상자 모양은 5를 더한다는 것이 표현되는 반면에 대응에서는 X와 Y 사이에 어떤 연산이 이루어져 있는지 보이지 않을 뿐 기본적으로 같은 것이다.

이제 학생들이 가지는 **함수의 두 번째 어려움**에 대해서 이야기할 것이므로 집중해 보기 바란다. 정의역 X에 있는 수나 문자인 x에 대하여 화살표를 받은 공역 Y에 있는 것을 y로 나타낸다. 그러면 상자 모양으로 되돌아가 볼 때, $f(x) = x + 5$는 x를 넣었더니 $x + 5$가 나왔으며 이것이 y이므로 $f(x), x + 5, y$의 세 개가 모두 같다는 것을 알 수 있다. 서로 같은 세 개를 등식으로 나타내면 $y = f(x), \ f(x) = x + 5, \ y = x + 5$라는 세 개의 식이 만들어진다. 이 세 개의 식을 자유자재로 문제에서 요구하는 대로 바꾸거나 꺼내어 쓸 수 있어야 한다. 이 부분을 혼동하게 되어 많은 학생들이 두 번째의 어려움을 겪게 되는 것이다. 이제 문제를 풀어보자.

:: 함수 $y = 2x + 1$에 대하여 다음 함숫값을 구하여라.

(1) $f(0)$　　　　(2) $f(2)$　　　　(3) $f(-5)$　　　　(4) $f(\frac{1}{2})$

답: (1) 1 (2) 5 (3) −9 (4) 2

$y = f(x)$ 이므로 $y = 2x + 1$과 $f(x) = 2x + 1$은 같으며, 앞서 이것을 자유자재로 활용할 수 있어야 한다고 했다. 그리고 함숫값이란 $y = f(x)$에서 x의 값에 따라 하나로 결정되는 y의 값, 즉 $f(x)$를 x에서의 함숫값이라고 한다. $y = 2x + 1$은 $f(x) = 2x + 1$과 같은 것이며, $f(0)$이란 x가 0일 때의 함숫값이다. 물론 실제 구할 때는 x에 해당하는 곳에 0을 대입해 구하면 된다. 다시 말해 $f(0) = 2 \times 0 + 1 = 1$로 구하면 되므로 문제를 푸는데 어렵지 않겠지만, 그보다 그 이유를 잘 알아야 한다는 것이다. 문제에 대한 이해 없이 대입만 하여 풀게 되면 이는 방정식을 푼 것이지 함수 문제를 푼 것이 아니므로 실력이 늘지 않고 그나마 곧바로 잊게 된다. 다시 함수를 다루게 되는 것은 1년 후의 일

이다. 이 부분이 헷갈리면 앞으로 중2와 중3에서 계속 문제의 의미를 이해하는 데 어려움을 겪게 된다.

:: 함수 $y = 6x$ 에서 $f(a) = 18$ 일 때, 상수 a의 값을 구하여라.

답: 3

$y = f(x)$ 이므로 y 대신에 $f(x)$ 를 대입하면 $f(x) = 6x$ 이다. $f(a) = 18$ 이므로 $f(x) = 6x$ 에서 $x = a$ 를 양변에 대입하면 $f(a) = 6a$ 이다. 여기에 $f(a) = 18$ 을 대입하면 $18 = 6a \Rightarrow a = 3$ 이다. 하나하나 설명하느라 길어진 것이며 실제로 풀어 보면 암산으로도 가능할 정도로 쉽다.

:: 함수 $y = ax$ 에 대하여 $f(2) = -6$ 일 때, $f(-5)$ 의 값을 구하여라.

답: 15

필자는 '함수 $y = ax$'와 같이 변수가 아닌 미지수를 포함한 것을 '고장 난 함수'라고 표현한다. 먼저 문제를 풀어보자. $y = ax$ 는 $f(x) = ax$ 이므로 $f(2) = 2a = -6$ 으로 $a = -3$ 이다. 필자가 중학교 1학년 때, 여기까지 구해놓고는 왜 a의 값을 물어보지 않고 $f(-5)$의 값을 물어보냐고 푸념 아닌 푸념을 한 적이 있었다. 함수를 잘 모르는 상태에서 그저 대입해 풀기를 한 탓에 a의 값을 구했지만, 자신이 한 것이 무엇인지를 몰랐던 것이다.

$f(x) = ax$를 다시 살펴보자. 이 함수는 a의 값을 모르는 '고장 난 함수'이다. 이것을 고쳐야 하는데 고치는 도구로 $f(2) = -6$을 알려준 것이고, 고장 난 함수를 고쳤다면 함수를 가동하여 $f(-5)$를 구하라는 문제다. 따라서 $a = -3$이라는 값을 구했다면 주어진 함수를 고치는 작업 즉 $f(x) = ax$에 $a = -3$을 대입해야 한다. $f(x) = -3x$에서 $f(-5)$를 구하는 것을 못 하지는 않겠지요? $f(x) = ax$와 같은 함수식을 보고 함수를 고친다는 생각을 가진다면, 이러한 문제가 관계식이 달라질 뿐이며 매년 나오는 문제들을 쉽게 맞힐 수 있을 것이다. 매년 나온다는 것은 필수문제라는 것이므로 한 문제를 더 풀어보자.

∷ 함수 $y = -5x + a$에 대하여 $f(-3) = 10$일 때, $f(-2)$의 값을 구하여라.

답: 5

앞서 언급한 '고장 난 함수' 문제다. a의 값을 구해서 완전한 함수의 관계식을 구해야겠다는 생각이 들었을 것이다.

$f(x) = -5x + a$에서 $f(-3) = -5 \times (-3) + a \Rightarrow$

$10 = 15 + a \ \Rightarrow \ a = -5$ 이므로 $f(x) = -5x - 5$ 에서 $f(-2) = 5$이다.

∷ 함수 $y = \dfrac{2}{3}x + 4$의 함숫값이 2, 4, 6, 8일 때, x의 값은 각각 얼마인지 구하여라.

답: $-3, 0, 3, 6$

함숫값이 y이고 $f(x)$라고 했다. y 대신에 2, 4, 6, 8을 각각 대입하여 각각의 x의 값을 구하는 문제이다. $2 = \dfrac{2}{3}x + 4$, $4 = \dfrac{2}{3}x + 4$, $6 = \dfrac{2}{3}x + 4$, $8 = \dfrac{2}{3}x + 4$의 방정식을 각각 풀어서 x의 값을 나열하면 된다. 그런데 방정식을 여러 번 풀어야 하니 번거롭고 짜증 나지 않나? 가르치는 학생들도 이러한 문제 대신에 그냥 차라리 더 어려운 문제를 내라는 요구를 든다. 그러면 $y = \dfrac{2}{3}x + 4$라는 식을 등식의 성질을 이용하여 다음과 같이 x에 대한 식으로 변형하는 방법을 가르쳐 준다.

$$\dfrac{2}{3}x + 4 = y \ (\text{양변에 3을 곱하면}) \ \Rightarrow \ 2x + 12 = 3y \ \Rightarrow \ 2x = 3y - 12 \ \Rightarrow \ x = \dfrac{3y - 12}{2}$$

이제 x의 값을 암산할 수 있을 것이다. 위처럼 어렵게 식 변형을 하기보다는 원래대로 대입하겠다는 학생도 있겠다. 식 변형은 중2에서 하게 된다. 그때도 많은 학생들이 어려워하는 것이지만 등식의 성질 이외에 새로운 사항이 없기 때문에 지금 어려우면 그때도 어려운 것이므로 지금 연습하는 것이 좋아 보인다.

∴ $X=\{1,\ 2,\ 3,\ 4\}$, $Y=\{-1,\ -3,\ -5,\ -7\}$에서 X의 원소 x에 Y의 원소 y를 다음과 같은 관계로 대응시켰을 때, 일대일 대응인 것을 찾아라.

① $y=-2x-1$ 　　② $y=-2x+1$

③ $y=-|x|$ 　　④ $y=-x$

답: ②

$\{1,\ 2,\ 3,\ 4\}$는 대응에서 동그라미로 묶었던 것을 중괄호 $\{\ \}$를 사용하여 표현한 것이다. 또 그 안에 있는 하나하나를 원소라고 표현하여 출제한 문제인데 많이 무서워 보이나? 낯선 것을 무서워 보인다는 학생이 많다. 어차피 배워야 할 것이라면 낯선 것을 피하고 무서워할 것이 아니라 자꾸 보면 익숙해지기 마련이다. 여기서 중괄호 $\{\ \}$는 *brace*라고 하는데, 이름은 몰라도 무방하고 집합기호로 집합의 모임들이 흩어지는 것을 방지하고자 중괄호로 묶었다고

보면 된다. 정의역 X에 있는 것들을 일일이 대입해 함숫값들을 알아보면 알 수 있다. 그런데 이러한 연습을 하다 보면 직관력이 생겨 처음과 끝에 있는 수만을 대입할 수도 있고, 그래프를 머릿속에서 그릴 수만 있다면 대입 과정을 거치지 않아도 풀 수 있다. 당연히 처음부터 가능하지 않으므로 그때까지는 인내해야 한다.

1.4

정비례와 반비례

중1 수학 교과서는 좌표를 배운 뒤에 아무런 설명도 없이 정비례와 반비례를 각각 다루고 있다. 그래서 마치 정비례의 반대가 반비례인 것으로 생각하게 만들어 이후 오류에 빠지게 한다. 비례는 초6에서 배운 비례식으로부터 만들어졌다. 따라서 어떤 두 수는 비례의 관계와 비례하지 않는 관계로 나뉜다. 그리고 비례관계 중에는 정비례와 반비례가 있다. 사랑의 반대는 무관심이지 증오가 아닌 것과 같다. 물론 정비례와 반비례식은 함수의 가장 기본적인 관계식이다. 다음은 교과서에서 나타낸 정비례와 반비례를 설명하는 말이다.

(1) 두 양 x, y에서 x의 값이 2배, 3배, 4배, …로 변함에 따라 y의

값이 2배, 3배, 4배, …로 변하는 관계가 있으면 y는 x에 정비례한다고 한다.

(2) 두 양 x, y에서 x의 값이 2배, 3배, 4배, …로 변함에 따라 y의 값이 $\frac{1}{2}$배, $\frac{1}{3}$배, $\frac{1}{4}$배, …로 변하는 관계가 있으면 y는 x에 반비례한다고 한다.

이것을 공부한 많은 학생들은 'x의 값이 커지면 y의 값도 커지는 것은 정비례이고, x의 값이 커질 때 y의 값이 작아지는 것이 반비례이다.'라고 이해하게 된다. 위 정의가 오해를 불러일으키기에 안성맞춤이지만, 이렇게 정리하고 문제를 풀면 딱 틀리기 좋을 만큼 잘못된 정리한 것이다. 이제 제대로 정리해 보자.

'비례'라는 말에서 이전에 배운 '2:3 = 4:6'과 같은 비례식이 떠오르지 않나? 정비례든지 반비례든지 모두 비례식에서 출발한다. 그래서 비례에는 정비례와 반비례가 있다고 하는 것이다. "비례에는 정비례와 반비례가 있다"고 말하는 것이 연역법이고, 연역법은 정비례와 반비례 이외에는 다른 것이 없음을 분명히 한다. 필자도 학창 시절에 정비례와 반비례 외에 다른 무언가가 계속 있을 것 같다는 생각에 시달렸다. 연역법을 따르면 한계를 가르쳐야 하기에 가르치는 사람이 어렵지만 배우는 사람은 명확한 개념을 얻게 된다. 이제 비례식을 통해 정비례를 유도해 보자.

두 변수 x, y에 대하여 $x:y = m:n$(단, 비례식의 정의에 의해 x, y, m, n은 모두 0이 아니고 m, n은 상수다.)이라는 비례식을 생각해 보자. 두 비를 분수로 나타내면 $\dfrac{x}{y} = \dfrac{m}{n}$이고 다시 분모의 최소공배수 ny를 양변에 곱하면 $my = nx \Rightarrow y = \dfrac{n}{m}x$이다. 여기에서 분수의 꼴 $\dfrac{n}{m}$도 하나의 수에 불과하므로 미지수 a로 바꾼다면 $y = ax$라는 식을 얻게 되며. 이를 정비례 또는 정비례 관계식이라고 한다. 어렵거나 귀찮은가? 만약 비례식을 제대로 아는 학생인 경우 처음부터 $x:y = 1:a$로 놓았다면 좀 더 빨리 $y = ax$ $(a \neq 0)$가 나올 수 있을 것이다. 이때 a는 비례상수라고 하며, $a \neq 0$이 아니라는 말은 양수도 음수도 될 수 있다는 말이다. a가 양수라면 x의 값이 커질 때 y의 값이 커지지만, a가 음수라면 x의 값이 커질 때 y의 값은 작아지게 된다. 그래서 교과서의 내용만을 보고 단순히 'x의 값이 커지면 y의 값도 커지는 것은 정비례'라고 정리하면 안 된다고 말한 것이었다. 문제를 2문항 풀어보며 정리해 보자.

∷ 한 개가 500원인 아이스크림 x개의 값을 y라 할 때, x와 y 사이의 관계식을 구하여라.

답: $y = 500x$

직관적으로도 답이 나오겠지만 비례식을 세워 풀면 $x:y = 1:500$

$\Rightarrow y = 500x$ 이다.

:: 다음 중 y가 x에 비례하는 것을 찾아라.

① $xy = 10$ 　　② $y = \dfrac{10}{x}$ 　　③ $x + y = 0$

④ $x + y = 10$ 　　⑤ $y = 3x + 1$

답: ③

넓은 의미에서 비례에는 정비례와 반비례가 있고, 비례의 좁은 의미가 정비례이다. 그래서 비례한다고 하면 좁은 의미의 정비례를 지칭하는 말이다. ①과 ②는 아직 다루지 않았지만 반비례다. $y = ax$의 꼴을 찾으려 하는데 보이지 않는다고? $x + y = 0$은 $y = -x$로 비례상수가 -1인 비례식이며 답이다. 그런데 $y = 3x + 1$도 x의 값이 커지면 y의 값도 커지니 비례가 아니냐고? 그렇게 대충 어림짐작하면 안 된다. 이 부분은 시험에도 잘 출제되므로 잘 살펴보자. 반대로 문제의 비례라는 말에서 식을 '$y = ax$의 꼴'을 만들어야 한다. 그런데 필자도 고1에서 비례라는 말을 가지고 식을 만들면서 '$y = ax + b$의 꼴'을 써서 틀린 적이 있었다. 다른 친구들도 물어보니 비례라는 말에서 필자처럼 잘못 생각하는 경우가 종종 있었으므로 정확하게 이해하기 바란다. 당연한 말이지만, 비례인지를 알려면 비례식이 성립해야 한다.

⑤ $y = 3x + 1$ 에서 $x = 1$일 때 $y = 4$이고, $x = 2$일 때, $y = 7$이다. 이것을 비례식 $1:4 = 2:7$로 만들고 등식이 성립하는지 분수로 만들어보면 $\dfrac{1}{4} \neq \dfrac{2}{7}$ 이므로 비례하지 않는다는 것을 알 수 있다. 이를 정리해 보자.

<정비례>

1) 정비례는 비례의 좁은 의미로 사용된다.

2) 비례하는 식을 만들 때는 $y = ax$ 와 같은 식을 사용해야 하며, $y = ax + b$와 같은 식을 만들어서는 안 된다.

3) x의 값이 커질 때 y의 값은 비례상수에 따라서 커질 수도 있고 작아질 수도 있다. 그리고 비례해서 커지거나 작아져야 한다.

이제 반비례를 정리해 보자. 앞서 정비례든지 반비례든지 비례식으로부터 만들어진다고 말했다. 비례식 $x:y = 1:a$(단, 비례식의 정의에 의해 x, y, a은 모두 0이 아니다.)를 보며 생각해 보자. 비례식의 항인 x, y, 1, a의 위치를 바꾸어 정비례와는 다른 관계식을 만들어 내려고 한다. 이때 내항끼리 외항끼리 곱하기 때문에 이들끼리 바꾸는 것은 여전히 정비례식을 만들 뿐이다. 내항인 y를 외항인 a와 자리를 바꾸면 $x:a = 1:y$이 되고 정리하면 $xy = a$ $\Rightarrow y = \dfrac{a}{x}$ $(a \neq 0)$가 된다. 이처럼 반비례식은 분모가 미지수인 분수식이 된다.

참고로 분수식은 '분모에 미지수를 가지는 식'으로 중학수학 교과서에는 나오지 않지만 다항식과 비교 문제로 종종 출제된다. 이때 a는 정비례식에서와 마찬가지로 이름을 비례상수라고 하며, 반비례식도 비례의 일종임을 간접적으로 보여주고 있다. $a \neq 0$이라는 말은 양수도 음수도 될 수 있다는 의미다.

a가 양수라면 x의 값이 커질 때 y의 값이 작아지지만, a가 음수라면 x의 값이 커질 때 y의 값이 커지게 된다. 예를 들어 $y = \dfrac{12}{x}$란 식이 있을 때 분모인 x가 커지면 분수 자체인 y는 작아진다. 하지만 $y = \dfrac{-12}{x}$라면 분모인 x가 커지면 분수 자체인 y도 커진다. 이해하기 어렵다면 분수개념의 부족이며, 그렇다 해도 직접 수를 대입해 보면 알 수 있을 것이다. 그런데 반비례식은 분수 꼴로 나타내어지기에 학생들이 정이 안 간다고 한다. 그런데 $y = \dfrac{a}{x}$의 양변에 x를 곱하면 $xy = a$라는 식을 얻는데, 물론 엄밀한 의미에서 $y = \dfrac{a}{x}$와 $xy = a$는 다르지만 모든 항이 0이 아니라는 비례식으로부터 나왔다는 것을 감안하면 동일하게 볼 수도 있다. $xy = a$를 사용하면 이제 분수도 아닐뿐더러 답을 정비례의 식보다도 더 빨리 구할 수 있다. '두 수의 곱이 항상 같다는 것' 또는 '두 수의 곱이 일정하다'로 생각이 정리되기 때문이다. 이 부분은 나중에 반비

례 그래프를 공부하면서 다시 한번 다루게 될 것이다. 참고로 고등 수학에서는 $y = \dfrac{a}{x}$ 와 같은 반비례 관계식을 분수함수라고 한다. 관련 문제를 2문항 풀어보고 정리해 보자.

∷ 넓이가 20인 삼각형의 밑변의 길이를 x, 높이의 길이를 y라 할 때, x와 y 사이의 관계식을 구하여라.

답: $y = \dfrac{40}{x}$

반비례의 관계식은 반비례가 말 그대로 반대로 비례하기 때문에 비례식으로 구하기는 어렵다. 그래서 삼각형의 넓이를 구하는 식을 통해서 관계식을 구하는 것이 좋다. $x \times y \times \dfrac{1}{2} = 20$ 이므로 $xy = 40 \ \Rightarrow \ y = \dfrac{40}{x}$ 이다. 참고로 $xy = 40$를 비례식으로 만들어보자. x, y를 내항에 배치하고 1, 40을 외항에 배치하면 $1 : x = y : 40$이다.

∷ 다음 중에서 y가 x에 반비례하는 것을 모두 찾고, 반비례하는 것은 비례상수를 말하여라.

① $y = -\dfrac{1}{3x}$ ② $y = 2x$ ③ $x = \dfrac{5}{y}$

④ $xy = 3$ ⑤ $y = \dfrac{1}{x} + 1$

$y = \dfrac{a}{x}\,(a \neq 0)$의 꼴이 하나도 안 보인다고? 이는 식의 변형 때문이다. ①은 반비례식처럼 보이는데 비례상수를 찾기 어려웠다고? 고등학생들도 많이 헷갈리는데, 분수의 곱하기로 보면 $-\dfrac{1}{3x} = -\dfrac{1}{3} \times \dfrac{1}{x} = \dfrac{-\dfrac{1}{3}}{x}$ 으로 비례상수가 보인다. 이제 보이나? 반비례는 고등수학의 분수함수로 이어지는데 이 부분을 이해하지 못하면 주어진 식의 기본형조차도 찾지 못하는 경우가 많다. 앞서 말한 것처럼 반비례식은 $xy = a$의 꼴로 바꾸면 쉽다. ① $xy = -\dfrac{1}{3}$　③ $xy = 5$　④ $xy = 3$로 변형하면 두 수의 곱이 일정한 반비례식이 바로 보이는 쉬운 문제가 된다. 그런데 "$y = \dfrac{1}{x} + 1$도 반비례식인가?"라는 문제가 발생한다. 정비례식와 마찬가지로 덧셈을 포함한 식을 반비례식에 포함하면 안 된다. 한 가지만 언급하면 반비례에 사용되는 분수식은 다항식에서 사용되던 항, 계수, 차수는 물론 몇 차식 등의 어떤 용어도 사용하게 되면 모두 틀린다. 예를 들어 $y = \dfrac{5}{x}$은 분수식이라서 일차식이라고 해도 안 되고, $xy = 5$로 바꿀 수 있으므로 이차식이라고 해서도 안 된다. 그럼 $y = \dfrac{5}{x}$는 몇 차식이냐고? 분수식은 다항식이 아니라서 몇 차식이라는 용어 자체를 사용할 수 없다. 이제 정리해보

자.

<반비례>

1) '두 수의 곱이 일정하다'라는 말에서도 반비례를 생각해야 한다.

2) 반비례 관계식을 만들 때, $y = \dfrac{a}{x}$ 를 사용해야지, $y = \dfrac{a}{x} + b$ 와 같은 식을 만들어서는 안 된다.

3) x의 값이 커질 때 y의 값은 비례상수에 따라서 커질 수도 있고 작아질 수도 있으며, 그것도 반비례해서 커지거나 작아져야 한다.

4) 반비례식은 분수식이므로 다항식 용어인 '몇 차식'이라는 말을 사용할 수 없다.

1.5

좌표평면

함수의 그래프를 그리기 위해서는 반드시 좌표평면을 그려야 한다. 고등수학의 90%가 함수와 직간접적으로 연관이 있으니, 앞으로도 무수히 많은 좌표평면을 그려야 한다. 그러니 함수의 그래프가 노는 운동장인 좌표평면을 정확하게 이해하는 것이 필요하다. 좌표평면의 가장 기본적인 구성요소는 수직선이다.

먼저, 이미 알고 있다고 생각하겠지만 수직선이 무엇인지부터 살펴보자. 수직선은 수학을 공부하는 데에 무척 중요하지만, 교과서에 정의가 없었다. 기회에 수직선의 기본적인 것은 언급하려고 한다. 수직선의 정의도 모르면서 개념으로 공부하고 있다고 생각하는 것이, 마치 더하기는 모르지만 곱하기는 잘한다고 하는 말처럼 들린다. 많은 사람들이 수직선이 무엇이냐고 물으면, "머릿속에 떠오르지만 말로 하는 것은 어렵다"라는 반응을 보인다. 그래도 말해보라고 하면, "수직으로 만나는 선이 아닌가요?"라며 틀린 답을 내놓곤 한다. '수직으로 만나는 선'은 수선이다. 간혹 "직선에 일정한 간격으로 눈금을 그은 것이요"라고 말하는 사람도 개념이 없기는 매한가지다. 필자는 수직선을 '직선에 있는 점을 실수로 보는 것'으로 정의한다. 아직 무리수는 배우지 않았지만, 유리수와 무리수를 통틀어 실수라고 한다. 실수의 많은 특징이 바로 수직선에서 나온다.

• 수직선의 정의: '직선에 있는 점을 실수로 보는 것'이다.
• 점의 정의: 유클리드가 '길이, 넓이, 부피 등이 없고 위치만 존재하는 것'이라고 했다.
서로 다른 두 점: 점은 위치만 존재하는 것이므로 서로 다른 두 점은 다른 위치에 있는 점들을 일컫는다.

<수직선으로 보는 실수의 특징>

① 수직선이 하나의 줄이고 왼쪽의 수보다 오른쪽의 수가 크므로 모든 실수는 대소 비교가 가능하다.
② 서로 다른 두 점 사이에 무수히 많은 점이 존재하므로 무한을

수직선은 필자가 함수의 그래프가 노는 운동장을 표현했지만, 고등수학에서 좀 더 정교해지면서 무한, 극한, 연속을 시각화하여 미적분에 이르게까지 하는 강력한 도구로 중요해진다. 지금도 중요하겠지만 갈수록 중요하다는 말이다. 필자가 알려주면 학생들이 아는 만큼 더 많이 보인다는 것을 믿는다. 그리고 학생들이 직선에 일정한 간격으로 눈금과 수를 표시하는 등 점차 경험을 통해 발견하면서 결국 수직선을 통해 스스로 위 실수의 특징을 알아낼 것이라는 것에 동의하지 않는다. 스스로의 경험만으로 발전시켜 가야만 하는 동물과 달리 인간은 책과 언어와 선생님이 있다. 연역적인 학습방법이 받아들이기가 어렵다고 하지만 책과 언어와 선생님들이 위 〈수직선의 정의와 수직선으로 보는 실수의 특징〉을 가르칠 수 있다고 본다. 필자가 여기서는 분량의 부담으로 위 실수의 특징을 설명하지 않지만, 이 글을 읽는 학생들이 어렴풋하게나마 이해한다면 도움이 될 것이다.

우리가 직선 하나를 그었다고 생각해 보자. 직선 하나를 쭉 그어놓은 것이라며 대수롭지 않게 여길 수 있지만 생각하기 나름이다. 직선을 끝없이 이어진 연장선의 일부라고 생각할 때, 이 직선을 기준으로 만들 수 있는 평면을 두 개의 영역으로 나눈 것이 된다. 만약 하나의 직선을 더 사용해 먼저 만든 직선에 수직으로 만나게 그어 놓는다면 하나의 평면이 결정되고 그 평면을 4등분한다. 또 직선을 그냥 직선이 아니라 수직선으로 본다면 평면 위의 어떤 위치든지 이름(좌표)을 붙일 수 있게 된다. 이것이 좌표평면이 가지는 기본 개념이다.

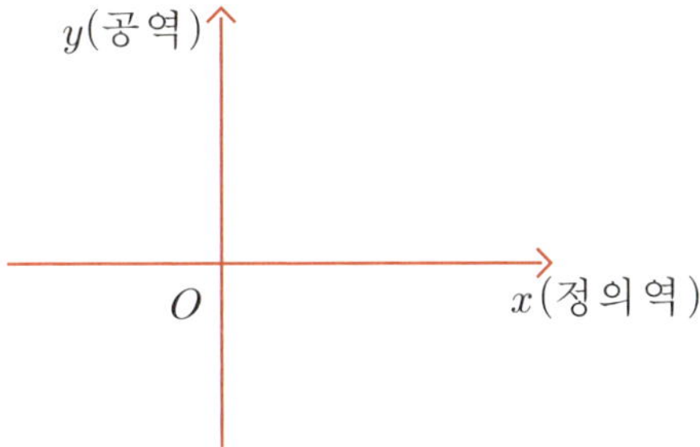

앞으로 위 그림을 무수히 그리게 될 것인데, 아무 생각 없이 그리게 되면 노력에 비해 효과가 적다. 수학은 정제된 표현들이라서 별거 아닌 것 같은 하나하나에도 깊은 의미를 가지고 있다. 무엇을 생각하면서 위 그림을 그려야 할지를 정리해 보자. 그 의미가 체화될 때까지 그래프를 그리면서 항상 생각해야 할 것이다.

<좌표평면 바로보기>

1) 만나는 직선은 하나의 평면을 결정한다.

2) 수직으로 만난 두 직선은 평면을 4개의 부분으로 등분한다.

3) 가로 직선에 있는 점의 수를 x, 세로 직선에 있는 점의 수를 y, 각 직선의 0에 해당하는 점을 직교했다. 이 부분에 대한 용어만을 정리하면 가로축을 x축, 세로축을 y축이라고 한다. 그리고 교점인 O는 영(0)이 아니라 기준점으로써의 $Origin$의 첫 글자이고 원점 또는 (0, 0)이라고도 한다.

4) 그래프를 그리기 위해 좌표평면을 그릴 때는 최소한 위처럼 x축, y축, 원점을 의미하는 O까지를 표시하는 습관을 들여야 한다.

5) 대응으로 볼 때 x는 정의역 X에 있는 것이므로 가로축을 그으면서 정의역을 그었다고 생각해야 한다. 또 y는 공역 Y에 있는 것이므로 세로축을 그으면서 공역을 그렸다고 생각해야 한다. 앞서 엄청 강조하였으니, 치역은 공역 안에 있다는 말을 기억하지요?

6) 함수의 그래프를 그릴 때는 항상 함숫값이 공역 안의 점으로 표시된다는 것을 생각해야 한다.

사분면과 좌표

x축, y축, 원점 O를 그렸다면 교차하는 두 직선을 그린 것이므로 하나의 고정된 평면을 하나 그린 것이다. 또 두 직선이 수직으로 만났으므로 평면은 4개의 영역으로 분할된 것이다.

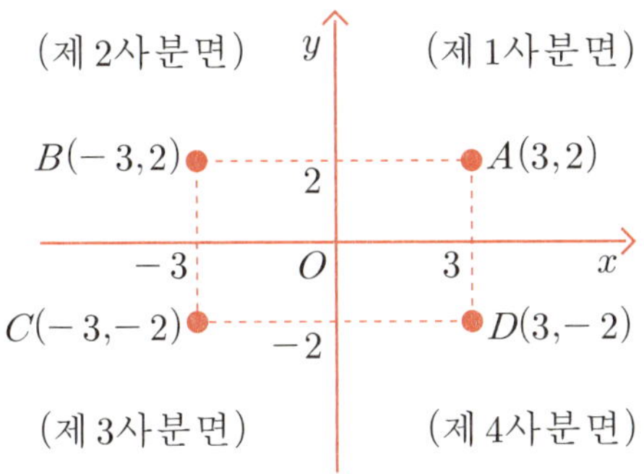

1) x축과 y축 위의 수가 모두 양수로 이루어진 사분면을 제 1사분면이라고 한다. 그리고 시계 반대 방향으로 순서대로 제2사분면, 제 3사분면, 제4사분면이라고 한다. 참고로 직선이나 평면 '위에' 라고 하는 것은 윗부분이라는 말이 아니라 '직선 안에' 또는 '평면 안에'의 의미다.

2) 사분면은 x축과 y축 위의 수가 양수 또는 음수로 되어 있으므로 x축과 y축 자체는 어느 사분면에도 속하지 않는다.

3) x축 위의 3에서 y축과 평행한 직선을 그리고, y축의 2에서 x축에 평행한 직선을 그렸을 때 두 직선이 만나는 점을 (3, 2)처럼 나

타낸다. (3, 2)와 같은 것을 순서쌍이라고 하는데 말 그대로 '순서가 있는 쌍'이라는 뜻이다. 예를 들어 순서가 있으니 (3, 2)와 (2, 3)은 다른 것이며 실제로 좌표평면에서도 위치가 다르니 다른 점이다. (3, 2)와 같은 순서쌍을 좌표라고 하며 순서쌍 앞에 보통 알파벳 대문자로 좌표의 이름을 붙인다.

***저자의 우려: 수학은 같은 것을 정의하고 그 이외는 다른 것으로 간주한다. 점의 정의가 위치만 존재하는 것이니 위치가 같으면 같은 점이고 위치가 다르면 다른 점이다. 같다는 것은 각각의 정의에 따르기 때문에 섣불리 예단하지 않고 항상 정의에 기반해 생각하기를 바란다.**

4) 좌표 (3, 2)에서 3의 위치에 있는 것을 x좌표, 2의 위치에 있는 것을 y좌표라고 한다.

5) 위 그림에서 점 A와 점 B는 y축에 대하여 서로 대칭이고, 점 A와 점 D는 x축에 대하여 서로 대칭이다. 또 점 A와 점 C는 원점에 대하여 서로 대칭이다.

위 설명을 하면서 x축, y축, 원점, 사분면, 점, 순서쌍, 좌표, x좌표, y좌표, 대칭 등의 용어들이 쏟아져 나왔다. 여기서 대칭을 제외하고는 어려운 용어는 없다. 문제는 오히려 어렵지 않다는 데에서 발생한다. 이해는 했지만, 귀찮은 마음에 용어를 정확하게 사용하지 않고 대충하다가 나중에 "좌표는 알겠는데, x좌표는 무엇이지요?"라는 어이가 없는 질문을 하는 것이다. 몇 문제 풀고 좌표에 대한 생각을 이어가자.

∷ 다음 점은 각각 제 몇 사분면 또는 어떤 좌표축 위에 있는지 알아보아라.

(1) $A(2,\ 4)$　(2) $B(0.5,\ -3)$　(3) $C(-5,\ 0.5)$　(4) $D(0,\ -7)$

　　　　답: (1) 제1사분면 (2) 제4사분면 (3) 제2사분면 (4) y축

조금만 연습하면 학생들이 x좌표와 y좌표가 모두 양수인 제1사분면과 모두 음수인 제 3사분면은 혼동하지 않는다. 하지만 제2사분면과 제 4사분면은 몇 년이 지나도 혼동을 하는 경우가 많다. 이것은 머리로만 이해해서이니 몸으로 연습해 보자. x좌표는 항상 좌표가 먼저이므로

손을 들어 　↱은 제 1사분면, 　↰은 제 2사분면, 　↲은 제 3사분면, 　↳은 제 4사분면으로 연습해보자.

∷ 점 $P(a,\ b)$가 제 4사분면 위의 점일 때, $a,\ b$의 값이 될 수 있는 경우는 어느 것인가?

① $a<0, b>0$　② $a\leq 0, b\geq 0$　③ $a<0, b<0$

④ $a\geq 0, b\leq 0$　⑤ $a>0, b<0$

답: ⑤

x축과 y축 위의 점은 어느 사분면에도 속하지 않기 때문에 ④번이 될 수 없다.

:: 점 $P(a, b)$가 제 4사분면에 있는 점일 때, 다음은 몇 사분면에 있는 점인가?

(1) $Q(a, -b)$　　　　　(2) $R(-a, -b)$

답: (1) 제1사분면 (2) 제2사분면

'미지수 x가 양수일까, 음수일까?'라고 물으면 모르는 수이므로 양수인지 음수인지 모른다는 말을 하지만, 모른다고 한 학생들 중에서 상당수의 학생들이 $-x$를 음수라고 한다. $-$ 가 있으면 음수라고 머릿속에 잘못된 세팅을 한 것이다. x가 뭔지 모르기 때문에 $-x$도 양수인지 음수인지를 모른다. x가 양수이면 $-x$는 음수이고, x가 음수이면 $-x$는 양수이다. 이는 중요한 사항이니 귀찮다고 치부하지 말고 직접 수를 대입해 보고 필자의 책에서 절댓값에 대해 설명한 부분이나 부등식의 성질 등을 찾아보며 이해하기를 바란다. $P(a, b)$가 제 4사분면의 점이라는 것은 $a > 0, b < 0$이라는 것이므로 $-a < 0, -b > 0$라는 말이다. 부등식으로 양수, 음수를 표현하니 헷갈리나?

∴ 점 $P(a-3, \; 6)$은 제 1사분면에 속하고, 점 $Q(-1, a-9)$는 제 3사분면에 속할 때, 정수 a의 개수를 구하여라.

답: 5개

점 $P(a-3, 6)$가 제 1사분면에 있으므로 $a-3 > 0 \Rightarrow a > 3$ 이고, $Q(-1, a-9)$가 제 3사분면에 있으므로 $a-9 < 0 \Rightarrow a < 9$ 이어야 한다. 사분면은 x축이나 y축 위의 점을 포함하지 않으므로 $a \geq 3$나 $a \leq 9$를 사용해서는 안 된다. 제 1사분면과 제 3사분면에 동시에 속해야 하므로 $a > 3$과 $a < 9$을 모두 만족해야 한다. 이것을 $3 < a < 9$라고 안다면 다행이지만 그렇지 않다면 수직선에 나타내고 공통인 부분을 찾아보아야 한다. 답은 4, 5, 6, 7, 8로 5개다.

∷ 두 점 $A(a-3, -3a+1), B(-4+2b, b-7)$ 이 각각 x축, y축에 위에 있을 때, $3a+b$의 값을 구하여라.

답: 3

앞서 'x축 위에'가 x축의 윗부분이 아니라고 했다. 점 $(a-3, -3a+1)$이 x축 위에 있으려면 y좌표가 0이어야 하므로 $-3a+1 = 0 \Rightarrow a = \dfrac{1}{3}$ 이고, 점 $(-4+2b, \ b-7)$이 y축 위에 있으려면 x좌표가 0이어야 하므로 $-4+2b = 0 \Rightarrow b = 2$ 이다. 따라서 $3a+b = 3 \times \dfrac{1}{3} + 2 = 3$ 이다.

좌표를 바라보는 관점

중등수학과 고등수학의 함수를 통틀어 가장 중요한 것이 좌표다. 그런데 좌표를 바라보는 관점에서 **함수의 세 번째 어려움**이 다가온다. 이것을 대충하면 함수 전체가 위험에 빠지게 된다. 필자가 알려주는 대로 하면 이해하는 것은 어렵지 않지만 항상 수학은 자유자재로 활용할 수 있도록 만드는 것에 어려움이 찾아온다. 점을 순서쌍인 좌표로 만든다고 말했다. 예를 들어 (3, 2)는 점이고 순서쌍이며 좌표이다. 그런데 (3, 2)는 x좌표가 3이고 y좌표가 2이다. 이것을 대응의 관점으로 보면 '$x = 3$일 때 $y = 2$'이며 다시 함수식에서는 $f(3) = 2$가 성립하게 된다. 이를 정리하면 다음과 같다.

<(3, 2)라는 점을 바라보는 관점>

$(3, 2)$ ⇆ '$x=3$일 때 $y=2$'

     ⇆ $f(3) = 2$

     ⇆ $(3, f(3))$

$(3, 2)$에서 2 대신에 $f(3)$을 대입하면 $(3, f(3))$이라는 순서쌍이 되는데, 중2 수학이나 고등수학에서 보통 가르치지 않고 사용하게 되므로 미리 익혀두기 바란다. 이 네 개의 표현을 문제나 식이 요구하는 대로 호환하고 자유자재로 활용할 수 없다면 세 번째의 어려움에 놓이게 된다. 물론 위 사실을 잘 모르더라도 함수 문제를 대입을 통해 풀어도 답은 나온다. 게다가 대입하는 것이 어렵지 않고 답이 맞으므로 안다는 착각에 빠지게 되는 경우가 많다. 직접 문제를 풀어보기 전에 식이 제대로 보이는지를 확인해 보자.

다음 식이 무엇을 뜻하는지 생각해 보자.

(1) $f(4) = 0$

⑵ $f(x)$

⑶ $f(x) = 0$

⑴ $f(4) = 0$를 보면서 '$x = 4$일 때 $y = 0$'과 $(4, 0), (4, f(4))$가 머릿속으로 동시에 떠올라야 한다. 이것이 잘되지 않는다면 앞으로 함수를 공부하면서 치명적인 약점이 될 수 있으므로 충분히 연습해야 할 것이다. 특히 ⑶ $f(x) = 0$은 중1에서 다루는 내용이 아니지만 이번 기회에 한 번 생각해 보자. 이 부분은 교과서에서는 다루고 있지 않지만, 중학교 함수의 마지막이라고 본다. 좀 더 자세한 것은 이 책의 후반부에서 다시 다루겠지만 함수 때문에 어려운 고등학생들이 대부분 이 관점으로 보지 않은 탓이므로 고등학교에 올라가기 전에 반드시 익혀야 할 것이다. ⑵ $f(4)$가 $x = 4$일 때의 함숫값이다. 이러한 관점에서 보면 $f(x)$는 x에 대한 함숫값이라고도 생각할 수 있다. '$f(x)$를 x에 대한 함숫값'이라고 하면 수학자들이 틀린 말이라고 지적할 것이고 틀린 것이므로 교과서나 그 누구도 이 관점으로 가르치지 않는 것이다. 원래 함숫값은 함수의 정의에 의해 상수인 한 값으로 결정되어야 한다. x가 모르는 변수이므로 $f(x)$가 x에 대한 상수의 함숫값은 아니지만 생각의 연속으로써 그렇다는 말이다. 함수의 정의에 위배되어 틀리다는 것을 전제로 '$f(x)$를 x에 대한 함숫값'으로 받아들인다면 함수를 훨씬 수월하게 받아들일 수 있다는 것이 필자의 판단이다. ⑶

$f(x) = 0$은 첫째 x에 대한 함숫값이 0이 되는 것이니 x절편이며, 둘째 $f(x) = 0$을 방정식으로 보면 x의 값은 방정식의 해가 된다.

∴ x에 대한 함수 $y = ax - 1$에 대하여 $f(3) = 8$일 때, $f(2)$의 값을 구하여라.(단, a는 상수)

답: 5

먼저, 문제부터 이해해야 한다. 'x에 대한 함수'라고 했으므로 $y = ax - 1$에서 변수는 x고, 함수의 변수는 두 개이므로 변수가 하나 더 있어야 한다. 그런데 a가 상수라 했으므로 변수가 될 수 있는 것 중 남은 것은 y뿐이다. 따라서 이 함수의 변수는 x, y다. 또한 $y = ax - 1$가 함수라 했으니 일대일대응이거나 다대일대응이다. $f(3) = 8$을 보면서 3을 넣어 8이 나왔다는 것이고 함수라고 했으므로, 3을 넣어 8 이외의 수가 나올 수는 없다. 이것이 x좌표와 y좌표와의 관계다. 마찬가지로 '$f(2)$의 값'은 한 개이어야만 한다. 어떤가? 필자는 쉬운 것을 참으로 어렵게 설명한다는 생각이 드는가? 모든 문제마다 이렇게 문제의 의미를 생각해야 하느냐고 볼멘소리를 하는 것만 같다. 모든 수학 문제를 이처럼 하나하나 따졌으면 좋겠다. 수백수천 문제를 어떻게 그렇게 하느냐고? 수백 수천 문제를 이렇게 한다면 문제 이해 속도와 실력이 어마어마하게 좋아질 것 같지는 않은가? 이제 문제를 설명한다.

앞서 설명한 바와 같이 $y = f(x)$ 이므로 $y = ax - 1$ 는 $f(x) = ax - 1$ 와 같다는 것을 알아야 한다. $f(3) = 8$ 이니 $f(x) = ax - 1$ 의 양변에 x 대신에 3을 대입했다고 생각해도 a 의 값을 구할 수 있다. 그러나 앞서 $f(3) = 8$ 을 보고 $(3, 8), (3, f(3))$ 그리고 '$x = 3$ 일 때 $y = 8$'이 동시에 생각할 수 있어야 한다고 말했다. 이 중에 '$x = 3$ 일 때 $y = 8$'을 사용하여 $y = ax - 1$ 에 대입하는 것이 이 문제는 간편해 보인다. $8 = 3a - 1 \Rightarrow a = 3$ 인데, 앞에서도 유사한 문제를 다룬 적이 있지만 이런 문제는 잘못하면 a 의 값만 구하고, 문제가 요구하는 바를 잊을 수 있다. 개별적인 것들도 알아야겠지만 문제를 전체적으로 보고 무엇을 묻는지 알아야 한다. $f(2)$ 의 값을 구하라는데 관계식 $y = ax - 1$ 에서 변하는 수인 x 와 y 이외에 a 라는 또 다른 미지수가 있어서 '고장 난 함수'와 같다. 수리를 위해 a 의 값을 구했다면 고장 난 함수를 고쳐야 한다. 이러한 문제는 암산으로도 되겠지만 함수의 관계식이 복잡하거나 문제가 복잡해서 더 보이지 않기 전에 함수식을 완성하는 것을 생각해야 한다. $y = 3x - 1$ 이므로 답은 $f(2) = 5$ 이다.

점을 좌표로 표현한다는 것이 가지는 의미

처음 보는 학생에게는 점이나 좌표나 똑같아 보인다. 그러니 이들을 구분하고 좌표의 의미를 알아보겠다는 것이 중요해 보이지 않는다. 그러나 점을 좌표로 인식한다는 것은 수학의 역사에서는 엄청난 사건이었다. 또 앞으로 중등수학과 고등수학에서도 여전히 이것을 아는 것은 중요하다. 그러므로 좌표로서의 점에 대하여 잠시 생각해 보자.

점은 정의에 따르면 길이, 넓이, 부피가 없고 다만 위치만 존재한다. 그러므로 점을 필기도구로 노트나 책에 찍는 순간 이는 점이 아니다. 왜냐하면 이 점을 현미경으로 살펴보면 분명 넓이와 높이가 존재하기 때문이다. 그러니 실제로 점은 아니지만 점이라고 하자고 서로 약속한 것이다. 그렇다면 점은 실제로는 존재하지 않으며 우리의 마음(?)이나 머릿속에서만 있는 것임을 알 수 있다. 또 점들을 이어놓으면 선이 된다고 하는 데 넓이가 없는 점들이 모인다고 어떻게 선이 된다고 하는지도 이해하기가 어렵다. 그래서 기원전 3세기경의 그리스 수학자 유클리드($Euclid$)는 계속 물어보며 더 이상 대답할 수 없는 점, 선, 면 등의 정의를 공리라고 했다. 도형은 '그림의 형태로 된 것'이고 점은 도형의 최소 단위이지만 그릴 수 없기 때문에 도형이 아니다.

한 마디로 점에 이름을 붙인 것이 좌표이다. 이처럼 점에 이름을 붙이려는 생각을 처음 한 사람은 17세기의 프랑스 철학자이자 수학자인 데카르트($Rene\ Descartes$)였다. 동기는 그가 해군에 있었을 때의 아주 하찮은 일에서부터 시작되었다. 데카르트가 어느 날 바둑판 모양의 무늬가 있는 선실의 천장을 한가롭게 쳐다보고 있는데, 파리 한 마리가 이리저리 움직이고 있었다. 파리가 앉아 있는 지점을 나타내는 방법으로 어떤 점을 기준으로 수직인 두 직선을 그리고 한 쪽은 x축, 다른 한쪽은 y축으로 하여 나타내는 방법을 생각해 낸 것이다. 파리의 위치 이동을 좌표평면 위의 x와 y의 관계를 점으로 찍어 가면서 자연스럽게 그래프의 생각으로 발전되었다. 이것의 본질은 좌표 (x, y)라는 개념을 도입해 기준이 되는 직선에 양수와 음수를 표현하여 기하학(도형)과 대수학(방정식)이라는 이질적인 것을 하나로 통합하는 위대한 계기가 되었다. 또 대수적 방정식을 그래프라는 그림으로 나타내어 직관적으로 파악하는 것이 가능하게 했다.

이런 관점에서 살펴보면 방정식은 점으로, 함수는 선으로 표현된다. 매번 방정식을 풀어야 답이 나오던 것을 눈에 선명하게 드러나도록 한 위대한 것이다. 또 점과 달리 선은 방향성이 있어서 한 축을 시간으로 본다면 미래를 예견하는 일이 수학의 그림으로 표현이 가능하게 된 것이다. 이처럼 겉보기에 하찮은 일도 수학적으로 생각하면, 수학의 비약적 발전과 위대한 발견이 여러분의 몫일 수도 있을 것이다.

필자가 좌표를 설명하면서 꼭 읊어 주는 시가 있다. 김춘수의 〈꽃〉이라는 시에는 "내가 그의 이름을 불러 주기 전에는 그는 다만 하나의 몸짓에 지나지 않았다. 내가 그의 이름을 불러 주었을 때 그는 나에게로 와서 꽃이 되었다."라는 구절이 있다. 점을 좌표로 표현한다는 것은 점의 이름을 지어주는 것이다. 한낱 아무렇게나 굴러다니던 점을 좌표라고 특정지어 이름을 붙여주면서 모든 직선이나 곡선을 좌표평면 위에 올려놓는 수학의 새로운 지평을 열게 된 것이다. 여러분도 태어났을 때는 60억 인구 중에서 한 명에 불과했지만, 부모님이 이름을 붙여주고 사랑을 주면서 더 의미 있는 존재가 된 것과 같다.

1.6

함수를 잘하려면
그래프를 많이 그려야 한다

지금까지 함수의 정의와 좌표를 공부하여 함수의 그래프를 그릴 준비를 했다. 함수를 좌표평면에 나타내기 위해서는 모두 점으로 표시해야 한다. 앞으로 배우는 함수의 그래프는 주로 점들을 이은 선의 모습을 갖추는 것이 많겠지만, 꼭 선으로 연결되어야만 함수의 그래프인 것은 아니다. 극단적으로 말해 좌표평면에 $(3, 2)$라는 점을 하나만 찍어도 함수라는 말이다. 지금부터 다루게 될 $y = ax$ 나 $y = \dfrac{a}{x}$ 의 그래프가 모두 선으로 이루어져 있기 때문에 자칫 오해의 소지가 있어 먼저 언급했다. 한 문제만 풀고 함수의 그래프들을 어떻게 그리는지 알아보자.

∷ 다음 중 함수가 아닌 것을 찾아라.

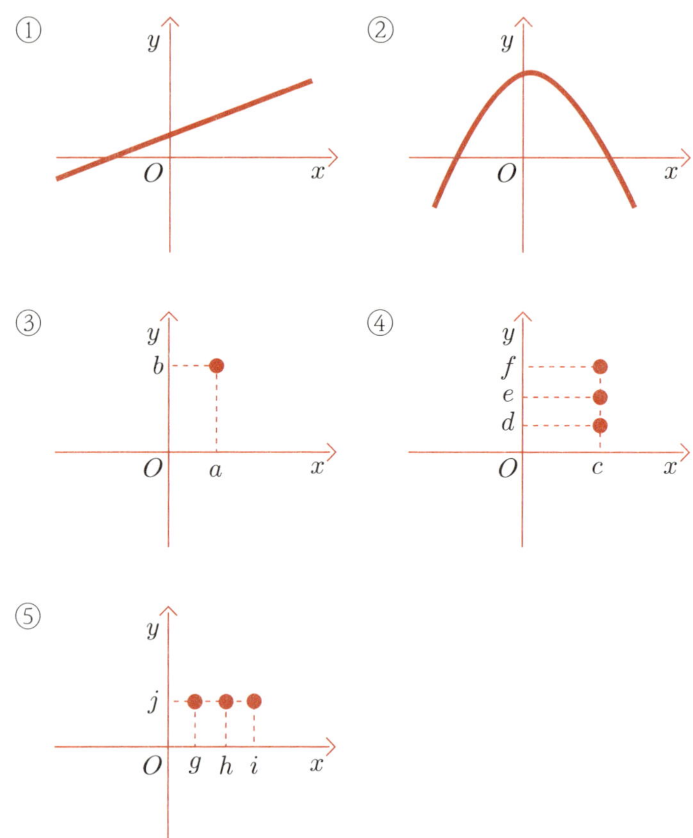

답: ④

x의 값이 정해짐에 따라 함숫값이 하나씩 정해진다는 함수의 정의를 기억해 보자. '반드시 한 번 장가(시집)를 가야 한다.'고도 말했다. ①과 ②가 함수가 된다는 것은 앞으로 많이 보기 때문에 자연

스럽게 알게 되겠지만 점들로 표시된 ③, ④, ⑤는 함수의 정의를 사용해 알아보자. ③ $x = a$에 대하여 함숫값이 하나인 b로 정해졌으므로 함수가 맞다. 함수는 규칙이라는 편견이 좌표 하나는 함수인가를 의심하게 만든 것이다. 많은 함수가 규칙적이지만, 규칙을 몰라도 심지어는 규칙이 없어도 함수의 정의만 만족하면 된다. ④ $x = c$에 대한 함숫값이 d, e, f로 여러 개이므로 여러 번 장가(시집)를 갔기 때문에 함수가 아니다. ⑤ $x = g$에 대한 함숫값이 j, $x = h$에 대한 함숫값이 j, $x = i$에 대한 함숫값이 j로 각각에 대한 함숫값이 하나씩으로 정해졌으므로 함수가 맞다. 함수가 되는 대응은 일대일대응과 다대일대응이 있다고 했다. 이 중에서 일대일대응은 ①, ③이다.

많은 학생들이 함수를 싫어하는데 그 이유 중에는 함수의 그래프를 그리기가 귀찮은 탓이 크다. 함수를 잘하고 싶으면 그래프를 많이 그려야 한다. 그래프를 그려보라고 말하면 "공부를 잘하는 학생들도 그래프를 그리지 않아요."라며 볼멘소리를 하는 경우가 있다. 수학 점수가 높은 학생도 함수를 잘하지 못할 수 있고, 정말 함수를 잘하는 학생이라면 그래프를 그리지 않아도 머릿속에 그려질 만큼 이미 그리는 연습이 끝났을 수 있다. 그래프를 그리는 것은 지상 과제이므로 만큼 반드시 그리는 연습을 게을리해서는 안 된다.

함수 $y = ax(a \neq 0)$ 의 그래프

앞서 $y = ax$ 는 정비례 관계식, $y = \dfrac{a}{x}$ 는 반비례 관계식으로 이들 관계식이 만들어지는 것까지 배웠다. 이제 이들의 그래프를 그리는 방법을 배워보자. 예를 들어 $y = 2x$ 의 그래프를 그리려면 좌표들을 알아야 하고 임의로 x의 값을 원점 주변의 -2, -1, 0, 1, 2라 하고 각각의 함숫값들을 구하여 좌표로 나타내면 $(-2,\ -4)$, $(-1,\ -2)$, $(0,\ 0)$, $(1,\ 2)$, $(2,\ 4)$이다. 이렇게 좌표들을 하나씩 쓰는 것이 불편하기 때문에 보통 다음과 같이 표를 만들어 사용한다.

x	$\cdots$	-2	-1	0	1	2	$\cdots$
y	$\cdots$	-4	-2	0	2	4	$\cdots$

위 표에서 '$x = -2$ 일 때 $y = -4$'가 $(-2,\ -4)$와 같은 점을 의미한다는 것을 알아야 한다. 이들 좌표를 좌표평면에 나타내고 이 점들을 이어주면 다음과 같다. 이 점들을 이어주는 이유는 x의 값을 임의로 -2, -1, 0, 1, 2로 정했지만 이 x의 값들 사이에도 적어도 무수히 많은 점(수)들이 있으며, 이들과 함숫값과의 관계로 이루어진 좌표들이 모두 직선 위에 존재하기 때문이다.

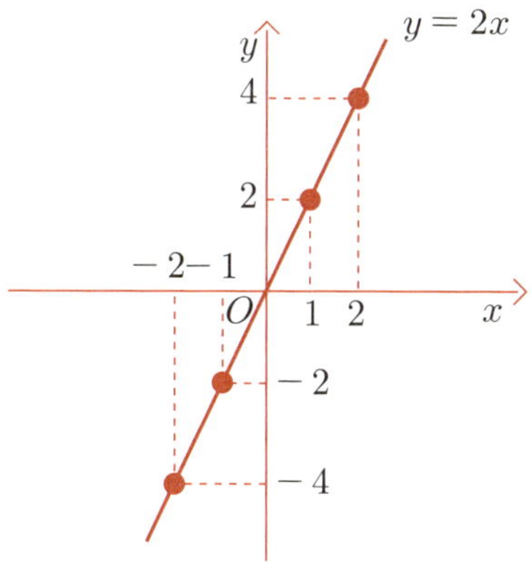

함수의 그래프를 많이 그려보면서 익히는 것이 함수를 잘하는 필수조건이다. 그런데 함수의 그래프를 그리려면 항상 위에서처럼 여러 개의 좌표들을 구하고 좌표평면에 나타내는 방식으로 그려야 하는지 귀찮은 생각이 들지 않나? 낯선 함수의 관계식이 나온다면 위에서처럼 하는 방법이 가장 먼저 고려되어야 한다. 함수의 그래프는 기본이 좌표들인 만큼 가장 먼저 함숫값들을 구하는 대입을 생각하고 있어야 한다. 그러나 직선, 포물선 등 교과서에서 주력으로 배우는 함수의 그래프들을 매번 이처럼 그릴 수는 없다. 물론 직선은 이러한 작업이 없이도 가능하지만, 그 방법은 2학년 과정을 설명하면서 알려줄 예정이므로 현재의 시점에서는 열심히 주어지는 대로 따라와 주기 바란다.

위 그래프는 비례상수를 2로 하여 $y = 2x$ 를 그렸지만 비례상수를 다른 다양한 수들로 할 수도 있고, 이것은 여러분의 공으로 넘기려고 한다. $y = x$, $y = \frac{1}{3}x$와 같이 비례상수를 양수로 하여 이들의 관계를 생각해 보고, 다시 비례상수들을 음수로 하여 $y = -2x$, $y = -x$, $y = -\frac{1}{3}x$를 그리면서 $y = ax$의 그래프가 비례상수에 따라 변하는 차이를 직접 확인하기를 바란다. 여기에서는 $y = ax$의 그래프가 가지는 특성을 나열하는 것으로 갈음한다.

<함수 $y = ax\,(a \neq 0)$의 그래프의 특징>

1) 원점을 지나는 직선이다. a의 값과 상관없이 $x = 0$ 이면 $y = 0$ 이기 때문에 $y = ax$ 는 항상 원점을 지난다. 반대로 원점을 지나는 직선이라는 단서를 보면 그 직선의 관계식을 $y = ax$ 로 만들 수 있어야 한다.

2) 위의 설명과 같은 말이지만 $y = ax$ 라는 관계식을 보고 머릿속에서 '원점을 중심으로 돌고 있는 직선'이라고 필자의 생각과 일체화해보자.

3) $a > 0$ 일 때는 그래프가 제 1사분면과 제 3사분면을 지나고 x의 값이 증가함에 따라 y의 값도 증가한다.

4) $a < 0$ 일 때는 그래프가 제 2사분면과 제 4사분면을 지나고 x의 값이 증가함에 따라 y의 값은 감소한다.

5) $|a|$가 크면 클수록 y축과 가까워지고, $|a|$가 작을수록 x축과 가까워진다.

6) $a \neq 0$ 이라는 예외를 두는 이유는 비례식에서 항은 0이 올 수 없으므로 비례상수 0은 존재하지 않기 때문이다. $a = 0$ 일 때 만들어지는 직선은 x축이다.

:: 함수 $y = -\dfrac{5}{7}x$ 의 그래프에 대한 다음 설명 중 옳지 않은 것을 골라라.

① y는 x에 비례한다.

② $x = -7$에서의 함숫값은 5이다.

③ $x > 0$일 때, $y < 0$이다.

④ 제2사분면과 제 4사분면을 지난다.

⑤ x의 값이 증가하면 y의 값도 증가한다.

답: ⑤

① 앞서 정비례를 설명하면서 상수항을 가지지 않는 $y = ax$ $(a \neq 0)$의 꼴일 때가 비례이고 정비례라고 했다.

③ $y = -\dfrac{5}{7}x$ 는 원점을 지나면서 우하향의 그래프로 x의 값이 증가할 때 y의 값이 감소한다. 직접 그래프를 그려보면 알겠지만

정의역이 $x > 0$일 때의 함숫값은 모두 음수이다.

:: 다음은 함수 $y = ax$의 그래프다. 이때 상수 a의 값이 큰 순서대로 나열한 것을 찾아라.

① 가-나-다-라

② 가-나-라-다

③ 나-가-다-라

④ 나-가-라-다

⑤ 라-가-나-다

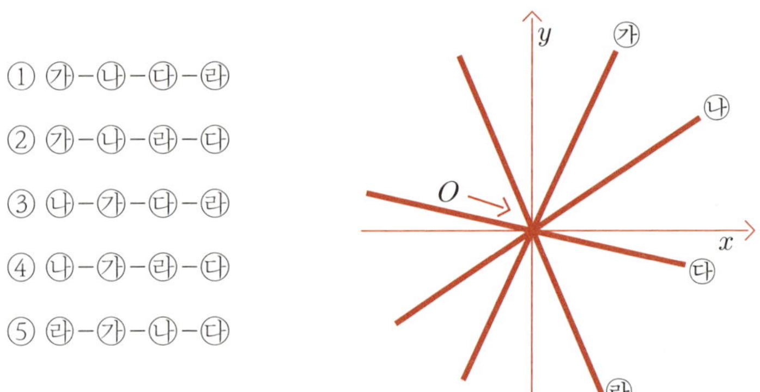

답: ①

앞서 함수 $y = ax$의 그래프는 원점을 중심으로 돌고 있는 직선으로 생각하자고 말했는데 기억하나? 직선을 $x > 0$인 부분에서만 생각하면 a가 크면 클수록 반시계 방향으로, 작으면 작을수록 시계방향으로 돈다.

:: $y = ax(a \neq 0)$의 그래프에 대한 설명 중 옳은 것을 찾아라.

① $a < 0$이면, x가 증가할 때 y도 증가한다.

② a의 절댓값이 커질수록 x축에 가까워진다.

③ $a = 0$이면 직선이 아니다.

④ 점 $(1, a)$를 지난다.

⑤ a의 값에 관계없이 항상 원점을 지나지 않는다.

답: ④

그래프를 머릿속에 떠올릴 수 있다면 답을 찾는 것은 어려운 일이 아니다. 여기서 ③번과 ④번을 살펴보자. $a = 0$일 때는 그래프가 어떻게 되는가? 이는 중요한 문제로 교과서나 문제집에서는 많이 다루지 않지만 앞으로 중3 수학부터 많이 사용한다. 결론적으로 $y = ax$에서 a가 0이면 $y = 0$이 되고 이는 직선이다. a가 0이면 $y = 0 \times x$가 되는데 이를 순서쌍으로 나타내면 (1, 0), (2, 0), (3, 0), …이고 이를 점으로 나타내면 모두 x축 위에 있다. 결국 $y = 0$은 x축이라는 직선을 나타낸다. ④ $y = ax$를 보고 이 함수의 그래프는 원점 이외에는 다른 점을 알 수 없다고 미리 결론을 내려 더 이상의 노력을 기울이지 않으려는 생각이 문제를 틀리게 하는 경우가 있다. 이 생각이 틀리지는 않으나 $(1, a)$는 '$x = 1$일 때 $y = a$'로 $y = ax$에서 직접 대입해보면 등식이 성립하여 맞다는 것을 알 수 있다. 반대로 등식이 성립하지 않는다면, 직선 위에 있는 점이 아니다.

함수 $y = \dfrac{a}{x}\,(a \neq 0)$의 그래프

$y = \dfrac{a}{x}$의 그래프는 앞서 반비례를 설명하면서 대부분의 내용을 이미 설명을 했다. 다만, 한 가지만 덧붙이고자 한다. 필자가 중1 학생일 때에 $y = \dfrac{a}{x}$의 수식에 $a \neq 0$라는 조건이 붙어 있는 것을 보고 그것보다는 $x \neq 0$이라는 조건이 있어야 하는 것이 아닌가란 생각이 들었었다. 이것을 학생들에게 물어보면 비로소 그런 생각이 든다고 말한다. 분모에 미지수를 포함하는 식, 즉 분수식은 앞으로도 그렇지만 분모가 이미 0이 아닌 수라고 보아야 한다.

많은 학생들이 0과 관련된 것을 깊이 생각하지 않고 무조건 0이라고 정리한 학생이 많은데, 이러한 생각으로 수학을 공부하면 앞으로 어려움에 빠질 수 있다. 어려운 수학은 많은 것들이 0과 관련이 되어 있기 때문이다. 예를 들어 $\dfrac{0}{0}$, $\dfrac{5}{0}$, $\dfrac{0}{5}$을 모두 0이라고 하는 학생들이 많다. 여기서 0이 되는 것은 $\dfrac{0}{5}$뿐이다. 그렇다면 $\dfrac{0}{0}$과 $\dfrac{5}{0}$는 무엇일까? 이 부분을 설명하려면 장황해지므로 간단히 말하면 이는 수가 아니다. 수가 아니기에 여러분이 본 적이 없는 것이고 그러니 수학에서 사용되지 않을 것이라고 생각하나? 수가 아니니 '$\dfrac{0}{0}$의 꼴', '$\dfrac{5}{0}$의 꼴'이라는 말로 사용하며, 대학수학능력시험에서도 매년 나오는 것으로 중요하다. 여기서 분모가 0이면 수가 아니므로 $\frac{a}{x}$에서 x는 아무 말이 없어도 0이 아니다. 이제 $y = \frac{6}{x}$의 그래프를 그려보자. $y = \frac{6}{x}$의 양변에 x를 곱하면 $xy = 6$이기 때문에 분모인 x의 값을 6의 약수들로 하는 것이 좋겠다. 그런데 아직도 6의 약수를 1, 2, 3, 6이라고만 생각하나? 6의 약수에는 1, 2, 3, 6도 있지만 음의 약수 −1, −2, −3, −6도 있다.

x	$\cdots$	−6	−3	−2	−1	1	2	3	6	$\cdots$
y	$\cdots$	−1	−2	−3	−6	6	3	2	1	$\cdots$

반비례식의 문제는 대부분 $xy = 6$처럼 '곱이 일정하다'는 것을 기억하면 문제를 풀기가 쉬워진다.

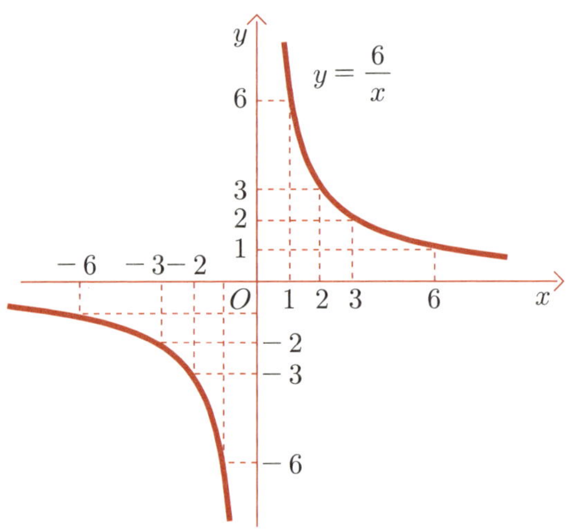

<함수 $y = \dfrac{a}{x}\,(a \neq 0)$의 그래프의 특징>

1) 원점에 대하여 대칭인 쌍곡선이다.

2) 정의역이 $x \neq 0$인 실수 전체이다.

3) $a > 0$일 때, 그래프는 제 1사분면과 제 3사분면에 있고, x의 값이 증가함에 따라 y의 값은 감소한다.

4) $a < 0$일 때, 그래프는 제 2사분면과 제 4사분면에 있고, x의 값이 증가함에 y의 값도 증가한다.

5) $|a|$가 작을수록 그래프가 원점에 가깝고 반대로 클수록 원점에서 멀어진다.

직선을 많이 그려보았다면 반비례식의 그래프는 많이 그리지 않아도 이해하게 된다. 위 기본적인 성질과 함께 분수의 성질, 그래프의 모양, 원점과의 관계만을 충실히 하면 될 것이다. 그런데 반비례 그래프는 중1 때 배우고 앞으로 고1 때 분수함수라고 명명하면서 반비례 그래프의 평행이동을 다룬다.

:: 함수 $y = \dfrac{a}{x}$ 의 그래프가 두 점 $(9, 2)$, $(b, -1)$을 지날 때, $a + b$의 값을 구하여라.

답: 0

$xy = a$이므로 x좌표와 y좌표의 곱이 a로 일정하다는 것을 기억하면 문제풀이가 암산도 가능할 것이다. $a = 2 \times 9 = 18$이고 $b \times (-1) = 18$이므로 $a = 18$, $b = -18$이고 $a + b = 18 - 18 = 0$이다.

:: 두 함수 $y = \dfrac{a}{x}$ 와 $y = \dfrac{3}{4}x$ 의 그래프가 만나는 교점을 P라 하자. 교점 P의 x좌표가 8일 때, 상수 a의 값을 구하여라.

답: 48

두 함수의 교점이 P라는 것은 그 점에서 두 함수의 x좌표끼리와 y좌표끼리가 각각 같다는 것을 의미한다. 따라서 $\dfrac{a}{x} = \dfrac{3}{4}x$ 라는 식을 만들 수 있고 여기에 $x = 8$을 대입하면 답을 구할 수 있다. 여기서 이해가 되지 않으면 직접 그래프를 그려보기 바란다. 그런데 좀 더 간단한 방법은 완전한 관계식인 $y = \dfrac{3}{4}x$와 x좌표가 8이라는 것을 통해 y좌표를 구하여 $P(8, 6)$이라는 좌표를 구할 수도 있다. 따라서 $a = xy = 8 \times 6 = 48$이다.

:: 함수 $y = -\dfrac{a}{x}\,(a \neq 0)$의 그래프에 대한 설명 중 옳은 것을 모두 찾아라.

① 원점에 대하여 대칭인 쌍곡선이며 x축, y축에 접근한다.

② x의 값이 증가함에 따라 y의 값도 증가한다.

③ $x > 0$일 때 항상 $y < 0$이다.

④ $a > 0$일 때 $y < 0$이다.

⑤ a의 절댓값이 커질수록 원점에서 멀어진다.

답 ; ①, ⑤

a가 양수인지 음수인지 모르기 때문에 $-a$도 양수인지 음수인지 여전히 모른다는 것을 강조하려고 출제했다.

1.7

함수의 활용

원래 함수의 활용은 함숫값을 이용한 문제가 기본이다. 앞서 누누이 강조했듯이 함숫값은 y축에 있다는 것과 함수의 정의에 의하여 함숫값은 상수라는 것을 알아야 한다. 또 초등수학부터 기본으로 알고 있어야 하는 것은 모든 수는 양의 의미와 순서의 의미를 가진다는 것이다. 그런데 함숫값도 상수 즉 수이니 양의 의미를 가질 때와 순서의 의미를 가진다. 함숫값이 y축에 있는 것도 헷갈리는 학생들이 양의 의미와 순서의 의미를 넘나들면서 이 둘의 쓰임새가 혼동됨으로써 어려움을 느끼는 것이다. 그런데 중1의 함수 활용에서는 쉽게 출제하므로 이러한 함숫값보다는 함수식을 만드는 것에만 매달려 있는 것으로 보인다. 함숫값을 사용하는 정식의 문제들은 중2~3에서 다루기로 하고 함수식을 만드는 문제들을 주로

103

다루어보자.

문제에 주어진 말을 식으로 바꾸다 보면 관계식이 나오게 되는데, 앞서 배운 것이 정비례와 반비례밖에 없다. 그러니 특히 'y는 x의 a배'인 정비례 관계와 '두 변수의 곱이 일정한 값'이 되는 반비례 관계의 구분은 꼭 할 수 있어야 한다. 같은 직사각형의 넓이의 문제라도 알려주는 값에 따라 정비례 문제일 수 있고 반비례 문제가 될 수 있다. 가로의 길이는 알려주되 세로의 길이와 넓이를 알려주지 않으면 정비례 문제이지만 가로와 세로의 길이를 알려주지 않고 넓이만 알려준다면 이는 반비례 문제가 된다.

그런데 가장 많이 혼동하는 것은 함께 커지거나 작아지면 정비례 관계이고 서로 반대로 커지거나 작아지면 무조건 반비례라고 생각하는 것이다. 예를 들어 '길이가 $30cm$인 양초에 불을 붙이면 1분마다 $0.6cm$씩 짧아진다. x분 후의 길이를 ycm라고 할 때 관계식을 구하여라.'라는 문제가 있을 때, 시간이 증가할 때 양초의 길이가 짧아지므로 반비례 관계라고 착각하면서 생각이 삼천포로 빠지는 것이다. 정비례의 본질은 일정한 비율로 증감이 이루어지는 것이고 반비례의 본질은 두 수의 곱이 일정하다는 것이다. 위 문제의 식을 구하면 $y = 30 - 0.6x$로 이 관계식은 $y = ax$의 꼴이 아니므로 정비례도 반비례도 아닌 직선이다. 만약 양초가 다 타서 길이가 $0cm$가 될 때는 $0 = 30 - 0.6x$ 가 되어 50분이 걸리게 된다.

중2 함수를 좀 더 공부해 보면 의미가 좀 더 정확해지겠지만 일차방정식과 일차함수 그리고 직선은 본질적으로 같은 것이다. 아직 직선에 대해서 배우지 않은 부분이 있기 때문에 문제를 보자마자 이러한 직선의 성질을 알고 식을 쓰는 것은 어렵다. 이러한 경우는 주어진 문장에 맞도록 식을 정확하게 쓰는 것으로 해결해야 할 것이다. 그래서 방정식의 활용을 먼저 배운 것이다.

<중1 함수의 활용에서 많이 사용되는 공식>

1) (거리) = (속력)×(시간)

2) 비례식: $a{:}b = c{:}d$ 이면 $ad = bc$

3) 도형의 넓이

　삼각형의 넓이: (밑변)×(높이)×$\dfrac{1}{2}$

　사각형의 넓이: (가로)×(세로)

　사다리꼴의 넓이: {(윗변)+(아랫변)}×(높이)×$\dfrac{1}{2}$

4) 맞물려 도는 A, B의 두 톱니바퀴

　(A의 회전수)×(A의 톱니수)=(B의 회전수)×(B의 톱니수)

이제 문제를 풀어보자.

:: 기온은 지면에서 1km씩 올라갈 때마다 6°C씩 내려간다고 한다. 지면에서의 온도가 0°C이고 지면에서 $x$km올라간 곳의 기온을 y°C라고 할 때, x와 y의 관계식을 구하여라.

답: $y = -6x$

$1:-6 = x:y \Rightarrow y = -6x$ 이다.

:: 밑변의 길이가 x, 높이가 y인 삼각형의 넓이가 6일 때, x와 y의 관계식을 구하여라.

답: $y = \dfrac{12}{x}$

$x \times y \times \dfrac{1}{2} = 6 \Rightarrow y = \dfrac{12}{x}$ 다.

:: 톱니의 수가 각각 20개, 30개인 두 톱니바퀴 A, B가 서로 맞물려 돌고 있다. A가 x번 회전할 때, B는 y번 회전한다고 한다. 이때 x와 y의 관계식을 구하여라.

답: $y = \dfrac{2}{3}x$

$$20 \times x = 30 \times y \ \Rightarrow\ y = \frac{2}{3}x \,\text{다.}$$

: : 다음 그림과 같이 직선 $y = ax$ 가 삼각형 OBA의 넓이를 이등분할 때, a의 값을 구하여라.

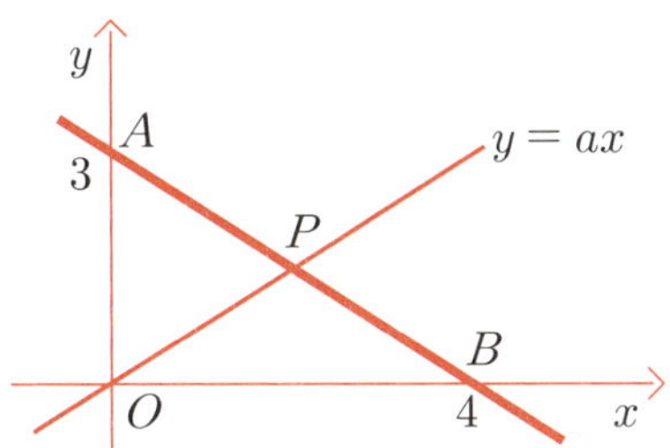

답: $\dfrac{3}{4}$

이등분한다고 했으므로 $\triangle AOP = \triangle BOP$ 이고 직선 AB와 $y = ax$의 교점 P의 좌표를 (k, ak)라고 하자. 이때 $\triangle AOP$ 에서 높이를 k, $\triangle BOP$ 에서 높이를 ak로 놓을 수 있다. 상수든지 변수든지 모든 수는 양의 의미와 순서의 의미를 가지고 있다. 예를 들어 숫자 7은 7개라는 양의 의미와 7번째라는 순서의 의미도 가진다. x좌표 k와 y좌표 ak도 수이므로 양(길이)으로서 각각 삼각형의 높이가 된다. 따라서 두 삼각형의 넓이는 $\triangle AOP = 3 \times k \times \dfrac{1}{2}$, $\triangle BOP = 4 \times ak \times \dfrac{1}{2}$ 이고 넓이가 같으므로 $3 \times k = 4 \times ak \Rightarrow a = \dfrac{3}{4}$ 이다.

답은 나왔지만 조금만 시야를 넓혀보자. 가로와 세로의 길이가 각각 4, 3인 직사각형의 대각선을 그을 때 만들어지는 4개의 사각형의 넓이가 모두 같다고 본다면 좀 더 쉬워질 수도 있다. 따라서 이 문제는 지금은 이 방법으로 풀되 중2 함수에서 '기울기'라는 것을 배운 뒤에 다시 한번 풀어보기 바란다.

중학수학의 완성은 누가 뭐라 해도 함수다. 나중에 고등수학에서는 방정식은 물론이고 모든 도형을 좌표평면 위에서 표현할 수 있게 된다. 지금의 귀차니즘을 극복하고 좀 더 어려워지기 전에 확실히 하는 길이 함수를 해결하는 유일한 길임을 알았으면 좋겠다.

르네 데카르트(Rene Descartes / 1596-1650)는 프랑스의 철학자이자 수학자로, 근대 철학의 아버지로 불린다. 라플레슈 예수회 학교와 푸아티에 대학에서 교육받았으며, 이후 유럽을 여행하며 다양한 경험을 쌓았다. 1637년 "방법서설"을 출판하여 철학적 방법론을 확립하고, 해석기하학을 창시하여 대수학과 기하학을 결합시켰다. "나는 생각한다, 고로 존재한다"는 명제로 유명하며, 그의 사상은 현대 철학과 과학에 큰 영향을 미쳤다.

2학년의 함수

일어서면 가슴높이인 물에 빠져 죽었을 때가 가장 안타깝다.

중고등수학은 딱 그 높이다.

- 조안호

2학년에서의 함수를 크게 보면 직선이 전부이고 그나마 1학년의 함수에서 직선의 그래프를 그리는 방법까지 배웠다. 이렇게 생각해 보면 더 배울 것이 없을 것이라고 생각할 수도 있다. 그렇게 생각하면 오산이다. 중학교 2학년의 함수 단원에서 배우는 직선을 통해 배워야 할 것은 한마디로 말해 '직선을 바라보는 눈'이다.

이 직선은 오른쪽 위로 올라가는 직선이구나.

이 직선은 오른쪽 아래로 내려가는 직선이구나.

이 직선의 기울어진 정도를 수로 나타낼 수는 없을까?

한 직선 위의 점들끼리는 어떤 관계가 있을까?

두 직선은 서로 어떤 관계가 있을까?

이 직선은 y축 위의 어떤 점에서 만나고 있구나.

이 직선은 x축의 어떤 점에서 만나고 있을까?

직선의 결정조건은 무엇일까?

미결정직선은 무엇일까?

미결정직선에는 무엇이 있을까?

⋮

중1 함수에서 앞서 필자가 말한 세 가지의 어려움만 해결한다면 중

2 함수가 어렵지는 않을 것이다. 마치 방정식을 푸는 것처럼 대입만 해도 대부분의 문제가 풀린다. 일차함수, 기울기, x절편, y절편, 평행이동, 직선의 방정식 등 1학년에서 용어가 쏟아져 나왔던 것에 비해 중2 함수에서 배워야 할 용어는 몇 개 되지도 않는다. 이 중에서 '기울기'라는 것만 다소 어려울 뿐 나머지는 어렵지도 않다. 또 직선에서는 필자가 강제로 배우게 했던 정의역, 공역, 치역이 그다지 쓰이지 않는다. 여기서 오해의 소지가 있음을 언급하고자 한다. 중2 함수의 문제를 다 맞았더라도 진정한 실력이 아닐 가능성이 높다. 함수를 방정식으로 생각하고 풀어버리면 다 맞기 때문이다.

중2 함수에서 직선들을 공부하면서 최종적으로 얻어야 할 것에는 다음 세 가지가 있다. **첫째, 기울기의 개념을 정확하게 잡아야 한다. 둘째, 직선의 그래프를 빨리 그리는 훈련을 통해 그래프만을 보고 관계식을 떠올리고, 관계식만을 보고 그래프가 머리에 떠올릴 수 있어야 한다. 셋째, 필자가 만든 미결정직선을 충분히 연습해야 한다.**

고등수학의 90%가 함수라고 했고, 고등함수의 어려움은 주로 미결정직선을 문제에 사용하지 못하는 것에 있다. 중3 이후에는 직선이 단독으로 나오는 문제가 거의 없다. 그런데 앞으로 배우는 무수히 많은 고등함수가 배우자마자 직선과의 관계를 모두 물어볼 것이다. 새로 배운 함수의 문제를 푸는데 이때 미결정직선이 발목을 잡는다면 모든 함수가 어려워진다. 어려움의 원인이 미결정직선인데, 학생들의 눈에는 오랫동안 배워온 직선에 불과하기 때문에 어려움의 근원이라고 생각하지 않는다. 어려움의 원인이 파악이 안 된 고등함수가 계속 어려운 것은 어쩌면 당연하다. 직선을 쉽다고 겉넘지 말고 하나하나 기울기부터 미결정직선에 이르기까지 확실하게 공부를 하기 바란다.

2.1

일차함수의 정의

먼저 중1 함수의 개념이 제대로 잡혀 있는지부터 살펴보자. '함수 $y = -\dfrac{1}{2}x + 4$에 대하여 $f(-2) + f(-\dfrac{1}{2})$의 값을 구하여라.'라는 문제에서 $f(-2) = 5$, $f(-\dfrac{1}{2}) = 4\dfrac{1}{4}$이므로 $f(-2) + f(-\dfrac{1}{2})$은 $9\dfrac{1}{4} = \dfrac{37}{4}$이다. 이러한 기본 문제조차 낯설게 여겨진다면 중1 함수를 더 공부하고 와야 할 것이다. 특히, 다음 질문들에 자신 있게 대답할 수 있는지 확인해 보자.

첫째, 함수의 정의를 외우는 것은 물론이고 세부적인 의미들을 말할 수 있나?

둘째, $f(x)$가 무섭지는 않은가?

셋째, $y=f(x)=$(관계식)이 자유자재로 활용할 수 있는가?

넷째, $(2,3)$이란 좌표가 '$x=2$일 때 $y=3$', '$f(2)=3$', $(2,$ $f(2))$ 등과 같다는 것이 인식되는가?

위 네 가지가 잘 된다면 중2 함수를 공부할 자격이 있다. 이제 2학년에서 배우는 일차함수가 무엇인지 정의부터 보자.

<일차함수의 정의>

두 변수 x, y에 대하여 y는 x의 함수이고 $y = ax + b$ $(a, b$는 상수, $a \neq 0$)와 같이 y가 x에 관한 일차식으로 나타내어질 때, 이 함수를 일차함수라 한다.

1부에서 배운 〈함수의 정의〉를 잘 이해했다면 위 정의 중에서 'x에 관한 일차식'이라는 말만 설명하면 될 것 같다. 'x에 관한 일차식'을 정확하게 이해하려면 다음 사항들을 알아야 한다. 함수를 떠나 식을 보고 이것이 몇 차식인지는 알아야 하는데 모르는 학생들이 많기 때문에 기회에 설명하려 한다. 잘 아는 학생이라면 다소 설명이 길더라도 이해해 주기 바란다. 다음 정의는 필자가 정리한 것이다. 많은 것들이 교과서에 나와 있지 않으며 나와 있는 것들 중에서 계수 등 일부는 교과서와 다르다. 다른 경우 필자의 정의나 정리를 사용하기 바란다.

<유리식의 용어 정의 또는 정리>

• 식: 수학에서 보는 모든 수나 문자

• 유리식의 종류: 다항식과 분수식

• 다항식: 한 개 이상의 항으로 이루어진 것으로 항과 항 사이는 +
로 연결되고, 특히 다항식 중 단항식은 항이 1개인 식

• 항: 곱하기로 뭉쳐진 덩어리

• 분수식: 분모에 미지수를 포함한 식

• 다항식의 용어들: 정수 지수, 계수, 차수, 동류항, 몇 차식 등

• 지수: 같은 문자나 수의 곱해진 개수

• 계수: 문자의 더해진 개수

• 차수: 문자의 곱해진 개수

• 몇 차식: 다항식에서 몇 차식은 최고차항 차수의 식

• x에 관한 식: x와 상수항으로만 이루어진 식 [예 $f(x)$]

• x에 대한 식: x를 다른 문자로 **표현**한 식 [예 $x = f(y)$]

대부분은 중1의 1학기 수학에서 배웠거나 배웠어야 할 내용이다.
위 용어를 자세히 설명하는 것은 책의 분량에 부담 때문에 하지 못
하고 문제를 풀어보는 것으로 대신한다.

:: 다음 중 '일차식'을 모두 골라라.

① $\dfrac{3}{x} + 5$ ② $3x + 5$ ③ $2xy + 3$

④ $2x^2 + 3x + 5$ ⑤ $2x + 3y$

답: ②, ⑤

① 분수식이다. 항, 계수, 차수, 몇 차식 등은 모두 다항식에서만 사용되는 용어이므로 분모에 미지수를 가지는 분수식에서는 사용하지 않는다. $\dfrac{3}{x}$은 다항식이 아니라 분수식이므로 몇 차식이라고 할 수 없다.

② $3x + 5$는 항이 2개로 $3x$는 문자가 1개 곱해져 있으니 1차수이고 3은 상수항이지만 문자가 0개 곱해져 있으므로 0차수라 할 수 있다. 항 중에서 가장 큰 차수가 1차수이므로 이 식은 일차식이다.

③ 차수는 문자의 같고 다름을 구분하지 않고 곱한 개수만을 묻는다. 따라서 $2xy + 3$에서 $2xy$는 문자가 2개 곱해져 있으므로 2차수이고 3은 상수항이라서 가장 큰 차수가 2차수이므로 이 식은 이차식이다.

④ $2x^2$은 2차수, $3x$는 1차수, 5는 상수항이므로 이 식은 이차식이다.

⑤ $2x$는 1차수, $3y$는 1차수이니 가장 큰 차수는 여전히 1차수이

므로 이 식은 일차식이다. 이러한 문제에서 많은 학생들이 ③도 답으로 고르는 경우가 있는데 x의 지수 때문이거나 다음 문제로 착각했기 때문이다.

:: 다음 중 'x에 관한 일차식'을 골라라.

① y　　② $x^2 y$　　③ axy^2　　④ $(xy)^2$　　⑤ $x(x+3)$

답: ③

'x에 관한 ○차식'이라는 말이 나오면 다른 문자는 상수항으로 보고 오로지 x만 고려해 보겠다는 말이다.

:: 두 변수 x, y에 대하여 다음 중 일차함수가 될 수 있는 것을 골라라.

① $f(x) = 3$　　② $f(x) = 0 \times x + 3$　　③ $f(x) = \dfrac{3}{x}$

④ $f(x) = \dfrac{x}{3}$　　⑤ $f(x) = xy + 3$

답: ④

앞서 y와 $f(x)$는 같은 것이라고 1부에서 엄청 강조한 것 기억할 것이다. 그리고 일차함수의 정의는 '두 변수 x, y에 대하여 y가 x

에 관한 일차식'이라는 일차함수의 정의는 기억하나? 배운 대로 하면 ①과 ②는 같은 것으로 x에 관한 0차함수이므로 일차함수가 아니다. 이러한 함수를 나중에 상수함수라고 한다. ③은 분수함수이므로 일차함수가 아니다. ④ $\frac{x}{3}$은 $\frac{1}{3}x$로 다항식이고 일차식이니 답이다. 그런데 ⑤는 시중에는 이런 문제가 없는데 일부러 혼동을 유도할 목적으로 필자가 만든 보기다. $xy + 3$은 y가 상수라면 x에 관한 일차식은 맞다. 그런데 문제에서 x, y가 모두 변수라고 했기 때문에 엄밀한 의미에서는 이차함수이다. 도대체 $f(x) = xy + 3$는 무엇인지 식을 변형해 보자. $y = f(x)$ 이기 때문에 주어진 식은 $y = xy + 3$ ⇨ $(1 - x)y = 3$ ⇨ $y = \frac{3}{x - 1}$ (단, $x \neq 1$)이다.

일차함수에 관한 몇 가지 기본적인 부분만 언급한 뒤에 직선에서 가장 중요하다고 할 수 있는 기울기에 대해 알아보자.

<일차함수에서 소고>

1) 일차함수는 모두 직선이다. 그러나 역으로 직선이 모두 함수인 것은 아니다. 앞으로 배워가겠지만 일차함수로 다른 모든 직선을 표현할 수 있지만 y축은 물론 y축과 평행한 직선들은 모두 표현할

수 없다. 따라서 직선을 모두 함수로 표현할 수는 없다.

2) 함수에서 정의역, 공역에 대한 특별한 조건이 없으면 정의역, 공역은 수 전체의 집합으로 생각한다. 1부에서 함수의 그래프를 그리기 위해 x축과 y축을 그렸다면 이는 각각 정의역과 공역을 그린 것이라고 했다. 또 치역은 공역 안에 있어야 한다고 했다. 그런데 일차함수의 경우 치역이 수 전체이기에 치역과 공역이 같아서 관련 문제들이 없지만 반드시 기억은 해야 한다. 자꾸 쓸데없는 것을 말한다고 생각하는 학생들도 있겠다. 그러나 공역과 치역의 관계는 일부 구간으로 정의역이 정해지거나 직선이 아니라 곡선이 되는 중3 수학부터 고등수학에 이르기까지 중요하니 계속 생각하라는 의미로 말하는 것이다.

3) 함수 $y = f(x)$에서 $f(x)$를 x에서의 함숫값이라고 한다. 예를 들어 $f(x) = ax + b$라는 함수에서 $x = p$의 함숫값은 $f(p) = ap + b$이다.

변수란 무엇인가?

숫자 : 0, 1, 2, 3, 4, 5, 6, 7, 8, 9의 10개

수 : 숫자 10개 또는 기호들로 사용해서 만든 것으로, 수의 종류에는 자연수, 분수, 소수, 정수, 유리수, 무리수, 실수, 허수, 복소수 등이 있다. 수의 이름이 모두 '수'자로 끝나는데, 예외로 원주율(π)과 자연상수(e)가 있다.

수가 갖는 의미 : ① (몇 개 등)양의 의미
        ② (몇 번째 등)순서의 의미

수의 분류 : ① 상수: 정해진 값을 가지는 수
      ② 변수: 변하는 범위에 있는 어떤 수

미지수(未知數) : '아직은 알지 못하는 수'로 보통 x, y 등의 알파벳을 사용하며 아직 상수인지 변수인지 모르는 상태다.

수의 특징 : 상수든지 변수든지 모든 수는 변하지 않는다.

수학은 수를 다루는 학문이고, 무엇보다 수가 갖는 의미나 분류, 특징 등을 알아야 한다. 그런데 여러분에게 무언가를 알려주기 어려운 유치원 때부터 수를 다루었다. 그래서 수가 갖는 의미 등을 가르치지 못한 채 수세기나 연산을 하였다. 그것이 잘못된 것은 아니지만, 최소한 초등 고학년부터는 논리적인 사고를 할 수 있으니 이를 가르쳐야 한다. 그러나 사람은 해오던 대로 하려는 습성이 커서 수가 갖는 다양한 것들을 중고등학생이 되어도 가르치거나 생각하지 않게 되었다. 수학의 개념은 문제를 풀면서 스스로 깨치는 것이 거의 불가능해서 가르쳐야 한다. 초등부터 해왔으면 좋았겠지만, 중학생인 지금이라도 수가 갖는 여러 가지를 종합해 가르치겠다. 항상 그렇듯이 개념은 쉬울 때는 쓸데없이 가르치는 상식처럼 느껴지고, 어려워지면 그 쉬운 개념의 부족으로 이해가 안 된다. 스스로 판단하여 대충 넘어가지 말고 충실히 하기 바란다.

5라는 수를 예로 들어 살펴보자. 모든 수는 양의 의미와 순서의 의미를 가진다고 했다. 다음 그림에서 보듯이 5는 5라는 길이 즉 양의 의미를 갖는 것과 5번째라는 점 즉 순서의 의미를 가진다. 하나의 수가 길이와 점 즉 양과 순서의 의미를 동시에 가진다는 것이다. 앞으로 수학에서 보는 모든 수는 이 두 가지의 의미를 갖고 있다. 함수에서도 함숫값이라는 수가 두 가지의 의미를 가지며 구분해서 사용해야 하는데, 함숫값조차도 바르게 잡지 못한 중고등학생들을 함수의 활용이나 삼각함수에서 더욱더 혼동으로 이끈다. 아래 수직선에서 5가 가지는 두 가지 의미를 비교하기 바란다.

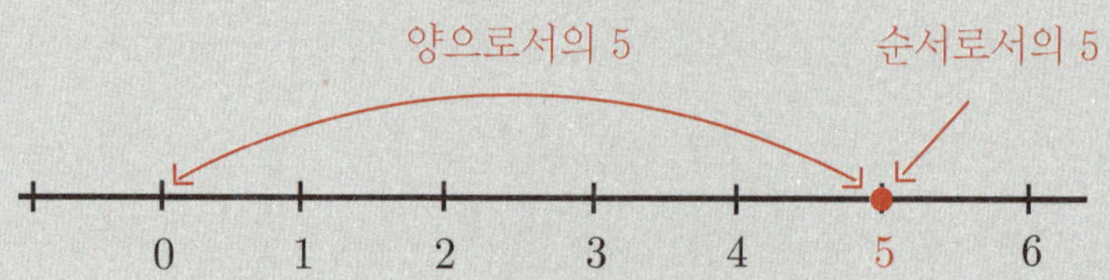

이번에는 미지수가 무엇인지를 다뤄보자. 많은 경우 선생님들이 "미지수는 초등학교에서는 어떤 수를 □, △, ○ 등으로 나타냈는데, 중학교에서는 이것들 대신에 x, y와 같은 알파벳을 사용한다."와 같이 간단하게 설명하고 곧이어 문제 풀이에 돌입한다. 말로 설명하면 간단한 것이지만, 글로 설명하면 혼동할 수 있어서 문답식으로 설명한다.

 미지수에는 x, y와 같은 알파벳을 사용한단다.

 미지수가 뭐예요?

미지수(未知數)는 '아닐 미, 알 지, 수 수'자로 '아직은 알지 못하는 수'라는 뜻이야.

그럼 나중에는 안다는 뜻이에요?

꼭 그런 것은 아니지만 수학 문제에서 미지수를 구하다 보면 결국은 무엇인지를 알아내는 경우가 대부분이야. 그러다 보니 해결하겠다는 염원을 담아서 이렇게 이야기하는 것이 아닐까?

나중에는 알게 된다는 뜻이 많이 담겨 있다는 말이군요.

그렇게 말하니 네가 헷갈리는지가 걱정된다. 미지수는 아는 수니, 모르는 수니?

결국에는 알게 되니 아는 수가 아닐까요?

그런 논리라면, 네가 나중에 할아버지가 될 것이므로 지금부터 할아버지라고 불러 줄까?

나중에 아는 것은 아는 것이 아니군요. 미지수가 모르는 수인데 어떡하다가 제가 아는 수란 멍청한 대답을 한 것이지요?

미지수는 '모르는 수'라는 것을 더 명확하게 해야 해. 명확하게 잡히지 않은 개념은 항상 이렇게 흔들릴 수 있는 거야.

모르는 수가 모르는 수이지, 이것을 어떻게 명확하게 해요?

좋아. 그러면 예시 문제를 내볼게. x와 y는 같은 수니, 다른 수니?

당연히 다른 수죠.

왜?

x와 y는 벌써 생김새부터 다르네요.

x는 아는 수일까, 모르는 수일까?

모르는 수죠.

y는 아는 수야, 모르는 수야?

모르는 수죠.

그럼, x도 y도 모르는 수이니 서로 같은 수가 될 수도 있고, 다른 수가 될 수도 있는데 왜 다른 수라고 한 거야?

x와 y가 같을 확률은 매우 적잖아요?

적을 것 같기는 해. 그런데 같을 수도 있고 다를 수도 있는 것을 다르다고 하는 것은 비논리적인 말이고 수학을 공부하는 방향이 아니야.

그럼, x와 y는 서로 같을 수도 있고 다를 수도 있다고 해야 되겠네요.

앞서 어떤 두 수가 있을 때, 항상 같을 수도 있고 다를 수도 있다고 정리하라고 했지?

그 말이 이렇게도 쓰이는 줄 몰랐어요.

그럼, x와 x는 같을까?

아! 이것은 다를 수가 없는 것 아닐까요?

그래. 한 문제에서 사용된 x끼리는 같아.

그럼 서로 다른 문제에서 사용된 x는 서로 달라요?

아니.

그럼 뭐예요?

서로 다른 문제에서 사용된 x끼리는 서로 같을 수도 있고 다를 수도 있어.

당연한 말인데도 제가 계속 당하는 느낌이네요.

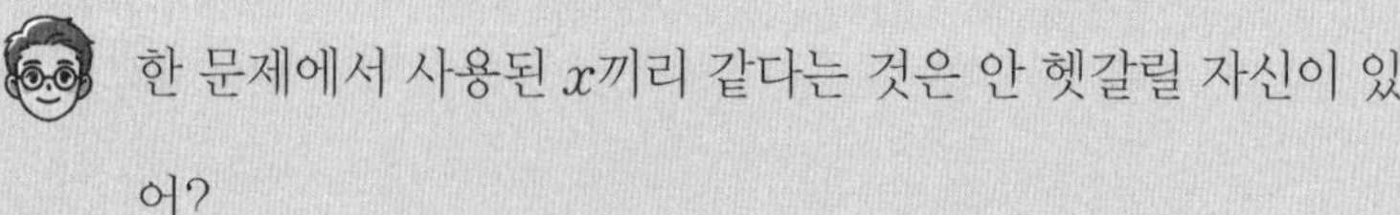

한 문제에서 사용된 x끼리 같다는 것은 안 헷갈릴 자신이 있어?

문제를 내보세요.

$x \times x = -9$가 되는 x의 값이 뭐니?

하나는 3이고 또 하나는 −3이겠네요.

아니야.

그거 아니면 답이 없어요.

답이 없다가 맞아.

진짜요?

$x \times x$에서 두 x는 같아. 그리고 x는 수직선에서 하나의 점에 대응되기 때문에 유일하고, 유일하니 x가 3이 되었다 −3이 될 수는 없다.

저도 처음에는 그렇게 생각했어요. 그런데 어떡하든 답을 맞히려는 생각에 찍었기 때문이에요.

수학은 절대 찍어서는 안 된다. 자기 생각대로 해서 하나하나 논리를 교정할 때가 수학실력이 자라는 것이란다. 그런데 찍게 되면 실력이 쌓이지 않게 된다. 실력이 쌓이지 않는 공부를 해서는 안된다.

 알겠습니다. 이제부터는 생각대로 하고 생각을 교정해 나가겠습니다.

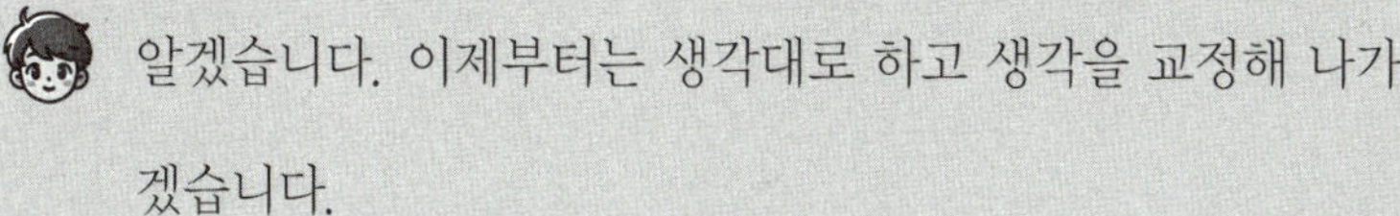 *Good job!*

당연한 말이지만, 미지수 x도 수이다. 따라서 x개라는 양의 의미와 x번째라는 순서의 의미를 가진다. 이것을 몰라서 필자가 중2 방정식활용의 의자 문제에서 틀린 적이 있었다. 의자가 x개가 있다면, 의자를 하나하나 들어놓아서 1, 2, 3, …, $x-2$, $x-1$, x라고 늘어놓아야 문제를 이해하기 시작할 수 있다. 뜻있는 학생들은 잠시 이 책을 덮고 해당 문제를 찾아서 풀어도 좋다.

모든 수는 상수가 아니면 변수다.

변수는 '변하는 범위에 있는 어떤 수'이고, 상수는 '정해진 값을 가지는 수'다. 모든 수는 수직선 위에 상수로서 있든지 어느 특정 범위 안에서 있든지 한다. 따라서 모든 수는 상수가 아니면 변수라는 생각을 명확히 해야 한다. 또 오해의 소지가 있는 것이 있다. 변수를 변하는 수로 인식하면 절대 안 된다. 수학에서 수는 변수이든지 상수이든지 변하는 것은 없다. 예를 들어 변수 x의 범위가 1보다 크고 5보다 작다고 해보자. x가 이 범위의 어떤 수가 될 수 있단 뜻이다. 변수에서 절대 오해해서는 안 되는 것이 있다. x가 2인 경우, x가 3인 경우 등이 있는 것이지, x가 2에서 점점 변해서 3이 되었다고 생각해서는 안 된다. 수학에서 변수든 상수든 수 자체가 변하는 경우는 없다. 중2 수학에서 '0.999…'가 나오는데 이 수도 점차 1에 가까이 가는 수로 이해해서는 절대 안된다. 왜냐하면 수는 변하는 것이 아니기 때문이다. 변수가 변하니 변하지 않느니 하는 것은 중학교까지는 그 의미가 없어 보이지만 고등수학의 극한에 가서는 엄청 중요한 내용이다. 변수가 무엇인지를 잘 이해하지 못하고 어려운 고등수학을 잘할 수는 없다고 보아야 한다. 변수와 달리 그동안 보았던 자연수, 분수, 소수 등이 모두 상수이다. 예를 들어 임의의 자연수 5는 비가 오나 눈이오나 기분이 나쁘거나 심지어 100만 년이 지나도 여전히 5이다. 5가 100만 년이 지나면 4.9나 5.1이 되는 일은 없으며, 이렇게 정해진 값을 가지는 수를 상수라고 한다. 앞으로 배울 -1, $-\dfrac{1}{3}$, $\sqrt{7}+1$, π (원주율), i (허수단

위) 등 정수, 유리수, 무리수, 허수가 모두 상수이다.

중요해서 다시 한번 말하지만, 모든 수는 상수가 아니면 변수라는 생각을 명확히 하였는가? 그렇다면 미지수 x는 상수인가, 변수인가? 이 질문의 답을 이해하기 위해 다시 문답식으로 설명한다.

미지수 x는 상수일까, 변수일까?

변수요.

왜?

모든 수는 상수 아니면 변수인데, 미지수 x가 상수는 아니잖아요?

x가 상수가 아니라는 이유는 뭐야?

x는 그동안 보아왔던 자연수나 분수 등과 같은 상수가 아니잖아요.

항상 잘 모르겠으면 정의를 생각해 봐! 미지수가 뭐야?

아직은 알지 못하는 수, 즉 모르는 수요.

그렇다면 x는 모르는 수야. 그런데 x랑 많이 친해? 모르는 수이지만 변하는 지 안 변하지는 알 수 있는 거야?

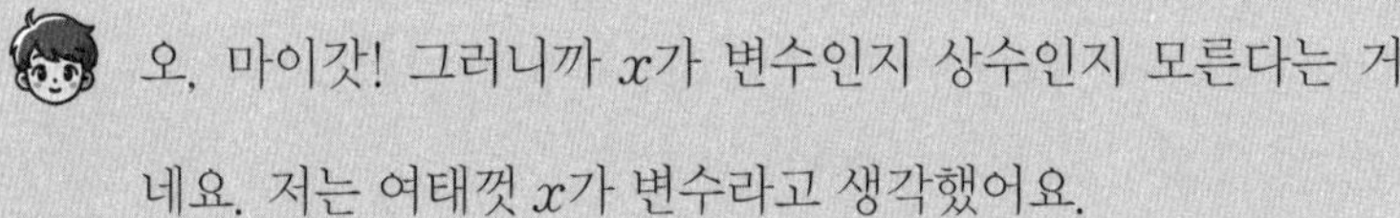 오, 마이갓! 그러니까 x가 변수인지 상수인지 모른다는 거네요. 저는 여태껏 x가 변수라고 생각했어요.

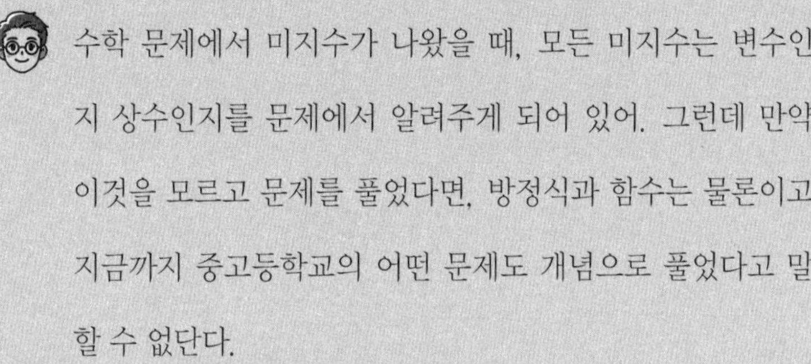 수학 문제에서 미지수가 나왔을 때, 모든 미지수는 변수인지 상수인지를 문제에서 알려주게 되어 있어. 그런데 만약 이것을 모르고 문제를 풀었다면, 방정식과 함수는 물론이고 지금까지 중고등학교의 어떤 문제도 개념으로 풀었다고 말할 수 없단다.

그렇게 중요한데, 제가 모르고 있었다는 거네요. 예시 문제를 내 주세요.

아직도 내 말을 이해하지 못했구나. 모든 수학 문제가 변수와 상수를 구분해야 하는 문제라고!

당장 모든 문제에서 구분해 보겠습니다.

ㅇㅋ

2.2

직선의 기울어진 정도를
수로 나타낸다고?

함수는 수학의 최종 도달 목적지다. 중2 함수는 직선을 관계식만 보고도 그림을 머릿속에서 떠올릴 수 있어야 하며 그래프를 보고 관계식이 바로 나올 수 있도록 연습해야 한다. 여기에서 자유자재로 사용할 수 있도록 연습하지 않으면 당장 중3의 이차함수와 직선의 관계의 문제나 무수히 많은 고등수학의 문제에서 어려움에 맞닥뜨리게 된다. 그 중요도는 누누이 언급하여 더 이상 이야기하면 잔소리가 될 것이다. 그런데 필자는 좀 더 욕심을 부려서 고등함수를 대비하려면, '미결정직선', 즉 직선의 관계식에 미지수를 포함하고 있는 그래프의 움직임도 머릿속에 그려져야 한다고 주장한다. 미결정직선이라는 말도 필자가 만들었으므로 남들은 연습은커녕 있는 줄도 모르는 것이다. 고등함수를 어렵게 하는 미결정직선을 배우게 된 여러분은 행운아다. 반드시 연습해서 고등수학에 활용하기 바란다.

자! 시작해 보자. 직선을 완벽하게 잡기 위해서 가장 먼저 해야 할 것은 기울기가 무엇인지에 대해서 정확하게 잡는 것이다.

기울기란 직선에서만 사용하는 용어로 직선의 기울어진 정도를 나타내는 것이다. 직선의 기울어진 정도를 어떻게 하면 수로 나타낼 수 있을까? 일반적으로는 기울어진 정도를 보통 $30°$, $60°$ 등과 같은 각도로 나타낸다. 그런데 각도는 '수'가 아니라서 각도 대신에 '수'로 나타내야 다양하게 이용할 수 있다. 왜냐하면 당연한 말이지만 수학은 수를 다루는 학문이기 때문에 만든 것이 '기울기'라는 수다.

아이디어는 간단하다. 예를 들어 어느 산(山)의 경사(기울기)를 표현하는데 몇 도 경사처럼 각도로 말할 수도 있지만 앞으로 세 걸음 갈 때에 위로 한 걸음 정도 올라가는 경사라고 말해도 기울어진 정도를 가늠할 수 있다. 이와 같은 경우를 $\dfrac{1}{3}$ 이라는 분'수'로 표현하고 이것을 기울기라고 한다. 물론 산에 올라가기도 하지만 내려가기도 한다. 앞으로 세 걸음 갈 때 아래로 한 걸음 내려가는 것을 $\dfrac{-1}{3}$의 기울기라고 표현할 수도 있다. 그렇다면 각도와 기울기는 어떤 관계인지 의문이 들 수 있다. 이것은 중3의 삼각비를 배우면서 이해하게 될 것인데, 각도가 커질수록 기울기가 커지기는 하지만 비례하지는 않는다는 정도까지만 알면 된다. 여기서 기울기가 무엇인지 중간 정리를 해보면 '기울어진 정도를 분수로 나타낸 것'으로 표현할 수있다. 이제 기울기가 일차함수에서 어떻게 사용되는지 알아보자.

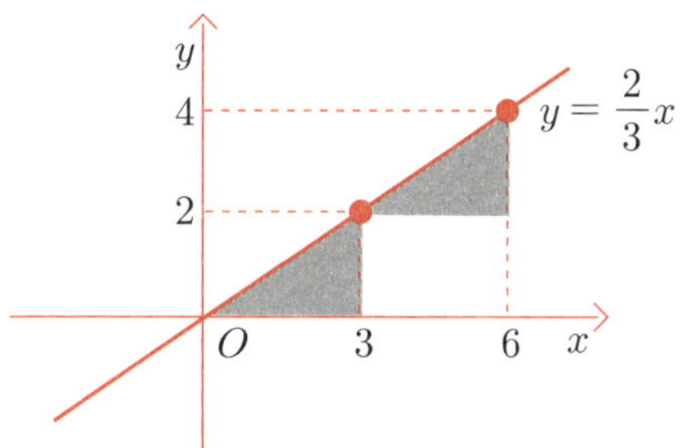

1) 기울어졌다는 것은 무언가 기울어지지 않은 것을 기준으로 한다는 말이다. 좌표평면에서 기울어지지 않은 직선은 x축($y = 0$)이다. 이 직선과 비교할 때 위 $y = \dfrac{2}{3}x$ 라는 직선이 기울어진 것이다.

2) 기울기란 직선에서만 사용되는 용어이고 곡선에서는 사용하지 않는다. 기울어지지 않은 곡선이 무엇인지 모르기 때문에 즉 곡선의 기준이 없기 때문이다. 선에는 직선과 곡선이 있는데, 곡선에 기울기가 없으므로 직선에만 기울기를 쓴다고 하는 것이다. 당연한 말을 한다는 학생들도 있겠지만, 나중에 고등수학의 미분을 공부하면서 필요한 사항이다. 필자는 실용적인 사람이라서 여러분이 고등수학에서 사용하지 않는 것은 언급하지 않는다. 앞으로도 책에 쓰인 것들은 고등수학에서 모두 사용한다고 생각해 주기를 바란다.

3) 좌표평면에서 직선의 기울기는 수평거리에 대한 높이의 비의 값으로 나타낸다. 이것을 두 점 사이의 관계라는 관점에서 교과서는 $\dfrac{(수직거리)}{(수평거리)} = \dfrac{(y의 값의 증가량)}{(x의 값의 증가량)}$ 로 제시했다. 위 그래프에서 두 점 (0, 0)과 (3, 2)가 만드는 기울기는 $\dfrac{2-0}{3-0} = \dfrac{2}{3}$ 이다. 또 두 점 (3, 2)와 (6, 4)에서 만들어지는 기울기도 역시 $\dfrac{4-2}{6-3} = \dfrac{2}{3}$ 이다. 한 직선의 어느 부분에서도 기울기를 만들면 같은 것은 당연하다.

아예 공식으로 만들어보자. 두 점을 (x_1, y_1), (x_2, y_2) 라고 하면 $\dfrac{y_2 - y_1}{x_2 - x_1}$ 이 된다. 설명하다 보니 낯선 용어가 나오고 있지만 따라와 주기 바란다. $x_2 - x_1$ 을 'x의 값의 증가량'이라고 표현되는데 이것을 좀 더 줄이면 $\triangle x$ (델타 엑스)다. $\triangle$는 그리스 문자로 영어의 알파벳 대문자 D에 해당하고 D는 *difference*(차이)의 첫 글자다. $\triangle x$는 원래 고등수학의 미분에서 배우는 용어다. 필자는 실질적 유용성이 많으므로 "미분은 기울기다."라고 중학생부터 가르쳐 세뇌를 시키고 싶은 마음이 있다. $\triangle x$와 $\triangle y$를 고등수학에 가서 배우겠다는 학생들을 설득하여 계속 사용하게 했다. 미분에서도 당연히 사용하겠지만, 당장 기울기에서도 사용하고 두 점 사이의 거리 공식이나 원의 방정식의 유도 등 계속 학년을 올라가며 사용하게 된다. $x_2 - x_1$ 을 계속 $\triangle x$로 사용하면 식이 간단해져서 오히려 이해의 폭은 넓어진다. 점차 이것의 유용성을 인식하게 되면 왜 필자가 고집하였는지 이해하게 될 것이다.

또 x_1, x_2, x_3, …과 같은 것을 보고 학생들이 그냥 다른 문자를 사용하면 되는데 왜 그렇게 하느냐고 물어보는 경우가 많다. 이런 표기 방법은 고등수학의 수열이라는 단원에서 주로 사용하는 것이니 중학생들이나 고1의 학생들은 낯선 것이 당연하다. 그런데 각기 다른 문자를 사용하는 것보다 x_1, x_2, x_3, …를 사용하면 x좌표들이라는 것이 설명이 없어도 알 수 있는 장점이 있다. 나중에 수열에서 사용하더라도 지금 필자가 설명하는 이상을 설명하지 않으니, 나중에 배우겠다는 타령은 하지 말기 바란다. 처음 보는 것은 어려움이라기보다는 낯섦이니 오히려 자꾸 사용해야 익숙해진다.

$$\text{기울기 공식} \quad \frac{(rise/수직)}{(run/수평)} = \frac{(y의\ 값의\ 증가량)}{(x의\ 값의\ 증가량)}$$

$$= \frac{y_2 - y_1}{x_2 - x_1} = \frac{f(x_2) - f(x_1)}{x_2 - x_1} = \frac{\Delta y}{\Delta x}$$

몇 문제를 풀어보고 기울기를 최종 정리해 보자.

:: 어느 일차함수의 그래프가 두 점 $(-1, k)$, $(2, 7)$을 지난다고 한다. 이 일차함수의 기울기가 2일 때, k의 값을 구하여라.

답: 1

$(\text{기울기}) = \dfrac{(y의\ 증가량)}{(x의\ 증가량)} = \dfrac{y_2 - y_1}{x_2 - x_1}$ 이므로 $\dfrac{7 - k}{2 - (-1)} = 2$ $\Rightarrow k = 1$이다. 이러한 문제를 풀면서 기울기를 $\dfrac{y_2 - y_1}{x_2 - x_1}$로 구하거나 $\dfrac{y_1 - y_2}{x_1 - x_2}$로 구하거나 결과가 같아서 아무거나 사용해도 된다. 해보면 알겠지만 $\dfrac{y_2 - y_1}{x_2 - x_1}$의 분모와 분자에 -1을 곱해주면 $\dfrac{y_1 - y_2}{x_1 - x_2}$이 나오기 때문이다. 그런데 처음에는 $\dfrac{y_2 - y_1}{x_2 - x_1}$만을 사용하여 익숙해진 다음에 문제마다 어느 것이 쉬운지를 판단하는 것이 좋다. 자칫 서로 엇갈려 빼는 바람에 오답이 나올 경우가 있기 때문이다.

:: 일차함수 $y = 2x - 3$에서 x의 값이 k에서 $k + 3$까지 증가했을 때, y의 값의 증가량을 구하여라.

답: 6

$$(기울기) = \frac{(y의\,증가량)}{(x의\,증가량)} \text{이므로} \quad 2 = \frac{(y의\,값의\,증가량)}{(k + 3) - k} \Rightarrow (y$$
의 값의 증가량$) = 6$이다.

:: 일차함수 $y = \dfrac{3}{2}x - 2$의 그래프에서 x의 값이 5에서 2까지 감소할 때, y의 값의 증가량을 구하여라.

답: $-\dfrac{9}{2}$

('x의 값의 증가량'과 'y의 값의 증가량'을 계속 쓰려니 힘이 든다. 이번 문제의 설명부터 $\triangle x$, $\triangle y$를 사용해 보자.)

y의 값의 증가량을 $\triangle y$이라 하면 $\dfrac{3}{2} = \dfrac{\triangle y}{2 - 5}$이고 양변에 -3을 곱하면 $\triangle y = -\dfrac{9}{2}$이다. '$y$값의 증가량'이라고 했는데 왜 음수가 나왔냐고 묻는 학생도 있다. 'y값의 증가량', 'x값의 증가량'처럼 '증가량'이라고 하였지만 '변화량'으로 받아들이기를 바란다. 실제로 고등수학의 미적분에서는 $\dfrac{(y의\,값의\,변화량)}{(x의\,값의\,변화량)}$을 사용한다.

:: 좌표평면 위의 세 점 $A(-2, -5)$, $B(2, 3)$, $C(4, k)$가 한

139

직선 위에 있을 때, k의 값을 구하여라.

답: 7

한 직선 위의 임의의 두 점 사이의 기울기는 항상 같다. 따라서 점 A와 B 사이의 기울기 $\dfrac{3-(-5)}{2-(-2)}$, 점 B와 C 사이의 기울기 $\dfrac{k-3}{4-2}$, 점 A와 C 사이의 기울기 $\dfrac{k-(-5)}{4-(-2)}$가 같다. 미지수가 하나이니 하나의 등식만 있으면 된다. $\dfrac{8}{4}=\dfrac{k-3}{2} \Rightarrow k=7$이다.

:: 함수 $y=ax$의 그래프가 다음 <그림>과 같을 때, a의 범위를 구하여라.

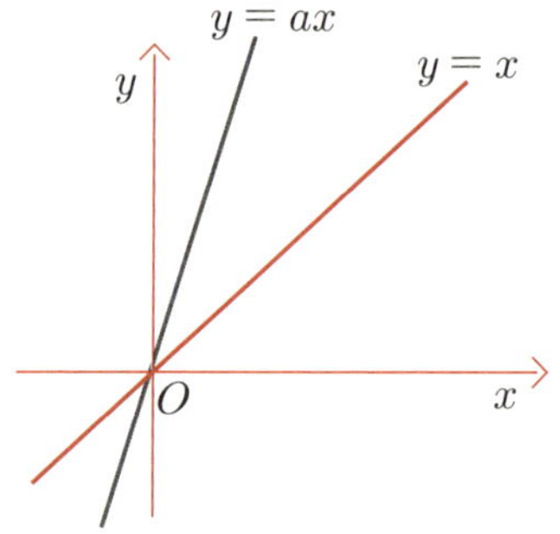

답: $a>1$

주관식이라서 난감한가? 우선 '범위'를 표현하는 수학적 기호는 부등호이고 a의 범위를 물어보았으므로 위 문제의 답은 a와 부등호를 사용할 것이라는 생각을 가져야 한다. 그런데 $y=ax$의 그래프는 기울기를 모르니 원래 원점에서 돌고 있는 직선이고 그림에서 보면 $y = x$와 y축의 사이에 존재해야 한다. $y = x$의 기울기는 1이니 기울기 a는 1보다 큰 범위가 된다.

원점$(0,\ 0)$을 지나는 $y = ax\,(a \neq 0)$를 일차함수의 기본형이라고 한다. $y = ax\,(a \neq 0)$는 정비례 관계식으로 배웠지만 이제 일차함수의 기본형으로 업그레이드된 눈으로 그 특징을 알아보자.

<함수 $y = ax$의 그래프 특징>

1) $y = ax$에서 비례상수 a를 기울기로 보자.

2) $y = ax$는 항상 원점 $(0,\ 0)$을 지나므로 원점에서 돌고 있는 직선으로 보자.

3) 역으로 원점을 지나는 일차함수는 항상 $y = ax$의 꼴이다.

4) 항상 $(1,\ a)$를 지난다.

5) $a > 0$ 즉 기울기가 양수이면 x가 증가할 때 y도 증가하는 우상향 직선이다. (↗)

일상생활에서 경사진 도로가 있을 때, 기준이 없기 때문에 올라가는 길인지 내려가는 길인지는 보는 관점에 따라 달라진다. 그러나 좌표평면에서는 이미 x축과 y축은 원점을 기점으로 각각 오른쪽과 위쪽이 양수로 결정된 것이다. 따라서 우상향의 직선이 좌표평면에 그려졌다면 기울기가 항상 양수인 것으로 보아야 한다.

6) $a < 0$ 이면 x가 증가할 때 y는 감소하며 우하향의 직선이다.

($\searrow$)

직선이란 무엇인가?

초등수학 교과서에서 선분은 '두 점 사이를 곧게 이은 선', 직선은 '선분을 양쪽으로 끝없이 늘인 곧은 선'이라고 했다. '곧게'라는 말에 이미 직선의 성질을 담고 있으므로 이것은 직선으로 선분을 설명한 꼴이다. 연역법에서 가장 피해야 할 순환논리에 빠진 것이며 이런 정의라면 차라리 없는 것이 낫다. 새롭게 교정을 해야 한다.

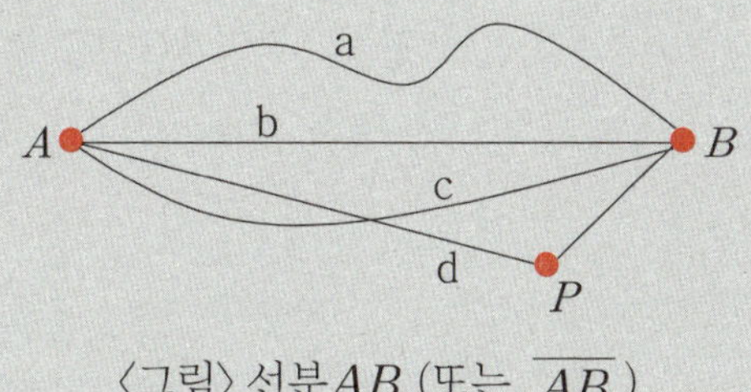

〈그림〉 선분 AB (또는 $\overline{AB}$)

• 선분의 정의: 서로 다른 두 점을 가장 짧게 그은 선

• 거리의 정의: 선분의 길이를 거리라고 하고, 거리는 최단 거리의 약자이다.

• 직선의 정의: 선분을 양쪽으로 끝없이 연장한 선

• 직선의 결정조건: "서로 다른 두 점" 또는 "한 점과 기울기"

한 점을 지나는 직선을 그 점에서 돌고 있는 직선으로 보자!

위 〈그림〉에서 보듯이 두 점 A, B 사이를 가장 짧게 그으면 b가 되며 이것이 선분이 된다. 가장 짧게 그으면 곧게 된다는 것이다. 앞으로 문제를 풀다가 만나는 '최단거리'라는 말에서 직선이나 선분을 떠올려야 한다. 올바른 선분의 정의를 통해서 다양한 확장이 이루어지는데, 분량의 부담으로 다루지 못하니 궁금한 독자들은 필자의 유튜브 동영상을 참고하기 바란다. 여기서 직선이란 두 점만 있으면 구한다는 것이 직선의 결정조건이다. 다음 그림을 보면서 조금만 더 나아가보자.

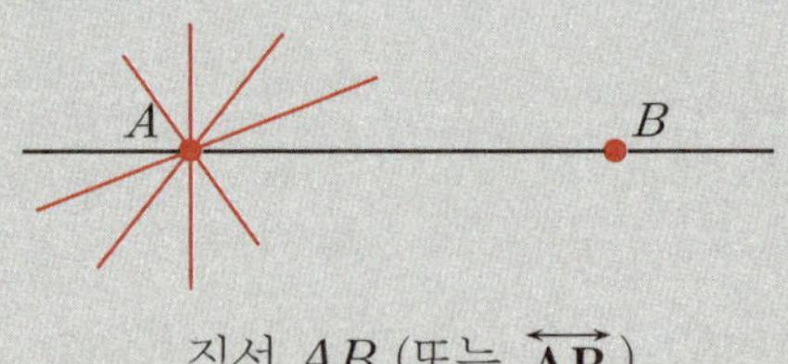

직선 AB (또는 $\overrightarrow{AB}$)

위 〈그림〉에서 선분 AB를 양쪽으로 끝없이 연장한 선을 직선이라고 하고, 두 점 A, B를 지나는 직선은 $\overleftrightarrow{AB}$로 오직 한 개이다. 직선이란 선분의 양쪽을 늘인 것이므로 왼쪽과 오른쪽으로 가는 것 각각을 생각하여 2개라고 하면 안 된다. 자, 이제 관점을 달리해보자. 점 A를 지나는 직선은 무수히 많다. 그런데 이것을 필자와 점 A에서 돌고 있는 직선으로 보자고 약속했다. 돌고 있는 직선을 멈추게 하여 즉 직선을 하나로 결정할 수 있는 방법이란 무엇일까? 돌고 있는 직선에 점 B처럼 한 점을 추가하거나, 돌고 있는 직선에 각도(기울기)가 주어지면 역시 직선이 결정될 것이다. 그래서 직선의 결정조건은 '서로 다른 두 점' 또는 '한 점과 기울기'이다. 직선의 문제는 대부분 이 결정조건을 이용하여 문제를 풀기 때문에 반드시 기억해야 한다.

2.3

절편과 평행이동

좌표평면에 다음과 같은 직선이 있다고 생각해 보자!

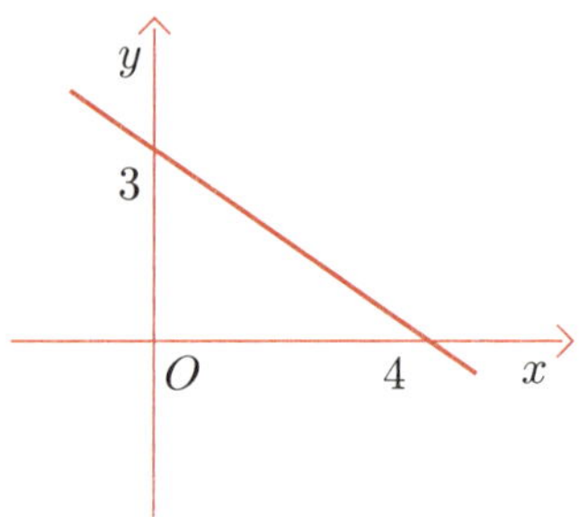

위 직선은 무수히 많은 점으로 구성되어 있다. 그런데 위 직선에 있는 무수히 많은 점 중에서 특별한 점은 무엇일까? 수많은 점들 중에서 하필 x축과 만나는 점과 y축과 만나는 점이 특별하다. 안 그렇다고 느끼는 학생들은 감수성을 키우도록…. 위 그림에서 직선이 좌표축들과의 만남도 그렇지만 앞으로 좌표평면에서 그래프들이 여러 개 그려지게 되면 보통 그들간의 만남을 통해 무언가가 이루어진다. 함수를 공부하면서 꼭 기억해야 할 생각이다. 직선이 x축과 y축을 만나는 이 특별한 점의 이름을 각각 x절편, y절편이라고 한다. 이때 '절'자는 끊을 절(切)자로 일곱칠(七)과 칼도(刀)의 합성어이다. 그래서 필자는 다음과 같은 정의한다.

<절편의 정의>

- y**절편의 정의**: y**축을 끊는 점**
- x**절편의 정의**: x**축을 끊는 점**

많은 선생님들이 y절편을 x가 0일 때의 값이라고 하고, x절편을 y가 0일 때의 값이라고 하는 데 너무 대수적인 접근이다. 이런 식으로 하면 훨씬 더 많은 연습을 해야 한다. 함수는 그래프가 생명이므로 귀찮더라도 자꾸 그래프 안에서 그 의미를 찾아야 한다. 절편이란 말에서 절(切)은 '끊을 절'자이다. 切은 칼도(刀)와 일곱칠(七)을 결합한 것으로 "y축을 칼로 일곱 번 내리치면 어떻게 되겠니?"라는 질문과 함께 'y절편'을 'y축을 (칼로 7번 내리쳐서) 끊는 점'이라고 설명한다. 임팩트가 있지 않나?

원래 y절편의 정의는 '함수의 그래프가 y축과 만나는 점의 y좌표'이지만, 필자는 절편들을 점으로 인식하게 한다. 절편을 점으로 인식할 때 문제 풀이에서 훨씬 유용하기 때문이다. 이후에 y축에 있는 점 $(0, 1)$, $(0, 2)$, $(0, 3)$, $(0, 4)$, …들에서 공통점을 묻는다. 이때의 대답도 'x가 0'이 아니라 'x좌표가 0'이라고 정확한 용어를 구사해야 한다. y절편만 정확하게 하면 x절편은 큰 노력이 없더라도 이해된다.

많은 학생들이 문제의 단서로 'y절편이 7'이 나오면, "$(0, 7)$을 지나는구나!", 'y절편이 7인 직선'와 같이 무덤덤하게 받아들인다. 앞서 한 점이 주어지면, 그 점에서 돌고 있는 직선이라고 생각하자고 했다. 'y절편이 7'도 점이니 "$(0, 7)$에서 돌고 있는 직선"이라고 보다 적극적으로 해석하고 머릿속에서 직선을 돌려가며 문제를 이해해야 한다. 아무리 이야기해도 많은 학생들이 'x절편을 $y = 0$일 때의 x의 값', 'y절편을 $x = 0$일 때의 y의 값'이라고만 달달 외운 뒤 문제를 풀고 있다. 그렇게 구하는 것은 식만을 가지고 문제를 풀겠다는 것이다. 함수는 그래프가 생명이고 그래프로 이해해야 진정한 실력이 쌓이게 된다. 게다가 수학도 언어이므로 수학에서 사용하는 용어 하나하나가 의미 있게 다가와야 하고 이러한 학생은 수학적 감각이 있다고 하는 것이다. 여기서 수학적 감각은 선천적으로 주어지는 것이 아니라 이처럼 차곡차곡 길러 쌓는 것이다.

이제 $y = ax$가 아니라 $y = ax + b\,(a \neq 0)$의 그래프를 보는 방법에 대해 생각해 보자.

$y = ax + b$를 보는 방법은 두 가지가 있다. 첫째, $y = ax + b$에서 a는 여전히 기울기이고, b를 y절편으로 보는 방법이다. 둘째, $y = ax$의 그래프를 y축의 방향으로 b만큼 평행이동을 한 것으로 보는 방법이다. 두 가지 방법 중에서 어느 것이 더 좋으냐가 아니라 모두 익혔다가 문제마다 어느 것이 더 좋으냐로 선택할 수 있도록 공부하는 것이 보편적인 수학의 공부방식이다. 그러나 중2 함수에서는 평행이동을 제대로 배우지 않고 약식으로 배우기 때문에 현실적으로는 'b를 y절편으로 보는 방법'이 많이 쓰이게 된다. 반면에 고등학교에 가면 직선을 평행이동한다는 관점을 이용하는 것을 훨씬 더 많이 사용한다.

일차함수를 y축의 방향으로 평행이동

한 도형을 일정한 방향과 거리만큼 이동하는 것을 평행이동이라고 한다. 중2 함수에서는 평행이동의 두 가지 방향 중에 y축의 방향으로의 이동만을 다룬다. 공부의 분량은 적겠지만, 오히려 논리적 체계의 미비가 될까 우려된다. 아무리 부분만을 다루더라도 이동의 기본적인 사항은 알아야 한다. 우선 간략하게 다루고 미결정직선을 다루면서 정식으로 다루겠다.

1) 평행이동은 초등학교에서 배운 '밀기'에 해당한다.

2) 밀어도 모양이나 크기가 변하지 않으므로 평행이동도 동일하다.

3) 직선을 평행이동 했을 때, 기울기가 바뀌지 않는다.

4) 좌표평면에서 평행이동은 두 가지로 x축의 방향으로의 이동과 y축의 방향으로의 이동이 있다. 그런데 직선은 기울기가 항상 같아서 x축과 y축으로의 평행이동 중에 하나만 선택해도 동일한 결과를 가진다. 보통 y절편 때문에 주로 y축의 방향으로 평행이동을 하였다고 생각한다.

5) y축의 방향으로 평행이동 한다고 했을 때도 양의 방향과 음의 방향으로의 이동이 있다.

6) 평행이동 하기 전의 직선과 평행이동 한 후의 직선을 구분해야 한다.

일차함수 $y = ax + b$의 그래프는 $y = ax$의 그래프를 y축의 방향으로 b만큼 평행이동 한 그래프이다. 이동하기 전의 그래프는 $y = ax$이고, ax에 b를 더하면 y의 값이 변한다고 생각하면 된다. 예를 들어 $y = 2x + 3$의 그래프는 $y = 2x$의 그래프를 y축의 양의 방향으로 3만큼 평행이동 했다고 보고, $y = -4x - 5$의 그래프는 $y = -4x$의 그래프를 음의 방향으로 5만큼 평행이동했다고 보겠다는 것이다. 처음에는 양의 방향, 음의 방향이라는 귀찮은 과정을 거치겠지만 나중에는 y축의 방향으로 3만큼 또는 -5만큼처럼 '양, 음의 방향'을 생략하게 된다. 그런데 $y = 2x + 3$과 $y = 2x$를 비교해 보면 기울기가 변하지 않았고 y절편이 다르므로 두 직선의 그래프는 평행하다고 할 수 있다. 흔하지는 않지만 간혹 직선의 평행이동에서 'x축의 방향으로 이동은 왜 안 해요?'라는 질문을 하는 경우가 있는데 논리적으로 생각하는 좋은 질문이다. 좌표평면에서 직선을 평행이동 시켜보면 어떻게 움직이든 식에 나타나기는 절편의 변화만이 감지된다. x축의 방향으로의 이동을 가르치기가 어려운 이유도 있지만 y축의 방향으로의 이동만으로도 직선의 평행이동이 모두 설명되기 때문이다. 몇 문제를 풀어보고 절편에 대해 알아보자.

:: 두 일차함수 $y = -\dfrac{1}{3}x + 1$과 $y = ax - 3$의 그래프가 서로 평행할 때, a의 값을 구하여라.

답: $-\dfrac{1}{3}$

두 직선이 평행하려면 기울기가 같아야 하고 y절편은 달라야 한다. y절편은 이미 1과 -3으로 다른 것이 확인이 되므로 기울기가 서로 같기만 하면 두 직선이 평행하게 된다. 따라서 답은 $-\dfrac{1}{3}$ 인데, 만약에 y절편도 같다면 어떻게 될까요? 기울기와 y절편이 모두 같다면 관계식이 같은 것이니 그래프도 동일하게 그려진다. 두 직선이 같을 때를 가리켜서 '일치'한다고 하고 일치하는 두 직선을 평행이라고 하지는 않는다. 나중에 좀 더 문제가 어렵게 되면 평행이라는 문제의 오답은 주로 기울기가 같다는 것에서 나오는 것이 아니라 y절편이 달라야 한다는 조건을 무시했기 때문이므로 처음부터 정리를 잘해야 한다.

∴ **일차함수 $y = 3x + 2$의 그래프를 y축의 방향으로 -3만큼 평행이동 하면 점 $(a,\ 11)$을 지난다. 이때 a의 값을 구하여라.**

답: 4

$y = 3x + 2$의 그래프를 축의 방향으로 -3만큼 평행이동 하면 $y = 3x + 2 - 3 \Rightarrow y = 3x - 1$ 이다. 그런데 점 $(a,\ 11)$을 보고 '$x=a$일 때 $y=11$'과 $f(a) = 11$이 동시에 생각이 났나요? 어떤 점이 그래프 위의 점이라고 하면 그래프에 그 점을 대입하였을 때, 등식이 성립한다. $y = 3x - 1$에 $x=a$, $y=11$을 대입하면 $11 = 3a - 1 \Rightarrow a = 4$다.

∷ 일차함수 $y = 3x - b$의 그래프를 y축의 방향으로 -2만큼 평행이동 하면 $y = 3x - 5$의 그래프와 일치한다. 이때 상수 b의 값을 구하여라.

답: 3

$y = 3x - b$의 그래프를 y축의 방향으로 -2만큼 평행이동 한 식을 $y = 3x - b - 2$라고 쓸 수 있다. 같은 방식인데도 미지수가 있을 때 두려운 것은 개념의 부족이고 연습량의 부족이다. 일치한다고 했기 때문에 y절편도 같아야 하므로 $-b - 2 = -5 \Rightarrow b = 3$이다.

∷ 일차함수 $y = ax + 3$의 그래프는 $y = -x$의 그래프를 점 $(2, b)$를 지나도록 y축의 방향으로 평행이동 한 것이다. 이때 $a + b$의 값을 구하여라.

답: 0

$y = ax + 3$의 그래프가 $y = -x$를 평행이동 한 것이니 서로 평행하고 따라서 기울기가 같으니 $a = -1$이라는 것은 알겠지요? 그런데 점 $(2, b)$를 지나는 직선이 $y = ax + 3$인지 $y = -x$인지 문제를 잘 읽어야 할 것이다. 점 $(2, b)$가 직선 $y = ax + 3$을 지나고 $a = -1$이므로 $b = -2 + 3 = 1$로

$a + b = 0$이다.

함수 $y = ax + b$에서 b를 y절편으로 보는 방법

함수 $y = ax + b$의 그래프는 좌표평면에서 직선으로 나타나고 직선은 모두 점들로 구성되어 있다. 직선 안의 점들 중에서 특이하게도 x축과 y축과 만나는 점들이 있다. 크게 보는 입장에서 특이한 것은 대세에 지장이 없다고 무시하는 경향이 있지만 수학은 이렇게 특이한 것이 중요하다. 평범한 것은 평범한 의미밖에 주지 않지만 특이한 것은 특별한 의미를 준다고나 할까? $y = ax + b$에서 b가 y절편이고 $(0, b)$를 지난다는 것이 동시에 나왔나요? 몇 문제만 풀고 y절편을 이용하여 직선을 그리는 방법을 배워보자.

:: 일차함수 $y = -x + 3$의 그래프의 x절편을 a, y절편을 b라 할 때, $a + b$의 값을 구하여라.

답: 6

y절편은 함수식에서 보이므로 $b = 3$이다. 반대로 x절편은 계산해야 하는 번거로움이 따른다. 앞서 x절편은 'x축을 끊는 점'이고 점으로 인식해야 한다고 했지요? x절편은 $(a, 0)$이므로 대입하면 $0 = -a + 3 \Rightarrow a = 3$이다. 따라서 $a + b = 6$이다.

:: 일차함수 $y = ax - 4$의 그래프가 $y = 6x + 3$의 그래프와 x축에서 만날 때, a의 값을 구하여라.

답: -8

두 그래프가 특이하게도 x축에서 만난다고 한다. 축에서 만났다는 것을 보고 x절편이 생각이 났어야 한다. 그래야 그 점을 $(k, 0)$으로 놓고 두 직선에 대입해서 $0 = ak - 4$, $0 = 6k + 3$을 풀어보거나, 먼저 $y = 6x + 3$의 x절편을 구하고 점으로 바꿔서 풀면 될 것이다. 어떻게 풀어보든지 x절편을 점으로 전환해야 하므로 학생들에게 절편을 점으로 인식시킨 것이다. $k = -\dfrac{1}{2}$이므로 $a = -8$이다.

직선을 그리는 가장 편한 방법

지금까지 우리는 기울기 그리고 절편에 대해 알아보았는데 이것이 일반적으로 보는 2학년 함수의 핵심이다. 일차함수는 모두 직선이다. 이제 일차함수의 관계식을 보고 직선을 그리는 것을 해보자. 우선 학교에서 가르치는 방법으로 $y = \dfrac{2}{3}x + 1$이라는 그래프를 그린다고 하자. 함수는 기본적으로 점들을 좌표평면 위에 나타내는 것인데 직선은 두 점만 있으면 직선은 결정된다. x의 값을 어떤 수로 정해도 되지만 그중에 0과 3을 넣은 것이 가장 편하다. 이를 넣은 $(0,1)$, $(3,3)$이라는 점을 구하고 이를 좌표평면에 점을 찍고 이어서 그래프를 그리라고 한다. 그러나 이것 역시 그래프를 많이 그려야 하는 학생들의 입장에서는 일일이 점을 구하는 것도 번거롭고 불편하다. 물론 귀찮더라도 효과적이라면 당연히 해야겠지만 이것이 방정식을 대입하는 연습에 불과하고 그래프의 개형이 잡히지 않아서 효과가 적다. 관계식만을 보고 머릿속에 그래프의 개형이 그려지지 않는다면 함수의 그래프를 그리는 연습의 목적이 아니다. 문제의 출제자가 정의한 함수가 아니라 앞으로 중고등수학 교과서가 제시한 모든 함수는 그래프가 머릿속에 그 개형을 그릴 수 있어야 함수를 제대로 공부하는 것이라는 생각을 가져야 할 것이다.

이번에는 y절편과 기울기를 이용하여 그래프를 그리는 방법을 해보자. 앞서 y절편은 'y축을 끊는 점'이고, 기울기는 '기울어진 정도를 분수로 나타낸 것'이며 분수는 $\dfrac{\triangle y(수직)}{\triangle x(수평)}$ 이라고 했다. 가장 먼저 y절편을 찍고 그 점으로부터 기울기의 분모만큼 앞으로(수평)간 다음에 분자만큼 올라가거나 내려가서 점을 찍으면 직선에 필요한 두 점이 완성된다. 이 두 점을 잇고 연장하면 일차함수의 그래프가 완성된다. $y = \dfrac{2}{3}x + 1$을 통해 다시 설명해 본다. y절편이 1이므로 y축의 1에서 기울기의 분모인 3만큼 앞으로 그리고 분자인 2만큼 위로 이동하여 찍은 점과 y절편을 잇고 연장하면 곧바로 원하는 직선이 된다.

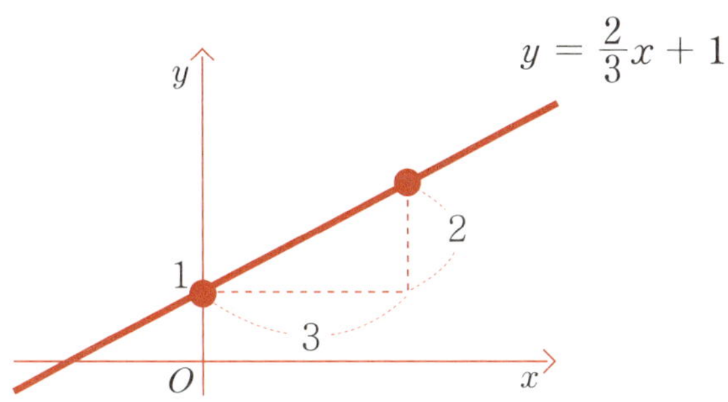

조금 자세히 언급하면 이 작업을 위해 기울기가 분수가 아니라면 분수로 바꾸어야 하며 음수라면 $-$부호를 분자로 올려주는 것 등을 기억해야 한다. 예를 들어 기울기가 3이라면 $\dfrac{3}{1}$으로, $-\dfrac{2}{3}$이라면 $\dfrac{-2}{3}$으로 바꾸어야 한다. y절편을 찍고 기울기를 이용하여 나머지 한 점을 구하는 방법으로 직선을 그리는 것이 가장 빠른 방법이다. 2~3초 정도이면 일차함수의 그래프를 그리게 되고 빠르므로 오히려 연습할 맛도 난다. 이 방법으로 10개 정도만 그려보자. 그러면 점차 그래프를 그리지 않아도 관계식만으로도 그래프가 머릿속에 그려지는 상태가 된다.

2.4

미결정직선

앞서 엄청 중요한 단원이라고 여러 번 이야기했으므로 알겠지만, 한 번 더 강조한다. 중고등수학의 어려운 함수의 확장을 위해 '미결정직선'을 반드시 자신의 것으로 만들기 바란다.

'서로 다른 두 점'이 주어지거나 아니면 '한 점과 기울기'가 주어진다면 움직일 수 없는 직선이 만들어지기 때문에 이 2가지를 직선의 결정조건이라고 했다. 그렇다면 이 두 가지 조건을 모두 주어지지 않는다면 어떻게 될까? 기울기든지 점이든지 아무것도 알려주지 않은 미결정직선은 좌표평면에서 아무렇게나 움직이기 때문에 우리가 더 이상 생각할 수 없다. 그렇다면 현실적으로 대부분 미결정직선은 '한 점만 알려준 경우'와 '기울기만 알려준 경우'로 나눌 수 있게 된다.

한 점만 알려준다면, 기울기를 모르기 때문에 알려준 그 점에서 돌고 있다. 앞서 $y = ax$의 그래프는 '원점에서 돌고 있는 직선'이라고 했다. 그런데 $y = ax$를 보고 아무것도 알려주지 않았지 않았다고 생각된다면 y절편 0이 안보인 탓이다. y절편도 점이므로 $(0, 0)$을 알려주었고 기울기를 모르기 때문에 $y = ax$의 그래프는 원점에서 돌고 있는 직선이라고 보자고 했던 것이다. 만약 문제에서 "$(2, 3)$을 지나는 직선"이라고 주어지면 그런가 보다 하는 것이 아니라, "$(2, 3)$에서 돌고 있는 직선"이라고 말하고 머릿속으로 그 점에서 직선을 돌려가며 다른 그래프나 축 등과의 관계를 생각하는 호들갑을 떨어야 한다. 초짜는 고수와 달리 호들갑을 떨고 강조하고 의미를 부여해야 한다. 그러다가 실력이 쌓여 진짜 고수가 되면 점차 느긋해지거나 다른 관점을 수용하려고 노력하는 면모를 갖추면 된다.

이번에는 기울기만 알려주는 경우를 살펴보자. 평행이동의 방향은 아무렇게나 이동하는 것이 아니라 x축의 방향과 y축의 방향으로만 이동한다. 현실에서 평행이동은 아무렇게나 이동하지만, 수학은 이동이나 생각의 기준이 필요하기 때문이다. 그런데 곡선과 달리 직선에서만큼은 어느 한 편으로만 이동해도 동일한 결과를 가지기 때문에 y축의 방향으로만 이동하자고 했다. 여기까지 학생들이 잘 이해했는데도 불구하고 자주 실수하는 이유는 위아래로 움직이는 부분이 아니라 '같은 기울기를 가지면서 이동한다'는 부분을 놓치기 때문이다. 그러므로 "기울기가 5인 직선"이라고 하면 다소 길더라도 "기울기가 5인 채 위아래로 움직이는 직선"이라고 정확하게 훈련해야 한다.

이제 그래프의 평행이동을 시키는 방법을 배워보자.

<평행이동의 식 변형>

그래프를 x축의 방향으로 p만큼, y축의 방향으로 q만큼 평행이동 시키려면, x 대신에 $x - p$를 대입하고 y 대신에 $y - q$를 대입한다.

<미결정직선의 정의>

직선의 결정조건인 한 점과 기울기 중에서 일부만 아는 경우, 특정하게 움직이는 직선
1) 직선의 한 점만 주어지는 경우: 주어진 점에서 돌고 있는 직선
2) 직선의 기울기만 주어지는 경우: 주어진 기울기인 채 위아래로

움직이는 직선

앞서 함수 $y = ax$의 그래프가 원점에서 돌고 있는 직선이라고 했다. 그렇다면 돌고 있는 이 그래프를 그 상태로 x축의 방향으로 2만큼, y축의 방향으로 3만큼 평행이동을 시키면 어떻게 될까? 이 그래프는 점 $(2, 3)$에서 돌고 있게 되는 것을 반드시 이해해야 한다. 그리고 평행이동의 식 변형을 하면 $y - 3 = a(x - 2)$이다. 역으로 $y - 3 = a(x - 2)$를 보고 '$(2, 3)$에서 돌고 있는 직선'이란 생각이 들어야 한다. 한 걸음 더 나아가 고등수학에서는 전개식인 $y = a(x - 2) + 3$, $ax - y - 2a + 3 = 0$을 보고도 '$(2, 3)$에서 돌고 있는 직선'이라는 것을 알아내야 한다.

이제 연습해 보자! 보통 기울기를 표현하는 미지수를 중학수학에서는 a를, 고등수학에서는 m을 많이 쓴다. 참고로 m은 우리가 '의미하다'라는 뜻으로 많이 알고 있는 $mean$의 앞 글자로 수학에서는 평균, 기울기 등의 명사로 많이 쓰인다. 다음 한 점만 알려준 미결정직선의 상황을 말과 관계식으로 연습해 보자. 미결정직선을 이해하는 것이 어려운 것이 아니라, 보자마자 바로 이미지를 떠올리는 것이 어렵고도 중요하다.

<한 점에서 돌고 있는 직선 연습>

1) 원점을 지나는 직선: 원점에서 돌고 있는 직선으로 관계식은 $y = ax$

2) (3, 4)를 지나는 직선: (3, 4)에서 돌고 있는 직선으로 관계식은 $y - 4 = a(x - 3)$

3) $(-1, 2)$를 지나는 직선: $(-1, 2)$에서 돌고 있는 직선으로 관계식은 $y = m(x + 1) + 2$

4) (a, b)를 지나는 직선: (a, b)에서 돌고 있는 직선으로 관계식은 $y = m(x - a) + b$

5) y절편이 3: (0, 3)에서 돌고 있는 직선으로 관계식은 $y = mx + 3$

6) x절편이 4: (4, 0)에서 돌고 있는 직선으로 관계식은 $y = m(x - 4)$

7) 직선 $mx - y - m + 2 = 0$: $y = m(x - 1) + 2$ 이므로 (1, 2)에서 돌고 있는 직선

8) 직선 $mx - y - am + b = 0$: $y = m(x - a) + b$ 이므로 (a, b)에서 돌고 있는 직선

9) 직선 $mx - y + 3 = 0$: $y = mx + 3$ 이므로 (0, 3)에서 돌고 있는 직선

10) 직선 $mx - y - 4m = 0$: $y = m(x - 4)$ 이므로 (4, 0)

자, 이번에는 기울기만 주어진 미결정직선을 다루어보자.

'기울기가 3이고 원점을 지나는 직선을 x축의 방향으로 1만큼, y축의 방향으로 10만큼 평행이동한 함수식을 구하여라.'라는 문제를 풀면 $y - 10 = 3(x - 1)$ $\Rightarrow$ $y = 3(x - 1) + 10$ $\Rightarrow$ $y = 3x + 7$이다. 다시 '기울기가 3이고 원점을 지나는 직선을 x축의 방향으로는 이동하지 않고 y축의 방향으로만 7만큼 평행이동한 함수식을 구하여라.'라는 문제의 답은 $y - 7 = 3(x - 0)$ $\Rightarrow$ $y = 3x + 7$로 두 함수식이 동일하다. 그래서 직선은 위아래로만 이동하자고 했고 그 이동한 만큼이 y절편의 자리에 나타나서 알아차리기도 쉽다. 학생들도 쉽다고 생각했지만, 알아차리는 것은 좀 다르다. 학생들에게 '직선 $y = 3$에서 기울기가 뭐니?'라고 물어보면 당황해한다. "$y = 3$이면 x는 뭔데요?"와 같이 모르겠다는 반응이다. '$y = 3$', '$x = 4$'와 같은 식의 그래프가 직선을 의미하는 것인지도 모르는 경우가 많다. 다시 한번 말하지만, 고등수학은 함수가 90%이고, 열심히 한다 해도 직선이 안 되면 이유도 모르고 고등함수 전체가 어렵게 된다. 직선 $y = 3$은 $y = 0 \cdot x + 3$으로 나타낼 수 있으므로 기울기는 없는 것이 아니라 0이다. 기울기만 알려준 미결정직선을 연습해보자.

<그 기울기인 채 위아래로 움직이는 직선 연습>

1) 수평인 직선: 기울기가 0이고 y절편을 모르므로 기울기가 0인 채 위아래로 움직이는 직선

2) 직선 $y = k$: 기울기가 0이고 y절편을 모르므로 기울기가 0인 채 위아래로 움직이는 직선으로 위 1)과 같으나 y절편을 k로 놓은 것

3) 기울기가 -1인 직선 : 기울기가 -1이고 y절편을 모르므로 기울기가 -1인 채 위아래로 움직이는 직선으로 함수식은 $y = -x + k$

4) 직선 $y = -2x + k$: 기울기가 -2이고 y절편을 모르므로 기울기가 -2인 채 위아래로 움직이는 직선

5) 점 $(2, l)$: x좌표는 2이고 y좌표는 모르는 점이라고 해석할 수도 있지만, 반대로 ' $x = 2$ 라는 직선 위에 있는 한 점'이라고 해석할 수 있음

이제 $y = ax + 3$이나 $y = 2x + k$와 같은 관계식이 새롭게 보이지 않나? $y = ax + 3$의 그래프는 $(0, 3)$에서 돌고 있는 직선, $y = 2x + k$는 기울기가 2인 채로 직선이 위아래로 움직인다고 보이도록 지속적인 연습을 해야 한다. 미지수를 포함하는 직선을 이렇게 보는 것은 중2 수학의 문제들이 직선들 간의 관계만을 다루

어서 큰 쓰임새는 없어 보인다. 그러나 당장 중3의 포물선에서 직선과의 관계들도 이 관점에서 바라봐야 어려운 문제가 이해된다. 그리고 고등함수의 모든 어려운 문제는 모두 미결정직선을 다룬다고 할 만큼 많이 사용된다. 그런데 미결정직선이라는 관점에서 직선을 바라보지 않으면 문제에서 물어보는 것이 무엇인지조차 모르게 되는 경우가 많다. 게다가 고등학생들이 새로 배운 고등함수 때문에 어렵다고 생각하기 마련이며, 설마 중학교부터 배웠고 쉽게만 보이는 직선이 문제의 본질이었음을 알아차리지 못한다.

보통 문제에서는 고등함수의 그래프는 움직이지 않고 미결정직선이 움직이며 두 그래프가 만나는 상황을 묻는다. 이들이 언제 몇 개의 점에서 만나며 그때의 x좌표는 무엇이냐 등 다양한 문제가 만들어진다. 이때 학생들이 '미결정직선'을 알지 못한다면 직선을 움직인다고 보지 않기 때문에 문제가 말하는 상황 자체가 이해가 안 된다. 이처럼 '미결정직선'을 배우는 목적은 사고의 훈련이다. 만약 중고등학생이 이 책을 보고 있다면, "심 봤다!"라고 생각하고 미결정직선을 충분히 공부하여, 중등수학과 고등수학의 어려운 함수문제에서 나올 때마다 적용하기 바란다.

<h1 style="text-align:center">2.5</h1>

<h1 style="text-align:center">모든 직선은 두 점 또는
한 점과 기울기로 구한다.</h1>

중학교 함수 문제들은 대부분 대입만 해도 문제가 풀릴 정도로 쉽다. 게다가 대입할 것도 거의 딱 한 개만 주어지므로 헷갈릴 것도 없다. 이러한 방식으로 함수의 문제들을 계속 풀게 되면 마치 자신이 함수를 잘하는 것처럼 생각이 든다. 말은 하지 않지만, 전교 우등생들의 입장에서 대입만 하면 풀리는 문제들조차 풀지 못하는 친구들이 한심스럽기까지 하다. 문제가 쉬울 때는 개념을 대충 가늠하거나 심지어 몰라도 풀린다. 그러나 필자가 확인해 보면 자신감이 넘쳤던 중학교 전교 1등조차 대부분 함수의 정의는 고사하고 함숫값을 모르고 있었다. 그래서 70%의 중학교 우등생들조차 고등수학의 높은 벽을 느끼며 추락했던 것이다.

문제를 대입 방식으로 풀어야 하는 이유도 모르면서 풀어나가면 함수를 방정식의 관점에서 풀게 되고, 그 과정에서 함수의 관점이 끼어들 여지가 없어진다. 교과서는 중1부터 중3학까지 모두 함수와 상관없이 방정식을 먼저 배우고, 그다음에 마찬가지로 함수를 역시 방정식과 상관없이 풀고 있다. 그러므로 중학생들의 대부분은 방정식과 함수가 아무 상관이 없다고 생각하며 3년을 보낸다. 그리고 이후에 고등학교에 진학하면 방정식과 부등식의 어려운 문제는 모두 함수의 그래프를 이용해 풀어야 한다.

당연히 고등수학 선생님들은 어려운 이차방정식을 풀면서 함수의 그래프를 그린다. 학생들은 이 강의의 설명을 이해하면서도 중학교 3년간의 각인으로 인해 자신의 방정식의 문제 풀이에 함수 그래프를 사용하지 못한다. 게다가 여전히 중학교와 마찬가지로 고1 수학에도 판별식, 근과 계수와의 관계 등 방정식만을 이용해서 빠르게 푸는 기술들이 나와 있다. 물론 쉬운 문제는 기술로도 풀리지만, 어려운 수학 문제는 함수 그래프의 도움이 없이는 문제가 무엇을 묻는지조차 이해가 안 된다. 그래서 많은 고등학생들의 엄청난 시간 투자와 문제풀이를 하였지만 정직 수학실력은 형편없었던 것이다. 수학의 부족 부분은 채우지 않는 한 끝끝내 발목을 붙잡는다. 중학생인 여러분은 적어도 방정식의 어려운 문제를 모두 함수의 그래프로 이해하고 풀 수 있는 마음가짐과 실력을 갖추어야 한다. 물론 필자가 그렇게 할 수 있도록 징검다리를 놓겠다.

일차함수의 기술적이고 방정식적인 접근

<연립방정식에서 변수의 개수>

• 연립방정식은 보통 미지수의 개수와 등식의 개수가 같아야 구체적인 값을 구할 수 있다. 만약 등식의 개수가 미지수의 개수보다 적으면 부정방정식이 된다.
• 부정방정식은 해가 무수히 많아서 정할 수 없는 방정식으로 조건을 통해 해의 개수를 유한개로 만든다.
• 방정식은 변수가 있는 등식이다.

교과서에서는 나오지 않지만, 필자는 연립방정식을 가르치면서 변수의 개수와 식의 개수가 같아야 보통 구체적인 해를 구한다고 알려준다. 만약 변수의 개수가 식의 개수보다 많다면 부정방정식이다. 예를 들어 직선의 관계식 $y = ax + b$을 보자. 미지수 a, b를 상수, x, y를 변수로 보면 변수가 2개이고 식이 하나이니 직선의 관계식은 부정방정식에 해당한다. 만약 a, b를 모른다면 고장난 함수이며 두 개의 미지수만 해결하면 온전한 직선의 방정식을 구하게 된다. 이원일차연립방정식을 배웠으니 a, b에 관한 식이 두 개만 있으면 된다. 한 점이 주어져서 x 대신에 x좌표, y 대신에 y좌표를 대입하면 한 개의 식이 만들어진다. 이런 식으로 한 점만 더 주어진다면 일차함수를 만들 수 있었던 것이다. 또 a의 값이나 b의 값을 직접 알려준다 해도 역시 하나씩의 식이 만들어진다. 이런 관점으로 문제를 풀면 중학교의 대부분의 함수문제가 단순 계산의 문제가 되어 다 풀린다. 물론 앞서 말한 것처럼 이런 단순한 방정식적인 접근 방법은 향후 다시 어려운 문제를 만나 걸림돌이 될 가능성이 높다. 설사 이 기술적인 방법을 사용하더라도 다음의 개념적인 접근을 먼저 이해해야 적응력이 높아진다.

일차함수의 개념적인 접근

연습을 통해 관계식만을 보고 직선의 개형을 떠올리거나 직선의 그래프를 보고 곧바로 관계식을 만들어 낼 정도로 자유자재로 할 수 있도록 하는 것이 중2 수학 함수의 목표다. 그래서 머릿속에 그려지지 않는다면 잘못된 공부다. 일차함수는 직선이고 직선은 두 점 또는 기울기와 한 점만 있으면 결정된다. 이 두 가지 중에서도 더 중요한 것을 꼽으면 '기울기와 한 점'이 중요하다. 그 이유는 두 점을 알려주더라도 두 점 사이의 기울기를 먼저 구해야 하기 때문이다. 기울기와 한 점이라는 관점에서 생각해 보자. 그런데 앞서 필자가 절편을 '점'으로 보자고 했다. x절편과 y절편 이외의 점을 보통점이라 하면, 기울기, x절편, y절편, 보통점의 네 가지 요소를 가지고 만들 수 있는 조합을 생각해 보자.

- 기울기와 한 점: 기울기와 y절편, 기울기와 x절편, 기울기와 보통점
- 두 점: x절편과 보통점, y절편과 보통점, x절편과 y절편 , 보통점과 보통점

직선의 관계식을 구하라는 모든 문제는 위 7가지가 전부인데 문제를 풀어보면 훨씬 더 많은 유형이 있는 것처럼 보인다. 그러나 이는 기울기나 점을 알려주는 방식이 추가되어 복잡해 보일 뿐이며 사실 용어를 정확히 안다면 허접한 것이다. 하나하나 문제를 다루어보자.

1) 기울기와 y절편

이미 눈치를 챘겠지만, 용어의 뜻을 안다면 물어보는 문장에서 그냥 답을 알려주는 문제다.

:: 기울기가 -3이고, y절편이 2인 일차함수의 식을 구하여라.

답: $y = -3x + 2$

그냥 답이 나오겠지만, 평행이동이라는 관점에서 다시 살펴보자. 기울기가 -3이고 원점을 지나는 직선은 $y = -3x$인데, $(0, 2)$를 지난다고 했으므로 $y - 2 = -3(x - 0)$이다. 아래 문제들도 평행이동이라는 관점에서 문제를 풀어보자.

:: 기울기가 $\dfrac{3}{4}$이고, 함수 $y = \dfrac{2}{3}x - 2$와 y절편이 같은 일차함수의 식을 구하여라.

$$답: y = \dfrac{3}{4}x - 2$$

:: 함수 $y = ax + b$의 그래프는 $y = -2x + 1$의 그래프와 평행하고, y절편이 3이다. 이때 $a + b$의 값을 구하여라.

$$답: 1$$

$a = -2, b = 3$이므로 $a + b = -2 + 3 = 1$이다.

2) 기울기와 x절편

특히, x절편을 점으로 인식하지 않으면 안 되는 경우가 많다.

:: 일차함수 $y = -ax + 6$의 그래프에서 x절편이 -2일 때의 기울기를 구하여라.

답: 3

x절편이 -2 즉 점 $(-2, 0)$을 지나는 직선이므로 대입하면 $0 = 2a + 6 \Rightarrow a = -3$ 이다. 그런데 문제가 묻는 것은 a의 값이 아니라 기울기, 즉 $-a = 3$이다. 답이 나왔지만 좀 더 어렵게 문제를 풀어보자. 위 일차함수 $y = -ax + 6$는 y절편을 알려주었으니 '$(0, 6)$에서 돌고 있는 직선'이고 여기에 x절편을 알려주었으니 두 절편을 알려준 문제다. $(0, 6)$과 $(-2, 0)$으로 기울기를 구하면, 두 절편만으로도 답인 직선의 기울기를 구하면 $\dfrac{0-6}{-2-0} = 3$이다.

3) 기울기와 보통점

기울기를 알려준다면 y절편이 필요하다. y절편 대신에 보통점을 알려주었다고 생각하면 된다.

∷ 점 $(3, -2)$를 지나고, 기울기가 -3인 일차함수의 관계식을 구하여라.

답: $y = -3x + 7$

먼저, 방정식의 관점에서 풀어본다. 구하려고 하는 기울기가 -3인 일차함수의 식을 $y = -3x + b$라 하자. 점 $(3, -2)$를 $x = 3, y = -2$로 바꾸어서 $y = -3x + b$에 대입하면 $-2 = -9 + b \Rightarrow b = 7$ 이므로 답은 $y = -3x + 7$ 이다. 이러한 문제는 기울기를 이처럼 직접 알려주지 않고 '$y = 4x + 1$의 그래프와 평행한다.' 또는 'x가 3만큼 증가할 때, y는 -1만큼 증가한다.'처럼 간접적으로 알려주어 기울기로 각각 4, $-\dfrac{1}{3}$을 사용할 수 있느냐를 묻는 경우가 많다.

이제 평행이동의 관점으로 풀어보자. 기울기가 -3인 채 원점을 지난 직선이라면 $y = -3x$이지만, (3, -2)을 지난다고 했으니 평행이동 시켜서 $y + 2 = -3(x - 3) \Rightarrow y = -3x + 7$ 처럼 단번에 풀린다.

4) x절편과 보통점

x절편과 보통점을 알려주고 일차함수를 구하라는 문제는 거의 없다. 이러한 문제를 군이 출제할 수는 있겠지만, 문제를 출제했을 때 생각해야 할 것이 별로 없고 역시 얻는 것이 별로 없기 때문이다. x절편을 점으로 만들고 두 보통점을 푸는 방식을 적용하면 될 것이다.

5) y절편과 보통점

일차함수에서 y절편을 안다면 나머지 더 알아야 하는 것은 기울기이고 이것을 알기 위해 한 점이 더 주어졌다고 생각하면 된다.

: : 일차함수 $y = -ax - 3$의 그래프가 점 $(4, -1)$을 지난다고 한다. 이때 직선의 기울기를 구하여라.

$$답: \frac{1}{2}$$

문제가 기울기를 구하라고 했는데 기울기는 a가 아니라 $-a$인 것들을 조심해야 한다. $-1 = -4a - 3 \Rightarrow -a = \frac{1}{2}$ 이다. 문제를 y절편 $(0, -3)$과 $(4, -1)$이라는 두 점을 지나는 직선의 기울기를 묻는 문제로 해석하면 답은 $\frac{-1 + 3}{4 - 0} = \frac{1}{2}$ 이다.

6) x절편과 y절편

절편도 하나의 점이다. x절편과 y절편이 주어질 때, 결국 y절편이 주어졌으므로 기울기만 구하면 된다고 생각하면 된다.

: : x절편이 3, y절편이 -2인 일차함수의 식을 구하여라.

$$답: y = \frac{2}{3}x - 2$$

y절편이 -2이므로 구하려는 관계식을 $y = ax - 2$ 라고 하자. 그리고 x절편이 3이므로 이 직선에 $(3, 0)$을 대입하면 $0 = 3x - 2 \Rightarrow a = \frac{2}{3}$ 가 되어 답은 $y = \frac{2}{3}x - 2$ 이다. 답은 나왔지만, 함수의 관점에서 풀어보자. 두 절편 $(3, 0)$, $(0, -2)$를 알려

주었으니 기울기를 구하면 $\dfrac{-2-0}{0-3} = \dfrac{2}{3}$ 이고 y절편은 -2 이므로 $y = \dfrac{2}{3}x - 2$ 다. 간혹 (기울기) $= (-1) \times \dfrac{y절편}{x절편}$ 을 외우라는 선생님도 있지만 좋지 않다. 차라리 외우려면 식 $\dfrac{x}{x절편} + \dfrac{y}{(y절편)} = 1$을 외우고, $x = 0$과 $y = 0$을 각각 대입하여 절편들을 확인해 보자. 이 방법으로 풀면 $\dfrac{x}{3} + \dfrac{y}{-2} = 1$ 이다.

7) 보통점과 보통점

보통점 2개를 가지고 직선을 구하는 방법이 7개 방법 중에 가장 복잡하다. 먼저 두 점을 이용을 이용해 기울기를 구하는 과정이 추가되기 때문이다. 물론 기울기를 구했다면 다른 한 점만 있으면 되므로 기존의 문제와 동일하게 풀면 된다.

∴ 두 점 $(-2, 3)$, $(6, -1)$을 지나는 일차함수의 식을 구하여라.

답: $y = -\dfrac{1}{2}x + 2$

먼저, 기울기는 $\dfrac{\triangle y}{\triangle x} = \dfrac{-1-3}{6-(-2)} = \dfrac{-1}{2}$ 이고 y절편을 b라 하면, 구하려는 일차함수 식은 $y = -\dfrac{1}{2}x + b$이다. 여기에 $(-2,$

3)을 대입하면 $b = 2$이므로 답은 $y = -\dfrac{1}{2}x + 2$다. 물론 점 (-2, 3) 대신에 점 (6, -1)을 대입해도 항상 결과는 항상 같으므로 더 편한 대입인지 판단해야 한다.

이 문제를 연립방정식의 관점에서 다시 풀어보자. $y = ax + b$에서 a, b의 값을 구하기 위해 두 점 (-2, 3), (6, -1)을 각각 대입하여 얻은 $3 = -2a + b$과 $-1 = 6a + b$을 풀어도 된다. 훨씬 더 귀찮은 계산 과정이 들어가므로 이 방법으로 푸는 사람은 없겠지만, 방정식을 도와주는 도구로 함수가 있다는 생각을 하라는 뜻으로 언급했다.

이제 평행이동의 관점에서 기울기가 $-\dfrac{1}{2}$이고 점 (-2, 3) 또는 (6, -1)을 지나므로, 함수식은 $y - 3 = -\dfrac{1}{2}(x + 2)$ 또는 $y + 1 = -\dfrac{1}{2}(x - 6)$이다. 평행이동의 관점이 제일 편하다는 생각이 드나요?

앞서 언급한 7가지의 각 유형을 하나하나 모두 살펴본 이유는 학생들이 자신감을 갖게 하기 위함이었다. 실질적으로는 '한 점과 기울기'라는 관점으로 최종정리가 되어야 한다. 직선의 결정조건과 평행이동을 곧바로 사용할 수 있다면, 관계식이 바로 구해지므로 일차함수의 문제들이 쉽게 느껴질 것이다. 중학교에서는 기울기와 한 점 중에서도 기울기가 중요하다. 그런데 최소를 다루는 수학에서 점차 중요해지는 것은 '한 점'이라 할 수 있다. 점이 중요하다는 것을 지금은 이해할 수 없겠지만, 나중에 고등수학을 잘하게 되면 필자의 말이 이해될 것이다. 앞서 1부의 함수에서 썼던 점에 대한 정리를 상기하며 다시 써본다.

$(3, 2)$

$\rightleftarrows$ '$x = 3$일 때 $y = 2$'

$\rightleftarrows$ $f(3) = 2$

$\rightleftarrows$ $(3, f(3))$

$(3, 2)$에서 $2 = f(3)$을 대입하면 $(3, f(3))$이 된다는 것을 생각하면서 다음 문제를 풀어보자.

∴ 일차함수 $y = \dfrac{3}{5}x - 4$ 에서 $\dfrac{f(4) - f(2)}{4 - 2}$ 의 값을 구하여라.

답: $\dfrac{3}{5}$

식의 의미가 보이지 않으면 문제가 물어보는 것이 무엇인지를 당연히 모르게 된다. 고등학생들조차 "$f(4)$가 뭐니?"라고 물어보았을 때, '$x = 4$일 때의 함숫값이 y축에 찍히는 점'이라고 정확하게 말하는 학생이 적다. 그래서 학생들은 $\dfrac{f(4)-f(2)}{4-2}$ 이 무엇인지는 모르겠지만, 무섭기만 하다고 한다. 위 문제에서 y를 $f(x)$로 바꾸고 $f(4)$와 $f(2)$를 각각 구해서 대입하면 물론 답이 나온다. 이렇게 하나하나 계산으로 답이 맞더라도 문제를 푼 의미가 없다. 그러므로 식의 의미가 보여야 한다. $\dfrac{f(4)-f(2)}{4-2}$ 는 두 점 $(2, f(2))$와 $(4, f(4))$를 잇는 직선의 기울기이다. 이 두 점이 함수 $y = \dfrac{3}{5}x - 4$ 위에 있는 점이고, 직선은 어느 부분에서나 기울기가 같으므로 $\dfrac{3}{5}$ 이다.

함숫값: 함숫값은 항상 y축 안에 있다

함수에서 가장 중요한 것이 함숫값이며 이것을 이해하는 가장 기본단위가 좌표이다. 함숫값들을 모아놓은 것이 치역이고 치역은 공역 즉 y축 안에 있다.

> 좌표평면에서 함숫값의 위치: 공역(y축) 안의 치역에서의 한 점
>
> 좌표가 알려주는 함숫값: x좌표에서의 y좌표

중2 함수에서는 직선만을 다루므로 대부분 공역과 치역이 같아서 관련 문제가 많지 않다. 너무도 중요하므로 1부에서부터 같은 말을 여러 번 하고 있는데 만약 잘 아는 학생들이라면 이해해 주기 바란

다. 직접 문제를 풀어 보자. 함숫값의 위치와 좌표에 대한 이해를 높이는 문제로 중요하므로 반드시 미심쩍은 부분이 남아 있지 않도록 해야 할 것이다.

:: 함수 $y = -ax + b$ 의 그래프가 다음 그림과 같을 때, 옳지 않은 것은?

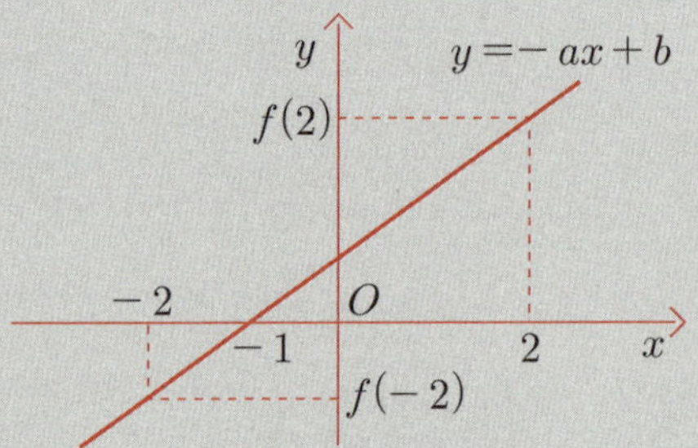

① $a < 0$　　② $2a + b < 0$　　③ $a + b = 0$

④ $b > 0$　　⑤ $-2a + b < 0$

답: ⑤

$x = -2$ 일 때의 함숫값은 $f(-2)$ 이고, $x = 2$ 일 때의 함숫값은 $f(2)$ 라고 주지 않아도 되는 것을 그래프에 표시해 놓았다. 알려주기 위해 $f(-2)$ 나 $f(2)$ 를 그래프에 표시해 놓은 것

이지 실제로는 대부분의 문제에서 이러한 표시를 해주지 않을 것이다. ①은 기울기에 대한 문제이다. 직선이 우상향이므로 기울기는 양수이고 $-a > 0 \Rightarrow a < 0$이다. 나머지는 모두 함숫값을 묻는 보기들이므로 $f(x) = -ax + b$로 놓고 보기들을 보자. 함숫값들이 $2a + b$, $a + b$, b, $-2a + b$이 되기 위한 x의 값들을 생각해 보면 좌측부터 차례대로 $x = -2$, -1, 0, 2이다. $f(-2) = 2a + b < 0$, $f(-1) = a + b = 0$, $f(0) = b > 0$, $f(2) = -2a + b > 0$이다. x의 값들에 대한 함숫값들을 y축에서 찾아서 그 함숫값들의 부호를 알아보라는 문제였다. 이제 좌표를 다루는 문제를 하나 풀어보자.

: : 다음 그림에서 $\square ABCD$가 정사각형일 때, $\square ABCD$의 넓이를 구하여라.

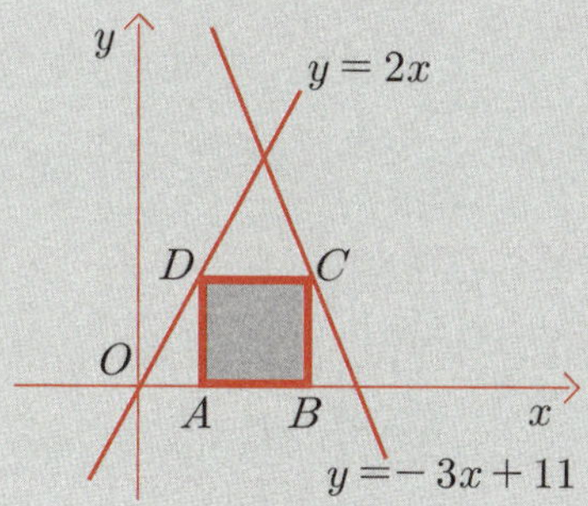

이 문제는 좌표점이 가지는 의미를 다루는 문제로 무척 중요한 문제이므로 여러 번 풀어보기를 권한다. 점 A의 좌표를 $(a, 0)$이라 하고 $f(x) = 2x$라 놓으면 $f(a) = 2a$이므로 점 D의 좌표는 $(a, 2a)$가 된다. 이를 통해 정사각형의 한 변의 길이가 $2a$임을 알 수 있고, 문제에서 구하라는 정사각형의 넓이는 $4a^2$이다. 이제 a의 값을 알아내면 된다. 점 B에서 x좌표는 점 A의 x좌표에서 $2a$만큼 더한 것으로 $a + 2a$이니 $B(3a, 0)$이다. $g(x) = -3x + 11$로 놓으면 $g(3a) = -9a + 11$로 점 C의 좌표는 $(3a, -9a + 11)$이다. 점 D와 점 C의 y좌표가 같으니 $2a = -9a + 11 \Rightarrow a = 1$이 되어 넓이는 4이다. 이 문제를 풀면서 사용한 다음 두 가지 사항을 생각해 보길 바란다.

첫째, 다른 점이 아닌 점 A를 왜 가장 먼저 정했는가? 작은 수를 기준으로 삼으면 이 수로 다른 수를 나타내기가 편한 경우가 많다. 둘째, $x = a$에서의 함숫값 $2a$가 정사각형의 한 변의 길이가 되는 것을 이해하는가? 모든 수는 항상 순서의 의미와 양의 의미를 동시에 가진다. 함숫값도 수이므로 여전히 순서와 양의 의미를 모두 갖는다. 많은 학생이 이것을 몰라서 중학함수의 활용들을 이해할 수 없었던 것이다. 또 같은 이유로 중학교의 의자문제나 고등수학의 삼각함수의 그래프를 이해하는 것에 실패하고 있다. 그래서 필자는 초등수학부터 모든 수는 양의 의미와 순서의 의미를 가지는 것을 설명하고 외우게 하고 있다.

2.6
직선의 방정식과 일차함수와의 관계

지금까지 일차함수는 $y = ax + b(a \neq 0)$라고 하여 여러 가지 직선의 그래프를 배웠다. 그런데 다시 새롭게 직선의 방정식이라는 것을 배운다. 이에 학생들은 "지금까지 배운 것이 직선이었는데 또 쓸데없이 반복하는가?"라고 생각할 수 있다. 일차함수 $y = ax + b(a \neq 0)$는 모두 직선이라고 할 수 있지만 역으로 직선이 모두 일차함수라고 할 수는 없다. 한마디로 말해 일차함수와 직선의 방정식이 똑같지 않다는 것이며 무엇이 다른지를 살펴보자.

<직선의 방정식 정의>
x, y에 대하여 일차방정식 $ax + by + c = 0$을 직선의 방정식

1) 방정식의 정의는 '변수가 있는 등식'이므로 변수가 있어야 한다. 'x, y에 대하여'라는 말은 x, y만을 변수로 본다는 의미다.

2) x, y라는 변수의 지정이 있었으므로 나머지 미지수 a, b, c는 모두 상수이다.

3) $y = ax + b$를 '직선의 표준형', $ax + by + c = 0$을 '직선의 일반형'이라고 한다.

4) 일차방정식은 차수가 가장 큰 항의 차수가 일차수이다. 따라서 $ax + by + c = 0$에서 a와 b가 동시에 모두 0이 되면 변수가 없어서 방정식이 아니다. 부연 설명한다. 만약 $a = b = 0$일 때, $c = 0$이면 '항등식'이 되고 $c \neq 0$이면 '말도 안 되는 등식'이 되는데 두 가지 모두 방정식이 아니다. 대신 나머지 '$a=0$이고 $b\neq0$', '$a\neq0$이고 $b=0$', '$a\neq0$이고 $b\neq0$'의 경우는 모두 방정식이다.

5) $ax + by + c = 0$은 상수 a, b, c를 모두 알려준다고 하더라도 변수가 x, y로 2개이고 하나의 등식이므로 부정방정식이다. 부정($不定$)방정식은 해가 무수히 많아서 해를 무언가로 정할 수 없는 방정식이다. 이 해들을 좌표평면에 나타내면 직선이 된다.

6) $ax + by + c = 0$에서 '$a\neq0$이고 $b\neq0$'의 경우, 등식의 변형을 통해서 기울기가 0이 아닌 일차함수 $y = -\dfrac{a}{b}x - \dfrac{c}{b}$를 얻게

된다.

7) $ax + by + c = 0$에서 '$a \neq 0$이고 $b=0$'의 경우, $x = -\dfrac{c}{a}$ 라는 y축과 평행한 직선이다. 또 '$a=0$이고 $b\neq 0$'의 경우, $y = -\dfrac{c}{b}$ 라는 x축과 평행한 직선이 된다. 결국 직선의 방정식 이라는 것은 그동안 배운 일차함수 $y = ax + b$에 $x=$(상수), $y=$(상수)라는 부분을 추가하여 얻은 것이라는 의미다. 이 부분은 Tip을 통해 좀 더 자세히 다루려고 한다.

:: 일차방정식 $x - 3y + 5 = 0$의 그래프에 대한 다음 설명 중 옳지 않은 것을 골라라.

① x절편은 -5이다.　　② y절편은 $\dfrac{5}{3}$이다.

③ 점 $(-2, 1)$을 지난다.　　④ $y = -\dfrac{1}{3}x$와 평행하다.

⑤ 제4사분면을 지나지 않는다.

답: ④

$x-3y+5=0 \Rightarrow 3y = x + 5 \Rightarrow y = \dfrac{1}{3}x + \dfrac{5}{3}$에서 기울기 는 $\dfrac{1}{3}$이므로 기울기가 $-\dfrac{1}{3}$인 직선과는 평행하지 않기 때문에 답 은 ④다. 이러한 문제를 학생들이 보면 무조건 $y = ax + b$의 꼴 로 먼저 바꿔 놓고 보기의 지문들을 보는 경향이 있다. 그런데 풀

어보면 알겠지만 x절편(①)이나 어떤 점을 지나느냐(③)는 문제처럼 대입을 통해 해결하는 문제는 오히려 일반형의 형태가 더 편하다. 이 문제를 설명하면서 생각나는 것이 있어 한 가지만 더 언급하려고 한다.

직선의 방정식에서 일반형인 $ax + by + c = 0$보다는 표준형인 $y = ax + b$이 여러모로 편한 점이 많으니, 바꾸어 쓰는 것이 귀찮은 학생들이 종종 처음부터 그냥 표준형으로 알려주지 무엇 때문에 $ax + by + c = 0$의 형태로 주어지느냐란 질문을 한다. 말은 안 했지만 출제자가 학생들을 괴롭히려는 것이 아니냐는 속마음이 있는 것 같다. 연습한 학생들이라면 $y = ax + b$의 꼴만 보면 직선의 개형이 곧장 머릿속에 그려지는 장점이 있다. 지금은 잘 모르겠지만 $ax + by + c = 0$의 꼴도 나름대로 장점이 있어서 배우는 것이다. 이 형태는 항들을 등호의 한쪽 편으로 옮겨 그 반대쪽에 0이 보이도록 만든 식이다. 한 마디로 '0의 성질'을 사용하겠다는 의도로 만든 식이다. '0의 성질'은 중3 수학에서부터 점차 사용하기 시작하여 고등수학에서는 중요한 생각의 축으로 작동하게 될 것이다.

$y = 0$은 함수이지만 $x = 0$은 함수가 아니다

앞서 말한 것처럼 일차함수는 모두 직선이지만 $x=$(상수)의 꼴 때문에 반대로 직선이 모두 일차함수인 것은 아니다. x, y에 대하여 $ax + by + c = 0$이 일차방정식이 되려면 a와 b가 동시에 모두 0이 되면 안 된다. $a \neq 0, b \neq 0$일 때는 $y = -\dfrac{a}{b}x - \dfrac{c}{b}$ 라는 평범한 일차함수이니 여기에서는 $a = 0, b \neq 0$일 때와 $a \neq 0, b = 0$일 때를 한번 생각해 보려고 한다. 이는 앞으로 함수를 공부하는 데 무척 중요한 사항이다.

$ax + by + c = 0$에서 $a = 0, b \neq 0$이면 $by + c = 0$ $\Rightarrow$

$y = -\dfrac{c}{b}$ 로 $y = $ (상수)의 꼴이 된다. $y = $ (상수)의 꼴은 일차함수 $y = ax + b$에서 기울기가 0인 $y = 0 \times x + b$ 즉 $y = b$ (상수)의 꼴과 같다. 직선이기는 하지만, x가 없으므로 x에 관한 일차함수라고 할 수 없다. $y = 0 \times x + b$라고 볼 때 x가 어떤 값을 가지더라도 $y = b$이다. 대응으로 보면 다대일대응이며 '존재성과 유일성'이라는 함수의 조건을 위배하지 않으므로 여전히 함수이다. 이것을 나중에 고등수학에서는 '상수함수'라 한다. $y = $ (상수)에서 상수가 0 즉 $y = 0$이면 좌표평면의 x축(정의역)이라는 직선을 의미한다.

$ax + by + c = 0$에서 $a \neq 0, b = 0$ 이면 $ax + c = 0$ ⇨ $x = -\dfrac{c}{a}$ 로 $x = $ (상수)의 꼴이 된다.

$x = $ (상수)의 꼴에서 y가 포함된 식으로 억지로 만들어보면 $x = 0 \times y + $ (상수)이다. 이는 x에 대응하는 y의 값이 무수히 많아서 함수가 될 수 없는 일대다대응이다. $x = $ (상수)의 꼴은 직선이기는 하지만 함수가 아니라는 의미다. $x = $ (상수)에서 특히 상수가 즉 0이면 좌표평면에서 y축(공역)이 된다.

$x = $ (상수) 또는 $y = $ (상수)와 같은 직선은 특수한 직선이므로 학생들이 중요하게 생각하지 않는 경향이 있다. $x = $ (상수)의 꼴은 당장 중3의 이차함수에서 대칭축의 방정식으로 사용된다. 고등 수학뿐만 아니라 중학함수의 어려운 문제일수록 $x = $ (상수) 또는 $y = $ (상수)라는 직선을 많이 사용하는 경향이 있으니 확실하게 해 놓기 바란다.

<특수한 직선 $x = a$, $y = b$>

1) $x = a$ 의 그래프는 점 $(a, 0)$를 지나고, y축에 평행한 직선이다. (함수 ×)

2) $y = b$ 의 그래프는 점 $(0, b)$를 지나고, x축에 평행한 직선이다. (함수 ○)

:: 방정식 $2ax - 2 = a + 1$의 그래프가 다음 그림과 같을 때, 상수 a의 값을 구하여라.

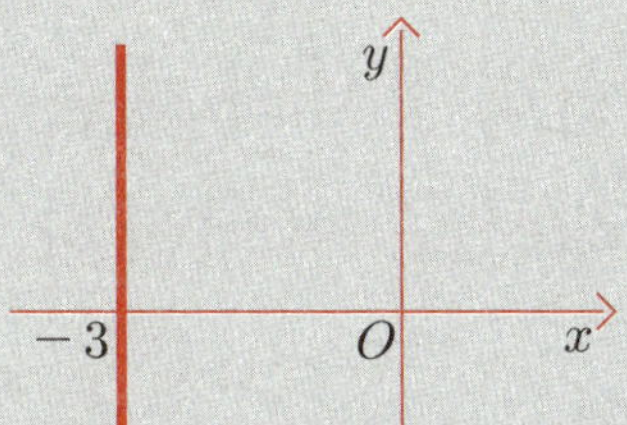

답: $-\dfrac{3}{7}$

$2ax - 2 = a + 1$에서 $x = \dfrac{a+3}{2a} = -3 \ \Rightarrow \ a = -\dfrac{3}{7}$ 이다. 사실 더 간단한 풀이는 준식에 $x = -3$을 대입하는 것이지만, $x = (상수)$라는 그래프를 생각하며 풀어보라는 의미였다.

2.7

연립방정식의 해를
그래프로 이해하자

이원연립일차방정식의 각 방정식을 y에 대하여 정리하면 두 직선의 표준형이 된다. 결국 연립방정식의 풀이를 통해 $x = a$, $y = b$라는 해를 얻었다면, 이것을 직선으로 볼 때는 두 직선의 교점 (a, b)를 구한 것이었다. 여기서 두 개의 직선이 평면상에 있을 수 있는 상황은 다음 세 가지의 경우뿐이다.

<평면에 있는 두 직선의 위치관계>

1) 두 직선이 한 점에서 만나면 연립방정식의 해는 한 쌍이 존재한다(교차).

2) 두 직선이 평행하면 해는 없다(평행).

중2의 1학기에서 배운 연립방정식의 연습을 통해서 $x = a$, $y = b$와 같은 해를 구했다는 것은 그래프로 이해하면 두 직선이 모두 한 점에서 만나는 경우이다. 각 방정식을 $y = ax + b$의 표준형으로 바꾸었을 때, 두 기울기가 다르다면 y절편과 상관없이 두 직선은 한 점에서 만나게 된다. 만약 기울기가 같고 y절편이 다르다면 두 직선은 '평행'하므로 만나지 않기 때문에 해가 없다. 또 기울기와 y절편이 모두 같다고 한다면 두 직선은 같은 것이므로 '일치'한다고 한다.

고등수학에서는 각 방정식을 $y = ax + b$의 꼴로 바꾸지 않고도 기울기와 y절편의 같음과 다름을 알 수 있는 방법을 다루고 있지만 이 방법이 기술에 치중하기에 소개하지 않고 기존의 연립방정식의 푸는 방법을 그대로 사용하려 한다. 또 두 직선이 한 점에서만 만나는 경우는 너무 쉬워서 제외하고 평행과 일치의 경우만을 다룬다. 먼저, 한 문제만 풀어보자.

∴ 좌표평면에서 어느 두 직선이 점 (0, 0)에서 만나고 그 이외에 다른 점에서 만난다고 한다. 이 두 직선의 위치관계는 무엇인가?

① 교차　　　　② 일치　　　　③ 평행

④ 두 점에서만 만난다.　　　　⑤ 알 수 없다.

답: ②

앞서 두 직선의 위치관계는 교차, 일치, 평행밖에 없다고 하였다. 문제에서도 (0, 0)과 다른 점에서 만난다고 했지 두 점에서만 만난다고 하지 않았다. 두 직선이 곡선도 아니고 두 점에서만 만나는 경우는 없다.

두 직선이 평행하여 해가 없는 경우

두 직선이 평행하다면 만나지 않으므로 해가 없을 것이고, 역으로 해가 없다면 모든 위치관계인 교차, 평행, 일치 중에 만나지 않는 평행이어야 한다. 일반형으로 되어 있는 연립방정식이라면 굳이 $y = ax + b$의 표준형으로 바꾸려는 생각보다는 가감법이나 대입법을 사용하여 한 미지수를 소거하는 방법을 사용하려는 생각을 가져야 한다. 그런데 풀이를 하다 보면 '0 = (0이 아닌 수)'의 꼴이 나왔다면 y절편들의 차이로 이런 현상이 나왔다는 것을 이해해야 한다.

$$\begin{cases} x - 2y = 3 \\ 3x - 6y = 6 \end{cases} \qquad - \begin{array}{r} 3x - 6y = 9 \\ 3x - 6y = 6 \\ \hline 0 = 3 \end{array}$$

'$0 = 3$'은 등식 중에서 변수가 없으므로 방정식은 아니고 '말도 안되는 등식'이다. 연립방정식의 각각의 방정식을 y에 관하여 정리하면, $x - 2y = 3 \Rightarrow y = \dfrac{1}{2}x - \dfrac{3}{2}$ 과 $3x - 6y = 6$ $\Rightarrow y = \dfrac{1}{2}x - 1$ 이 된다. 표준형으로 정리된 두 직선의 계수를 비교하면 기울기는 같고 y절편이 다르다. 가감법의 결과가 이런 결과가 나온 것이며, 이때 두 직선은 평행한 직선이다.

∴ x, y에 관한 연립방정식 $\begin{cases} x + ay = 3 \\ 3x - 6y = 4 \end{cases}$ 의 해가 없을 때, 상수 a의 값을 구하여라.

답: $a = -2$

'x, y에 관한'이란 말이 방정식의 변수를 지정한 것이다. 연립방정식을 표준형으로 바꾸었을 때, 해가 없으려면 기울기가 같고 y절편이 달라야 한다. 그러나 일반형에서 해가 없으려면 x, y의 계수의 비는 서로 같아야 하고, 이때 변수계수와 상수항과의 비는 달라야 한다. 이렇게 설명하니 더 어려워 보인다. 가감법으로 소거했을 때, $0 = (0$이 아닌 수$)$가 되면 된다. 두 식의 계수가 같기 위해서는 위 식의 양변에 3을 곱해야 하고 그러면 $3a = -6$이 되어 a의 값을 구하게 된다.

두 직선이 일치하여 해가 무수히 많은 경우

두 직선이 일치하려면 연립방정식의 두 식이 같아야 하고, 가감법
으로 연립방정식의 변수를 소거하면 '$0 = 0$'의 꼴이 된다.

$$\begin{cases} 2x - 3y = 4 \\ -2x + 3y = -4 \end{cases} \quad + \begin{matrix} 2x - 3y = 4 \\ -2x + 3y = -4 \\ \hline 0 = 0 \end{matrix}$$

'$0 = 0$'도 역시 변수가 없으므로 방정식은 아니고 항상 등식이 성
립하는 항등식이다. 변수의 값과 상관없이 항상 성립하기 때문에
항등식이 나온다면 해가 무수히 많다고 할 수 있다. 각 방정식을 y
에 대하여 정리하면, 모두 $y = \dfrac{2}{3}x - \dfrac{4}{3}$ 인 직선이 된다. 두 직선
이 만나는 점이 해인데 모든 점에서 만나므로 해는 무수히 많다.

$\because x, y$에 관한 연립방정식 $\begin{cases} 2y - 3x = 6 \\ ay + 6x = -12 \end{cases}$ 의 해가 무수
히 많게 되기 위한 상수 a의 값을 구하여라.

답: $a = -4$

두 식이 같기 위해서는 위 식의 양변에 -2를 곱하면 되므로 $a=-4$이다. 그런데 학생들 중에 종종 $a=4$라는 오답을 제시하는 경우가 있다. 이는 가감법이 계수의 절댓값을 같게 만들어 풀다가 생긴 오류다. 이 문제는 절댓값이 같은 것이 아니라 계수를 똑같게 만들어야 하는 문제다.

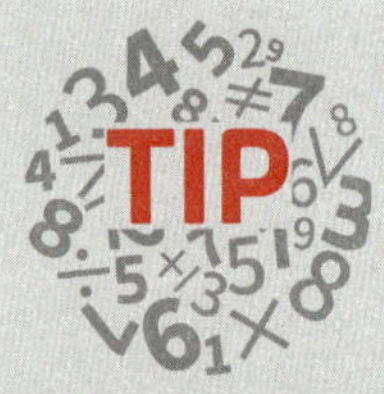

방정식은 '두 함수의 교점의 x좌표'이다.

중1 수학 교과서에 방정식은 'x의 값에 따라 참이 되기도 하고 거짓이 되기도 하는 등식'이라고 나와 있다. 이 말을 가지고 풀 수 있는 중학교의 문제는 없다. 수학은 개념을 가지고 푸는 것인데 사용하지 않을 것이라면 의미가 없다고 본다. 필자가 방정식을 중1까지는 대수적 정의로 가르치다가 중2부터는 함수와 관련하여 정의를 새롭게 내리고 가르친다. 함수와 관련된 방정식 정의를 학생들에게 중학수학은 물론이고 고등수학과 대학수학능력시험까지 이를 이용해 방정식을 풀게 한다.

<방정식의 정의>

대수적 정의: 변수가 있는 등식

고등수학에서는 방정식이나 부등식 등의 문제를 함수의 도움을 받아야만 풀 수 있게 되는 문제가 많다. 방정식과 함수가 통합을 한다는 의미이고, 이 통합을 위해 위 정의가 매개 역할을 하게 해줄 것이다. 하나의 방정식을 두 개의 함수식으로 만들 수 있고 두 함수의 그래프의 교점의 x좌표들을 방정식의 해로 보는 관점이다. 이러한 관점이 없다면 문제를 풀면서 대입했더니 답이 나오고 답이 나오려면 대입해야 한다며 그 이유는 모르는 채 풀게 된다. 방정식을 함수의 그래프를 이용해서 풀지 못한다면 수학의 어려운 문제는 못 풀게 된다는 필자의 말을 명심하기 바란다. 다음 방정식을 두 함수의 교점으로 분리하는 모습을 보자.

(1) $7 + x = 2x + 3 \Rightarrow \begin{cases} y = 7 + x \\ y = 2x + 3 \end{cases}$

(2) $4x + 8 = 2 \Rightarrow \begin{cases} y = 4x + 8 \\ y = 2 \end{cases}$

(3) $x^2 + 3x + 2 = 0 \Rightarrow \begin{cases} y = x^2 + 3x + 2 \\ y = 0 \end{cases}$

방정식의 좌변을 y라고 하면 우변도 역시 y가 되므로 이처럼 하나의 방정식들을 두 개의 함수식으로 나타낼 수 있다. 두 식을 각각 풀어보고, 또 두 직선의 그래프를 그려서 교점의 x좌표가 방정식의 해와 같은지를 확인해야 한다. 너무 쉬운 까닭에 오히려 어떻게 이해해야 하는지 더 헷갈린다고 할지도 모르겠다. 이와 관련하여 중3 이차방정식에서 다시 다루고 그때는 관련 문제까지 풀어보려고 한다. 고등수학은 함수가 90%라고 했는데 그 주된 이유는 방정식과 함수가 통합되기 때문이며 그 통합의 고리가 바로 위의 식처럼 만들 수 있기 때문이다. 방정식을 풀면 단답형의 점으로 표현되어 나오지만, 함수는 무수히 많은 답이 선이라는 눈에 보이는 점들로 표현된다. 선은 방향성을 가지므로 함수는 정확한 식을 구하기 전에 이미 어느 정도 예측을 가능케 한다. 함수의 그래프를 통해 예측한 뒤에 다시 방정식을 통해서 정확한 값을 구하는 상호보완의 관계를 가지게 된다. 그래서 방정식이라는 고리타분한 변수의 값을 구하는 학문에서, 함수는 수학의 앞날을 예측하는 좀 더 실용적이고 미래지향적 학문으로 변모시켜 주었다.

요한 카를 프리드리히 가우스(Johann Carl Friedrich Gauss / 1777-1855)는 독일의 수학자로, 수학, 물리학, 천문학 등 다양한 분야에서 큰 공헌을 했다. 초등학생 때 등차수열의 합을 구한 일화가 유명하며, 21세에 '산술 연구'를 출판하며 수학계에 큰 영향을 미쳤다. 비유클리드 기하학, 복소수 이론, 통계학 등 다양한 분야에서 업적을 남겼다. 천문학에서는 소행성 세레스의 궤도를 계산해 내는 등 중요한 발견을 했다. 그의 연구는 수학의 여러 영역에 기초를 제공하여 아르키메데스, 뉴턴과 함께 3대 수학자로 손꼽히며 '수학의 왕'으로 불린다.

3학년의 함수

보이는 것과 보는 것은 다르다. 아는 것만 보인다.
처음 보는 것은 개념이라는 틀로만 볼 수 있다.

- 조안호

중1과 중2 수학을 통해 일차방정식을 배웠고 이를 바탕으로 함수의 정의와 일차함수를 배웠다. 중3 수학은 수의 범위가 실수로 확대되고 이차방정식을 배운 뒤에 이 모든 것들을 바탕으로 이차함수를 배우게 된다. 기본형인 이차함수의 그래프를 그리고 평행이동, 대칭이동을 하면서 함숫값들이 갖는 범위를 알아보는 데 여기까지가 중3의 함수이다. 중3의 함수가 어렵다면 이전의 개념들에서 부족하기 때문이다. 만약 부족하다고 생각되면 방정식이나 이전의 함수를 다시 공부해서 부족 부분을 채우고 중3의 함수를 공부해야 한다.

물론 대부분의 학생들이 함수를 좋아하지 않아서 많은 연습을 하기가 싫겠지만, 반드시 이차함수가 쉬워질 때까지 해야 한다. 특히 중2의 직선은 미결정직선을 포함하여 빠를 때까지 해야 하고, 중3은 포물선 그래프가 갖는 의미를 철저히 이해해야 한다. 그렇지 않으면 고등수학의 90%가 흔들리게 된다. 중학교의 우등생들조차 대부분이 함수에 취약성을 보임에도 당사자는 그 사실을 모르는 경우가 많다. 공부를 하지 않아서 못하는 것이야 어쩔 수 없다 해도 열심히는 하는데 잘못된 공부라서 못하는 것은 참으로 안타깝다. 함수는 머릿속에서 영상이 떠오를 수 있을 때까지 공부하여야 하지만 마치 방정식을 잘 푸니 방정식을 풀듯이 대입으로 함수 문제를 풀고 개념정리가 되지 않은 상태에서 넘어간 것이다. 게다가 중요도에 비해 분량도 적고 일시적으로 점수가 하락했더라도 다음에 함수가 아닌 다른 파트에서 다시 점수가 올라가면 계속 수학을 자신이 잘하는 줄 알게 되는 때문이다. 또 학생들이 어려워하니 학교시험 문제도 대부분 어렵지 않게 출제되고, 곧장 삼각비나 원과 비례 등 다른 문제들을 푸느라 부족 부분을 메우지 못하기 때문이다.

중3에서 수학을 잘했는데도 고등수학이 어려운 것은 개념부족이 원인이지만 파트로 보면 대부분 모두 함수 때문이다. 특히 고1의 이차식들이 어렵다는 고등학생은 전부 함수의 탓이고 이들 대부분이 수학의 포기를 하게 된다. 다소 부족한 상태라면 그런대로 고1 수학을 넘어갈 수는 있겠지만, 고2~3학년에서 아무리 노력해도 상위권으로 치고 올라가는 일이 거의 불가능에 가깝게 된다.

지금 중3인데 함수가 잘 안되면 다른 과정, 다른 과목의 공부하는 시간에 타격을 받을지언정 반드시 함수를 충실히 하여야 한다. 대학은 수학이 좌우함을 기억해야 한다. 대신 함수에서 배우는 하나

하나의 개념은 모두 일당백으로 여러분들에게 수백 배로 보답해
줄 것이다.

3.1
함수에 대한 오개념

수학에서 오개념은 주로 안 가르친 것이나 잘못 가르친 것 또는 잘못 받아들인 것에 원인이 있다. 이 중에서 잘 가르쳤음에도 학생들이 이해를 못 하거나 잘못 이해하는 경우만을 문제 삼는 경우가 많다. 그래서 모든 잘못이 마치 학생에게 있는 것처럼 말한다.

그런데 필자가 학생들을 가르쳐보면 학생들 탓이 아니라 수학 교과서가 안 가르치거나 오해하기 쉽게 기술되어 있는 탓이 가장 커 보인다. 이 중에서도 가장 난감한 경우는 안 가르친 것에서 오개념이 형성된 경우다. 제때 배웠어야 할 개념을 배우지 못하면 그 부분이 학생들의 머릿속에 공란으로 남는 것이 아니다. 경작해야 할 밭에 만약 무슨 일 때문에 곡식을 심지 않았다면 빈 밭으로 남았을 것으로 생각하기 쉽다. 시간이 조금만 지나도 빈 밭이 아니라 아마 잡초들로 무성하듯이 배우지 않은 곳에 오개념으로 가득 채워지게 된다. 게다가 학생들이 모두 똑같은 오개념을 가지게 되어 그들끼리는 교정할 수도 없다. 그래서 함수를 학생들이 어려워하는 데에는 여러 가지 이유가 있지만, 교과서가 개념을 다루지 않고 학생들에게 발견하라고 한 책임이 가장 크다. 특히 다음과 같이 교과서가 가지는 오류 세 가지는 치명적이다.

첫째, 집합을 중학수학에서 뺀 것이다.

학생들이 어려워한다는 이유에서지만 어려워도 해야 되는 것이 있다. 집합은 수학이 다루려는 대상과 범위를 정함으로써 논리를 가르치기 위한 첫 단추다. 집합이 빠졌다고는 하나 그 내용은 모두 중고등수학의 문제에 녹아있기 때문에 오히려 어려움과 학습량은 가중되고 논리적인 생각의 저해를 가져왔다. 당연히 방정식이나 함수도 집합의 도움을 받지 못해 어려워진 측면이 크다.

둘째, 중학교부터는 연역법을 일부라도 받아들이자.

전체인 개념을 가르치고 전체 속에 있는 부분이 당연하다는 것을 깨닫는 학문이 연역법이고 수학의 공부방법이다. 그래서 수학의 개념을 하나 배우면 초중고를 거쳐 계속해서 "아! 이것도 그러네", "당연하지!", "정의대로 해야지"를 생각하게 하는 것이 올바른 교육이다. 그러나 수학자가 아닌 선생님 즉 수학교육자는 초등학생들이 아직 어려서 전체인 개념을 받아들이기 어렵다고 생각했다. 그래서 거꾸로 쉽게 부분들을 하나하나 배우다가 학생들이 전체인 개념을 발견할 수 있을 것이라는 착각을 하였다. 부분들로부터 전체를 알아내는 것을 귀납법이라고 하는데 이것을 수학이 아니라 과학의 공부 방법이다. 귀납법으로 무언가를 발견해 내는 것은 천재 과학자들에게도 평생 하나 발견하기도 어려운 일이다. 하물며 어린 초등학생에게 6년을 발견하라고 종용한다 해서 하나도 발견하지 못할 것은 자명하며 중학생도 별반 다르지 않을 것이다. 아이들이 발견할 수 있도록 문제와 시간을 주어서 발견한 것은 없고 무언가 아이에게 도움이 되었을 것이라는 근거 없는 정성적인 평가만이 난무한 것을 본다. 오히려 귀납법으로 가르친 10년간의 노력이 오히려 독이 되고 있다.

백번 양보해서 초등 6년간은 논리력의 부족 때문에 귀납적으로 가르쳤으면 이제 중학교부터는 올바른 방법인 연역법으로 가르쳐야 한다. 이것도 어렵다면 일부분만이라도 교과서에 연역적으로 개념을 써놓아야 한다. 자연스러운 논리는 귀납법이고 수학의 연역적 논리는 수학자들이 만든 논리라서 배워야만 이해한다. 현재 수학 교육은 고2가 되어야 비로소 올바른 공부의 방법인 연역법으로 가르친다. 이는 초등 6년, 중학 3년 고1까지 10년을 연역법이 아닌 귀납법으로 가르고 있다는 것을 의미한다. 10년간 배운 귀납적 사고체계가 굳어져서 고2와 고3에서도 초중등 때와 같이 끝까지 문제만 풀려고 하는 것을 본다. 이 책을 보는 독자는 하루라도 빨리 사고를 연역적 체계로 바꾸어야 할 것이다. 이 책이 함수를 이해하는 데 도움이 되었다면 바로 될 수 있으면 함수를 연역적으로 설명하려고 하였기 때문이다.

셋째, '함숫값'을 알려주는데 요식행위에 그쳤다.

중학교 3년을 함수를 가르쳐서 학생들에게 함숫값을 깨우치게 하는 데 실패하였다면 유구무언이다. 함수를 가르치면서 함숫값을 모른다면, 마치 수세기가 안되는 아이에게 더하기를 가르치는 꼴이다. 무엇을 해도 안 되는 일이 벌어질 것이고, 지금 함수가 90%인 고등수학이 그렇다. 함숫값도 다양한 문제를 오랫동안 풀다 보면 저절로 알게 될 것이라는 귀납법적 생각이 실패의 원인이다.

필자의 기억에 초2의 아이가 구구단을 못 하면, 또 초6에서 분수의 사칙계산을 못 하면 선생님들이 학생들에게 나머지공부를 시켰다. 누가 시킨 것은 아니지만 구구단을 못 하면 초등수학이, 분수의 사칙계산을 못 하면 중학수학이 안 된다는 것을 아셨기 때문이다. 똑같이 중학교에서 함숫값을 모른다면 고등수학의 포기가 보이는 데 아무도 나머지공부를 시켜주지 않으니 중학함수를 잡아주라고 학부모에게 요청하는 바이다. 잘하든 못하든 함숫값을 모르면 고등은 모두 수포자가 된다. 학생들이 목표치에 도달하지 못한 것을 탓할 것이 아니라 어떻게든 알게 해야 했었다. 이 책은 함숫값을 알려주려고 대응, 공역과 치역, 위배된 정의, 최대·최솟값 등 할 수 있는 모든 것을 하려고 하였다. 그것도 안 되면 목표치를 연역적으로라도 알려주어 거기로부터 나중에라도 발전하게 해야 한다.

어찌 되었든지 2년 동안 함수과정을 거치면서 안 가르쳐서 생긴 오개념을 포함하여 학생들에게 많이 있는 **몇 가지 함수에 대한 오개념**을 짚어본다.

첫째, 규칙이 있어야 함수인 것은 아니다. 함수는 규칙이 있고 없음이 기준이 아니다. 예를 들어 아무 규칙도 없이 $f(2) = 3$라는 점 하나만 있어도 이것은 함수이다. 그러나 정비례, 반비례, 일차함수, 이차함수 등 이름이 있고 규칙이 있는 함수를 주력으로 하다 보니 오개념이 생긴 경우가 많다. 그리하여 학생들이 스스로 함수를 만들거나 출제자가 내리는 정의에 의한 함수식에 취약하게 되었다.

둘째, x, y로 되어 있어야만 함수인 것은 아니다. 첫째도 둘째도 모두 대응을 통해 다양한 정의역, 공역, 치역의 관계를 보았다면 덜 생겼을 오개념이다. 함수는 아무 변수나 두 개만을 사용하고 '존재성과 유일성'을 갖춘다면 항상 함수이다. 예를 들어 a와 b, p와 q 등을 정의역과 치역의 한 값으로 생각하여 언제든지 좌표평면에 나타낼 수 있다.

셋째, $y = f(x)$는 함수이지만 $f(x)$는 함수가 아니라고 생각하면 안 된다. y와 $f(x)$가 같다는 것이므로 꼭 $y = f(x)$라고 써야만 하는 것은 아니다. 다만 정의역과 공역이 정해지지 않은 상태에서 $3x + 4$와 같은 식을 함수라고 한다면 정의역에 있는 것을 x라고 한 것은 되는데 공역에 있는 것에 대한 변수의 지정이 되지 않아서 사용하지 않을 뿐이다. 그러나 만약 학생이 스스로 $A = 3x + 4$처럼 지정하거나 문제의 어딘가에 공역의 변수지정이 되어 있다면 얼마든지 $3x + 4$를 함수로 볼 수 있고 함수로서 손색이 없다. 또한 앞으로 점차 어려워지는 방정식이나 부등식에서 분리된 $f(x)$를 고등학교에서 사용해야만 한다.

넷째, "공부를 잘하는 아이도 식으로만 함수 문제를 풀더라."는 착시다. 함수를 공부함에 있어서 그래프는 생명과 같다. 그런데 공부를 잘하는 아이들이 함수문제를 풀면서 그래프를 그리지 않고 푸는 것을 많이 볼 것인데, 그 이유는 그 문제가 쉬웠기 때문이다. 그 정도 문제는 머릿속에 그려진 함수의 그래프만으로도 되니 식만을 쓰는 것이다. 만일 어렵고 틀리면서도 그래프를 그리지 않는 것은 잘못된 공부 방법이다. 수학은 무척 개인적인 학문이다. 잘하는 사람을 따라 하려면 함수를 잘하게 되기까지의 전 과정을 따라서 해야지 남들에게 보이는 일부분만을 따라 해서는 안 된다. 함수를 잘하는 학생은 어떤 방법이든지 머릿속에 그래프가 떠오르도록 공부했다. 중학교 3학년이니까 남들처럼 3학년 함수를 공부하는 것이 아니라 부족 부분을 채우고 올라가는 것이 더 빠른 공부 방법이다. 반대로 실력이 되는데 상위 학년의 공부를 망설일 이유도 없다.

마지막으로 하나만 더 언급한다. 많은 중학생들이 수학을 계산하는 것으로만 생각하는 듯하다. 그러나 어느 학문이나 마찬가지로 수학도 생각하는 학문이 맞다. 생각의 흐름도 여러 번 반복해야 언제든지 사용이 가능한 상태가 됨을 유념하기 바란다.

3.2

이차함수의 정의

이차함수의 그래프를 흔히 포물선이라고 한다. 그렇다고 포물선을 이차함수라고 할 수는 없다. 이차함수의 그래프 모양을 포물선이라고 하는데, 포물선을 옆으로 90도 돌려놓았을 때는 '반드시 한 번 장가(시집) 간다.'는 함수의 조건에 위배되어 함수가 아니게 되기 때문이다. 포물선은 수학책에나 있는 곡선이 아니라 일상생활 속에서도 흔히 볼 수 있다. 포물선(抛物線)에서 포(抛)는 '던질 포' 자로 물건을 던졌을 때 생기는 선이라는 의미이다. 흔히 돌을 던지거나 활을 쏘았을 때 심지어는 침을 뱉었을 때도 만들어지는 곡선이며 손전등이나 위성방송 수신안테나 등에서 볼 수 있다. 또 비스듬한 사면을 굴러가는 물체의 속도 그래프 등도 있지만 총이나 대포를 쏘아도 총알이나 대포알이 날아가는 모습은 크게 보면 역시 포물선이다. 그런데 아주 오래전에는 수학자도 총을 쏘았을 때 직선으로 쭉 날아가다가 힘이 빠지면 툭 하고 떨어지는 것이라고 믿었다고 한다. 처음에 총알이 날아갈 때 직선처럼 보이기 때문이겠지만 포물선이라고 사고를 연결하지 못한 탓이다. 알고 있는 것에만 매몰되거나 새로운 지식을 배워서 끊임없이 연결하려는 생각을 하지 못하면 어떤 것도 이해하기 어렵다는 말을 방증하고 있다.

여담은 그만하고 우선 이차함수의 정의를 살펴보자. 함수, 일차함수, 이차함수의 정의를 차례로 나열했다. 함수와 일차함수는 1~2학년에서 배웠던 것이지만 함수를 배우는 것이 1년씩의 간격을 두고 배우기 때문에 상기하라는 의미다.

<함수의 정의>

두 변수 x, y에 대하여 x의 값이 변함에 따라 y의 값이 하나로 정해지는 대응관계가 있을 때, y를 x의 함수라고 하고 기호로 $y = f(x)$ 라고 한다.

<일차함수의 정의>

두 변수 x, y에 대하여 y는 x의 함수이고 $y = ax + b$ (a, b는 상수, $a \neq 0$)와 같이 y가 x에 관한 일차식으로 나타내어질 때, 이 함수를 일차함수라고 한다.

비록 약식이지만 1부에서 대응을 배웠으므로 고등수학에서 정의한 이차함수로 설명하려고 한다.

1) $f : X \to Y$는 정의역을 X, 공역을 Y라 하고, X에서 Y로의 대응 중에서 함수의 조건을 만족시키는 대응이라는 의미다. 앞서 1부의 〈함수의 정의〉에서 말한 것처럼 정의역과 공역의 이름을 바꾸어 $f : A \to B$라 해도 어떤 의미인지 이해하겠지?

2) 정의역이나 공역에 대해 특별한 말이 없으면 이들의 범위를 실수 전체로 생각한다. 그렇다면 '특별한 언급이 있다면'이라는 생각

을 해야겠지요? 정의역이 출제자가 정의하는 수의 범위라는 말이고 보통 $1 \leq x \leq 3$처럼 지정하면 이 수들에 대한 함숫값만이 나오므로 그래프도 일부분만 그려지게 된다. 특별한 언급을 하더라도 함수의 정의역만 주어지고 공역은 별도로 지정하지 않는다. 정의역에 있는 수의 함숫값이 공역에 존재하지 않으면 함수 자체가 되지 않기에 공역을 별도로 지정할 이유가 없기 때문이다.

*** 변수의 정의는 '변하는 범위의 어떤 수'라고 했다. 그러니 '변수'라는 말은 각각 변수의 범위가 있어야 한다는 것이고, x의 범위는 정의역이고 y의 범위는 치역이다.**

3) 'x에 대한 이차식 $f(x) = ax^2 + bx + c$'(a, b, c는 상수, $a \neq 0$)에서 'x에 대한 이차식'이라는 말은 우선 x만을 변수로 보고 나머지는 어떤 미지수가 오더라도 모두 상수로 보겠다는 의미다. 그리고 x^2의 계수인 a가 0이라면 이차식이 되지 않으므로 별도로 언급하지 않아도 $a \neq 0$라는 조건이 붙은 것과 같다. 따라서 'a, b, c는 상수, $a \neq 0$'이 없어도 우리는 알고 있어야 한다.

그동안 함수들의 정의를 충실히 살펴본 사람이라면 일차함수의 정의와 관계식만 달라진 것에 불과하고 특별한 내용이 없고 쉬워서 허탈했겠다. 그래서 처음에 힘들어도 제대로 해야 하는 것이다.

: : 다음 중 함수인 것을 모두 찾아라.

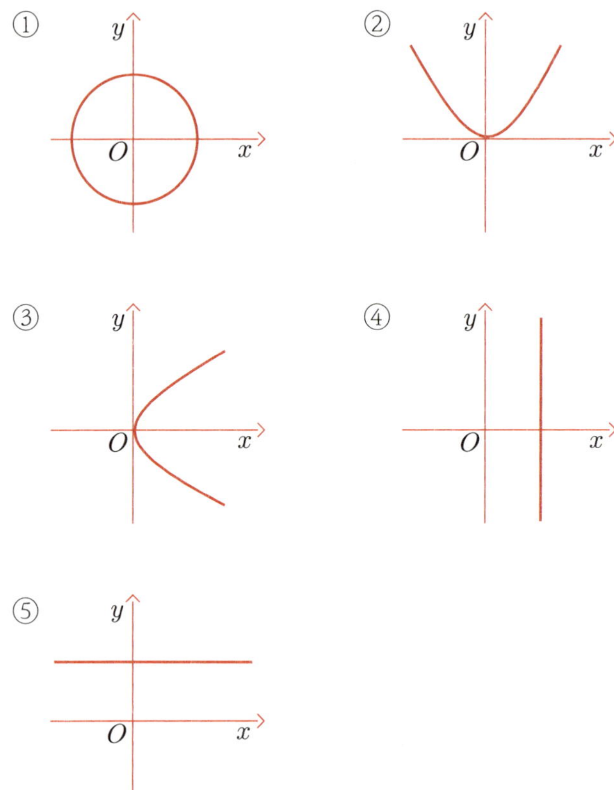

답: ②, ⑤

함수의 조건은 'x의 값이 변함에 따라 y의 값이 하나로 정해지는 대응관계'라고 했다. 그래프를 보고 함수의 그래프인지를 아는 방법은 간단하다. 세로로 선들을 그어보아 그래프와 만나는 점이 하나씩이면 함수이고, 2개 이상이라면 함숫값도 역시 2개 이상이라서 함수가 아닌 것이다. 또 세로선을 그었을 때 그래프와 만나지 않는 부분이 나오는 것도 함수가 아니다. 그런데 이것은 무조건 판단할 것이 아니라 주어진 함수의 정의역을 보고 판단해야 하는데 이 부분에 대한 설명은 보류한다. 다음은 위 그래프에 대한 설명이다. ① 나중에 고등학교에서 배울 텐데 함수가 아니라서 원의 함수라고 하지 못하고 '원의 방정식'이라고 한다. ② 이제 막 배워야 할 이차함수의 기본형이다. ②와 ③과 같은 그래프를 포물선이라고 하는데 포물선 중에 ③은 함수가 아니다. ④ $x = a$ (상수)는 일대다대응으로 함수가 아니다. ⑤는 다대일대응으로 함수이고 나중에 고등수학에서는 상수함수라고 한다.

∷ 다음 식에서 x, y는 변수이고 a, b는 상수일 때, y가 x에 관한 이차함수가 되기 위한 a, b의 조건을 말하여라.

$$y = (a - 3)x^3 + bx^2 + 5x + 6$$

답: $a = 3$이고 $b \neq 0$

x에 관한 3차항의 계수가 0이어야 하고, 2차항의 계수가 0이 아니어야 위 식이 이차함수가 된다. '$a - 3 = 0$이고 $b \neq 0$'이어야 한다. 그래서 답은 $a = 3$이고 $b \neq 0$이다. 그런데 간혹 학생

이 답을 '$a = 3$, $b \neq 0$'라고 했을 때, 선생님이 틀렸다고 할 수도 있다. 왜냐하면 $a = 3$, $b \neq 0$의 뜻이 '$a = 3$이고 $b \neq 0$', '$a = 3$이거나 $b \neq 0$'를 모두 담고 있고 이 중에서 어느 것을 지칭하지 않았기 때문이다.

이차함수의 기본형 $y = ax^2 (a \neq 0)$을
이해하면 모양이 보인다

함수는 두 변수 x, y사이의 관계이며, "정의역(x축)"과 "공역(y축) 안의 치역"과의 관계라는 대응관계를 아는 것이 처음이고 마지막이다. 이차함수를 잘하는 길을 한마디로 말하면 그래프를 많이 그리는 것이다. 그런데 정의역과 치역의 관계라는 생각이 없이 그림만 그린다면 그냥 미술 시간에 불과하다. 그래프를 그리면서 항상 정의역과 치역의 관계를 잘 생각해야 한다는 말이다. 그래프를 많이 그리다 보면 식만 보고도 머릿속에 이미지가 그려지는데, 그때까지 계속 그래프를 그려야 한다. 이차함수의 문제들을 풀면서 적어도 연습 기간에는 별도로 그래프를 그리라는 말이 없어도 일단 그래프부터 그려야 할 것이다. 그러다 보면 실력이 높아지고 이미지가 떠오르면 그리지 않아도 되지만, 문제가 어렵다는 생각이 든다면 항상 그래프를 그릴 생각을 하고 있어야 한다.

이차함수 $y = ax^2 (a \neq 0)$의 그래프

원래 낯선 함수식의 그래프를 그릴 때는 가장 먼저 점들을 찍어보는 것이고 이 좌표들이 많다면 표를 만들어서 하는 것이다. 그러나 학교에서 할 것이거나 이미 했을 것이므로 여기에서는 그냥 정리만 해본다.

1) 원점을 꼭짓점, y축을 대칭축으로 하는 포물선이다.
2) $a > 0$일 때는 아래로 볼록, $a < 0$일 때는 위로 볼록하다.
3) a의 절댓값이 클수록 폭이 좁아진다.
4) $y = -ax^2$의 그래프와 x축에 대하여 대칭이다.
5) y는 x의 제곱에 비례한다.

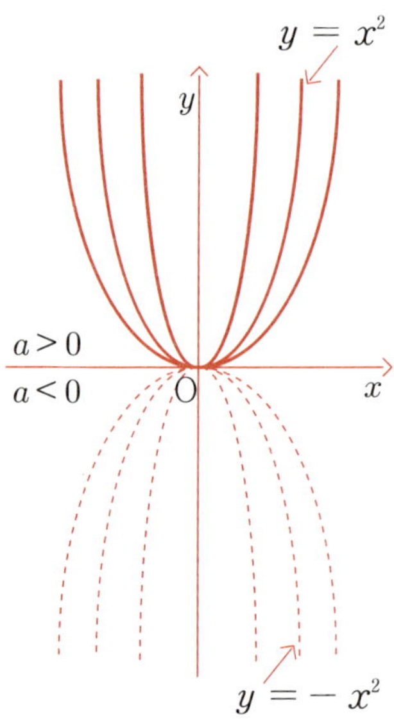

〈$y = ax^2$의 그래프〉

먼저, 위의 내용들을 이해하기 위한 용어들을 설명한다.

원점: 좌표평면에서 원점은 보통 알파벳 $O(Origin$의 첫 글자)라고 표기되며, 좌표로는 $(0, 0)$이다. 그런데 앞서 좌표가 나오면 항상 같은 표현을 동시에 생각하라고 했다. '$x = 0$일 때 $y = 0$'이며 $f(0) = 0$이다.

대칭: 이차함수는 한 번 꺾였다는 것과 선대칭이라는 것이 가장 큰 특징이다. y축을 대칭축으로 한다는 말은 y축에 대하여 대칭의 모양이란 의미다. 미술 시간에 '데칼코마니'라고 해서 도화지의 한쪽 편에만 물감을 칠한 뒤 반을 접어 문지른 다음 펴서 나비 같은 모양을 만든 적이 있을 것이다. 이때 접었다 펴서 도화지에 나타나는 선을 '**대칭축**'이라고 한다. 교과서에서는 대칭축이란 용어 대신에 '축'이라고 한다. 여러분이 이해하기 좋도록 계속 대칭축이라고 표현할 것이다.

꼭짓점: 이차함수에서 꼭짓점의 정의는 '이차함수의 그래프와 대칭축이 만나는 점'이다. 그동안 꼭짓점에 대한 정의는 각, 평면도형, 입체도형 등에서 그 정의가 계속 달라져 왔다. 이것을 귀찮게 생각한 필자가 "직선이나 곡선에서 방향의 전환이 이루어지는 특별한 점"이라고 정리했다. 위 $y = ax^2(a \neq 0)$의 그래프는 원점이 꼭짓점이며, 역으로 '원점을 꼭짓점으로 한다.'라고 하면 즉시 $y = ax^2$이라는 관계식이 떠올라야 한다.

볼록과 오목: 볼록은 도드라지거나 튀어나온 모양이고 오목은 우묵하게 안으로 들어간 모양을 나타내는 말이다. 간혹 이것을 보는 방향 때문에 헷갈리는 학생들이 있다. 같은 U자 모양이라도 위에서 아래의 방향으로 볼 때는 오목하고, 아래쪽의 방향에서 바라보면 볼록하다. '위로 볼록'이란 말은 위의 방향에서 그래프를 바라볼 때 볼록하다는 말이고, '아래로 볼록'이라는 말은 아래의 방향에서 그래프를 바라볼 때 볼록하다는 말이다.

비례한다: 비례식이 성립할 때는 비례한다고 한다. 1부에서 비례한다고 하면 $y = ax$ 라는 관계식을 사용했다. 따라서 $y = ax^2$ $(a \neq 0)$을 'y는 x의 제곱에 비례한다.'고 표현할 수 있다.

<$y = ax^2$의 그래프에 대한 정리>

1) 정의역이 실수 전체이고 치역은 0 이상이다.

2) 이차함수는 항상 ∪, ∩ 모양으로 선대칭도형이다.

3) 당연한 말이지만 그래프의 선이 한 번만 꺾인다.

4) 대칭축이 y축($x = 0$)이다.

5) 꼭짓점이 원점이다.

6) $a > 0$일 때는 원점과 제 1, 2사분면에, $a < 0$일 때는 원점과 제 3, 4사분면에 그려진다.

7) a가 그래프의 모양(폭)을 결정한다(a의 절댓값이 크면 폭이 좁아지고 작으면 넓어진다).

8) $a > 0$일 때, 정의역이 $x \leq 0$인 범위에서 그래프는 오른쪽 아래로 내려가고, $x \geq 0$인 범위에서 오른쪽 위로 올라간다.

9) $a < 0$일 때, 정의역이 $x \leq 0$인 범위에서 그래프는 오른쪽 위로 올라가고, $x \geq 0$인 범위에서 오른쪽 아래로 내려간다.

10) $y = -ax^2$의 그래프는 $y = ax^2$의 그래프를 x축에 대하여 대칭이동시킨 것이다.

예를 들어 이차함수 $y = -3x^2$의 그래프는 정의역이 실수 전체이고 치역은 0 이하이며 원점을 꼭짓점으로 하고 위로 볼록한 모양이다. 직선 $x = 0$, 즉 y축에 대하여 대칭이기 때문에 '절댓값이 같고 부호가 다른 두 수에 대한 함숫값은 같다.'라고 표현할 수 있다. 다대일대응의 함수이며 좀 더 세밀하게 말한다면 2:1 대응의 이차함수다. '대칭'의 설명이 부족한데 이것은 별도로 다루려고 한다. 간혹 문제들에 기울기란 말을 써서 오답으로 이끄는 경우가 있는데 기울기는 직선에서만 있고 포물선과 같은 곡선에서는 기울기라는 것은 없다. 이를 바탕으로 다음 문제를 보자.

∷ 이차함수 $y = -x^2$의 그래프에 대한 설명 중 틀린 것을

찾아라.

① 그래프는 위로 볼록한 포물선이다.

② $x = 0$일 때, $y = 0$이다.

③ x가 어떤 값을 가지더라도 y의 값은 음수이다.

④ $(-1, -1)$을 지난다.

⑤ $x \leq 0$일 때, x의 값이 증가하면, y의 값도 증가한다.

답: ③

관계식 $y = -x^2$만을 보고 원점을 꼭짓점으로 하며 ∩모양인 그래프가 머릿속에 그려지나요? 머릿속에 모양이 그려지지 않는다면 직접 그려가며 문제를 풀어야 한다. 함수에서 가장 중요한 것은 치역이며 문제가 어려워지고 고급인 문제일수록 대칭을 물어보고 싶어 한다. 그래서 그래프에서는 항상 정의역과 치역의 관계를 살펴보는 것이 첫 번째 고려사항임을 기억해야 한다. 이 문제를 대충 보면 보기가 전부 맞는 것처럼 보일지도 모른다. 치역에는 0을 포함해야 하는데 치역이 음수라고 한 ③이 틀린 것이다. 이런 문제를 틀리는 학생들이 치사한 문제라고들 하지만, 부등식에서 '수의 범위'는 그 수를 포함하느냐 그렇지 않으냐가 무척 중요한 관심사이다. 게다가 ③이 틀리지 말라고, ②에서 '$x = 0$일 때, $y = 0$'이라며 함숫값에 0이 있음을 알려주고 있는 것이다.

∷ 이차함수 $y = 2x^2$ 의 그래프에 대한 설명 중 옳은 것을 찾아라.

① x절편은 2이다.

② y절편은 2이다.

③ 기울기는 2이다.

④ x의 값이 2 이상에서 함숫값이 증가한다.

⑤ 대칭축의 방정식은 $x = 2$ 이다.

답: ④

$y = 2x^2$ 의 그래프를 머릿속이든지 어디든지 그리면서 풀고 있지요? 절편은 '축을 끊는 점'이므로 x절편, y절편이 모두 0이다. 앞서 $y = ax^2$ 에서 는 폭을 알려주는 것이며 '기울기'는 직선에서만 사용하는 용어라고 했다. 또 이 그래프는 y축(직선 $x = 0$)을 대칭축으로 하며, 폭이 양수이므로 $x \geq 0$의 범위에서 그래프가 올라간다. 그래서 맞는 답이 하나도 없다고요? $x \geq 0$의 범위에서 그래프가 올라가니 당연히 $x \geq 2$에서도 올라간다. 이것은 지식이 아니라 논리라서 자칫 공부를 열심히 하고서도 틀릴 수 있다. 이러한 당연한 논리는 수학뿐만 아니라 다른 과목에서도 문제에서 자주 활용되므로 반드시 익혀두기를 바란다.

∴ 점 $(a, -36)$이 이차함수 $y = -4x^2$의 그래프 위에 있는 점일 때, a의 값을 구하여라.

답: $a = 3$ 또는 $a = -3$

점 $(a, -36)$은 '$x = a$일 때 $y = -36$'과 같으니 이것을 관계식에 대입하여 $-36 = -4a^2 \Rightarrow a^2 = 9 \Rightarrow a = \pm 3$, 즉 $a = 3$ 또는 $a = -3$이다. 답이 2개라서 이상한가? 이차방정식의 실력이 부족한 학생들이 $-36 = -4a^2$의 식에서 a의 값을 3만 구하는 것을 본다. 이차방정식은 대칭이므로 하나의 함숫값에 대하여 보통 2개의 x의 값을 갖는다.

물음에서 '그래프 위에 있는 점'이라는 말이 있는데, 이때 그래프의 관계식에 점의 좌표를 대입하는 이유에 대해서 잠깐이라고 생각해 보고자 출제했다. 당연하며 생각할 것이 뭐가 있냐고 할지도 모르지만, 수학에서 모든 것이 당연하며 당연하지 않은 것은 없다. 그래프 위의 점이라고 할 때, 관계식에 x좌표와 y좌표를 각각 대입하면 등식이 성립한다. 만약 그래프 밖의 점을 대입하면 어떻게 될까? 등식이 성립하지 않으며 등식이 성립하지 않는다면 좌변이나 우변이 더 크다는 것을 의미한다. 즉 부등식으로 넘어가는데, 이는 고등수학의 영역이므로 일단 여기까지 생각하는 것으로 한다.

∷ 다음 이차함수의 그래프 중에서 포물선의 폭이 가장 좁은
것을 골라라.

① $y = x^2$ ② $y = -\frac{1}{2}x^2$ ③ $y = -\frac{1}{4}x^2$

④ $y = \frac{1}{2}x^2$ ⑤ $y = -3x^2$

답: ⑤

$y = ax^2$ 의 꼴은 포물선의 기본형으로 그래프를 가장 정확하게
그리려고 노력해야 한다. 기본형 이후에 이동한 포물선을 그리면
서도 포물선을 매번 정확하게 그릴 수는 없고, 나중에는 개략적인
모양인 개형을 그려야 한다. 그러므로 기본형에서 최대한 정확하
게 그려서 감각을 키워야 한다. 포물선의 폭은 오로지 a가 결정하
고, 폭이 가장 좁으려면 절댓값이 가장 큰 수여야 한다.

∷ 이차함수 $y = ax^2$ 에서 x의 값이 1에서 3까지 증가할 때,
y의 값은 16만큼 증가한다고 한다. 이때 a의 값을 구하여라.

답: 2

단서가 마치 기울기처럼 주어졌지만 곡선에서는 기울기라는 것은
없다고 했다. x의 값이 1에서 3까지 증가할 때, y의 값은 16만큼 증

가한다고 하는 것에서 $f(3) - f(1) = 16$ 이라는 식을 세운다면 나머지는 암산도 가능하다. 그런데 이것을 잘 모르겠다면 '$x = 1$ 에서의 함숫값'을 $f(1)$로 보지 못한다는 말이다. 설사 보이더라도 낯설게 느껴진다면 1부의 함수를 좀 더 공부해야 할 것이다.

3.4

평행이동을 하여도 모양은 같고
특히 회전하지 않는다

먼저 이동이 무엇인지 파악해 보자. 이동이란 한마디로 말해 '움직인다'는 것이다. 움직임에는 크게 크기나 모양이 바뀌지 않으면서 움직이는 것과 크기나 모양이 바뀌면서 움직이는 것이 있다. 다시 크기나 모양이 바뀌지 않는 이동의 대표적인 것은 합동이고, 크기나 모양이 바뀌는 이동은 닮음, 변환 등이다. 이 중에서 기준이 되는 것은 크기나 모양이 바뀌지 않는 이동이라서 초중고의 수학에서 이들의 이동을 다룬다.

크기나 모양이 바꾸지 않는 이동을 초등학교에서는 밀기, 뒤집기, 돌리기라는 이름으로 배웠다. "그렇구나!"라는 긍정으로 끝내는 것이 아니라 크기나 모양이 바꾸지 않는 이동은 이 세 가지가 전부라고 생각해야 연역적인 공부방법이며, 같은 것을 해도 그 효과가 크다. 이 중 밀기는 무척 쉬웠고, 뒤집기는'데칼코마니'를 생각하면서 쉬워졌을 것이며 돌리기가 가장 어려웠을 것이다. 다행스럽게도 돌리기(회전이동)는 중고등수학에서 거의 다루지 않으므로 안심해도 된다. 만약 중고등학교의 문제에서 회전의 문제가 다루어진다면, 대칭이동으로도 풀리는 문제일 것이다.

그러므로 이 세 가지 중에 중고등학교에서 다루는 것은 두 가지로 평행이동(밀기)과 대칭이동(뒤집기)이다. 평행이동과 대칭이동은 초등학교 때 밀기와 뒤집기로 쉬워했던 것들이므로 학생의 입장에서 이해가 어려운 것은 아니다. 오히려 쉽다고 생각해서 필자의 지도를 잘 따르지 않을 수 있다는 것이 우려된다. 그러나 중학교에서 이동을 대충 이해하고 필자의 지도를 따르지 않으면 고등수학에서는 가장 어려운 킬러 문제로 많이 나온다. 중학생이 처음 이동을 헷달려 하는 것은 밀기, 뒤집기, 돌리기가 섞이기 때문이다. 예를 들어 처음에 포물선의 밀기를 하라고 하면, 많은 학생들이 무의식중에 밀기에다 돌리기까지 하는 것을 본다. 왜냐하면 일상생활에서 사용되는 이동은 밀기, 뒤집기, 돌리기가 단독으로 쓰이는 경우는 거의 없기 때문이다.

무의식중에 일어나는 일을 막는 방법은 오로지 정의대로 하는 것이다. 그러므로 평행이동과 대칭이동의 정의를 외우고 정의대로 푸는 훈련을 해야 하는 것이다. 그런데 이동은 어느 한 단원에서 끝나는 것이 아니라 직선, 포물선, 유리함수, 무리함수는 물론이고 지수로그함수, 삼각함수 등 모든 함수나 도형에 적용되고 나아가 미적분에까지 계속 사용되니 정확하게 배워두면 공부의 양과 어려움을 줄이는 데 큰 도움이 될 것이다. 평행이동은 함수에서 많이 쓰고 있어 걱정되지 않지만, 좌표평면에서의 대칭이동은 외워야 할 것들도 있고 어려운 문제로 들어왔을 때는 최강의 문제가 된다. 대칭이 많이 어려울 때는 고등학교 때이고 지금은 정확하게 필자의 지도를 따르면 된다. 평행이동부터 살펴보자.

<평행이동의 정의>

한 점 또는 도형을 모양과 크기를 바꾸지 않고 x축의 방향과 y축의 방향으로 일정한 거리만큼 옮기는 것이다.

평행이동의 방향을 일상생활처럼 사선으로 이동하지 말고 또 회전하지 말고, 반드시 정의대로 'x축의 방향과 y축의 방향'으로 두 번 평행이동하는 연습을 하기 바란다. 원래 평행이동을 정확하게 이해하려면 좌표축의 이동을 배워야 하는데 이 부분을 배우는 실익이 크지 않아서 다루지 않는다. 다만, 학생들의 이해를 돕기 위해 여러 가지 방법을 모색하겠지만 충분해 보이지는 않는다. 따라서 함수의 그래프를 평행이동 시키는 다음과 같은 방법을 아예 외우자.

외우라고 하니 거부감이 있는 학생들도 많겠다. 수학의 정의는 모두 외워야 하는데, "외우지 말고 이해하라."는 잘못된 말을 하는 사람이 많아서 학생들의 상당수가 착각하고 있다. 이 말은 이해만 해도 외워지는 머리가 좋은 극소수의 사람에게만 해당하고, 보통 사람은 이해하고 나서 외우는 데 한참을 고생하는 것이 정상이다. 수학에서 연산과 개념은 이해하고 외우고 더 나아가서 체화까지 되어야 한다는 것을 반드시 기억해야 한다. 보통 사람에게 외우지 말고 이해하라고 하면 체화로 가는 길을 막았기 때문에 그 말을 그대로 따르면 보통 사람은 모두 폭망이다.

수학의 개념은 천재들이 하나씩 3000년을 만들어서 현재에 이른 것이다. 개념은 일반인이 배우자마자 완전하게 이해할 수 없는 것이 대부분이기 때문에 한약재처럼 오랫동안 우러나올 가능성이 높다. 최대한 이해하였으면 외워야 하고, 문제들을 풀면서 개념을 좀 더 튼튼히 만들어가는 길이 수학의 실력을 높이는 유일한 길이다. 특히 필자가 '대칭이동'을 외우라고 할 때, 학생들이 읽어보고는 "마이너스 부호만 붙이면 되는군요."라고 하거나 대충하고 심지어는 줄여서 말도 안 되게 하는 학생들이 많다. 외울 때는 이해를 위해 주어진 문장을 더 늘이는 것은 가능하나 절대 줄여서는 안 된다. 정의나 정리 등의 개념은 줄일 수 있는 것은 없다. 3000년간 수학자도 못 줄였다. 게다가 실력도 없으면서 줄이게 되면 개념은 모두 빠져나가고 쭉정이만 남게 되어 외우나 마나가 될 것이다.

외워야 하는 이유를 몇 가지만 든다. 첫째, 평행이동의 방법을 가르치지도 않고 설사 가르친다 해도 이해되지 않을 가능성이 높다. 둘째, 이동은 모든 함수에서 이루어지므로 빈도수와 중요도가 높아서 정확하게 할 필요가 있다. 셋째, 평행이동을 이차함수에서만 적용하는 연습을 하니 규칙성을 연습할 수가 없다. 넷째, 나중에는 함수의 관계식들만을 보고 이들의 이동을 알아채야 하기 때문이다. 외우라는 4가지 이유 중에서 필자가 가장 고려를 하는 것은 네 번째의 이유이다. 이것은 마치 함수에 대한 타고난 감각처럼 보이지만 훈련의 결과로도 만들 수 있다고 본다.

평행이동하는 방법이 왜 그렇게 되었는지 약식으로나마 알아보자.

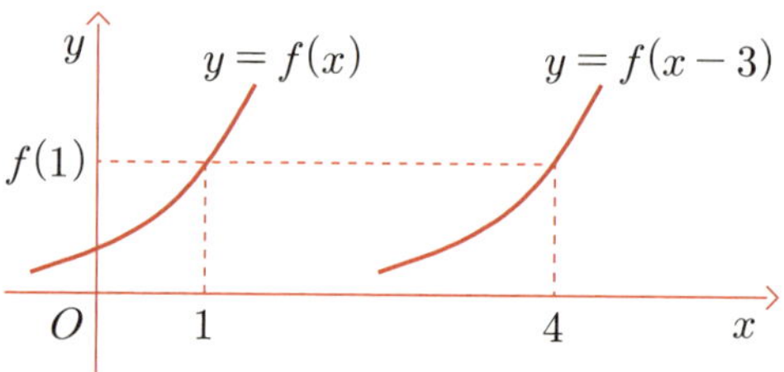

어려운 것은 부호를 바꾸어 대입하는 이유인데, 한마디로 말하면 등식의 성질이다. 함수 $y = f(x)$를 x축으로 3만큼 이동했을 때, y축으로는 이동하지 않았으니 $x = 1$에 대한 함숫값 $f(1)$과 이동한 함수에서 $x = 4$의 함숫값이 같아야 하므로 x 대신에 $x - 3$을 넣어야 한다. 이 설명으로 마음이 승복 되지 않으면 다소 어렵겠지만, 다음의 신좌표와 구좌표의 관계로 다시 이해해도 된다. 예전 수학 교과서에 나왔던 내용으로 지금은 없어졌지만, 이 방법으로 도형의 자취방정식을 구하는 방법으로는 아직도 유용하다. $y = f(x)$의 그래프 위의 임의의 한 점 $P(x, y)$를 x축의 방향으로 m만큼, y축의 방향으로 n만큼 평행이동한 점의 좌표를 $P'(x', y')$라 하면 $x' = x + m$, $y' = y + n$이다. 이것을 점 P의 좌표 x, y에 대하여 나타내면 $x = x' - m$, $y = y' - n$을 대입하여 $y' - n = f(x' - m)$이 된다. 이때 문자에 붙은 프라임 기호($'$)는 원래의 점과 비교하기 위해 붙인 것이므로 이를 떼고 사용한 것이다. 어려웠나? 신좌표와 구좌표에 대한 이해가 더 어렵고 설사 이해가 안 되더라도 괜찮다. 자, 이제 외운 것을 사용해 보자.

:: 다음 식이 나타내는 그래프를 x축의 방향으로 p만큼, y축의 방향으로 q만큼 평행이동 시킨 식을 구하여라.

(1) $ax + by + c = 0$

(2) $y = \dfrac{a}{x}$

(3) $y = ax^2$

(4) $x^2 + y^2 = r^2$

(5) $y = a^x$

답: (1) $a(x - p) + b(y - q) + c = 0$

(2) $y - q = \dfrac{a}{x - p}$ (3) $y - q = a(x - p)^2$

(4) $(x - p)^2 + (y - q)^2 = r^2$ (5) $y - q = a^{x-p}$

그래프를 x축의 방향으로 p만큼, y축의 방향으로 q만큼 평행이동 시키려면, x 대신에 $x - p$를 대입하고 y 대신에 $y - q$를 대입한다. 그런데 평행이동에서 대입을 한꺼번에 할지라도 사선 방향으로 이동하는 것이 아니라 x축 방향으로 1번, y축 방향으로 1번, 즉 2번 이동한다고 생각해야 한다. (1)은 직선의 방정식이고 (2)은 반비례로 고등학교에서는 같은 것을 분수함수라 한다. (3)은 이차함수의 기본형이고, (4)은 원의 방정식이며, (5)는 지수함수인데 이름은 몰라도 된다. 그것이 어떤 방정식이나 함수든지 동일한 규칙을 가진다는 생각을 확실하게 하라는 의미다. 그런데 대입할 때는 괄호가 필요할 때와 그렇지 않을 때가 있어서 구분해야 한다.

기본형 $y = ax^2$ 을 평행이동 하여 얻게 되는 식의 종류에는 $y = ax^2 + q$, $y = a(x - p)^2$, $y = a(x - p)^2 + q$ 가 있다. 그런데 이차함수의 모든 모양은 항상 $y = ax^2 (a \neq 0)$ 과 같다는 사실을 기억해야 한다. 식이 길어지는 것은 평행이동에, 즉 그래프가 어디에 있는지 위치를 알려주기 위해 길어진 것일 뿐이다. 당연히 평행이동에는 대칭이나 회전이 포함되지 않으므로 그래프가 비스듬하게 기울어지는 경우가 없다. 이는 평행이동을 해도 항상 a가 그래프의 모양을 좌우한다는 생각을 변함없이 가져야 한다는 말이다.

<이차함수 $y = ax^2 + q$ 의 그래프>

1) 이차함수 $y = ax^2$ 의 그래프를 y축의 양의 방향으로 q만큼 평행이동한 것이다.

2) y축(직선 $x = 0$)을 축으로 하고, 꼭짓점이 $(0, q)$인 포물선이다.

$y = ax^2 + q$ 를 $y - q = ax^2$ 으로 바꾸고 이들을 서로 비교해 보면 y 대신에 $y - q$ 를 대입한 것이 보인다. 따라서 $y = ax^2 + q$ 는 $y = ax^2$ 의 그래프를 y축의 양의 방향으로 q만큼 평행이동한 것이다. $y = ax^2$ 을 y축의 방향으로 평행이동을 했을 때, 꼭짓점은 $(0, 0)$에서 $(0, q)$로 바뀌지만 대칭축까지 바뀌는 것은 아니다.

<**이차함수 $y = a(x - p)^2$ 의 그래프**>

1) 이차함수 $y = ax^2$ 의 그래프를 x축의 방향으로 p만큼 평행이동한 것이다.

2) 직선의 방정식 $x = p$ 를 대칭축으로 하고, 꼭짓점이 $(p, 0)$인 포물선이다.

$y = ax^2$ 과 $y = a(x - p)^2$ 을 비교해 보면 x 대신에 $x - p$ 를 대입한 것이 보인다. x축의 방향으로 이동하면 y축의 방향으로의 이동과 달리 대칭축이 바뀐다. 그런데 대칭축의 방정식 $x = p$ 에 대하여 어려워하거나 혼동하는 경우가 많다. 2부의 특수한 직선에서 배웠는데 어려우면 해당 부분을 다시 보아야 할 것이다.

<**이차함수 $y = a(x - p)^2 + q$ 의 그래프**>

1) 이차함수 $y = ax^2$ 의 그래프를 x축의 방향으로 p만큼, y축의 방향으로 q만큼 평행이동한 것이다.

2) 직선 $x = p$ 를 대칭축으로 하고, 꼭짓점이 (p, q)인 포물선이다.

$y = a(x - p)^2 + q$ 를 $y - q = a(x - p)^2$ 으로 바꾸고 $y = ax^2$ 과 비교하면 x축의 방향으로 p만큼, y축의 방향으로 q만큼 평행이동한 것이 보인다. x축의 방향으로 p만큼 이동하면서 대칭축의 방정식이 $x = p$로 바뀌었고 꼭짓점은 $(0, 0)$에서 (p, q)로 바뀌게 된다. 교과서에서 배운 내용은 여기까지다. 여기에 하나만 더 추가해서 공부해 보자. 이동으로 만들어지는 것은 아니지만, 이미 인수분해에서 충분히 연습했으므로 생각을 조금만 바꾸면 되고 게다가 고등수학의 어려운 문제에서 유용한 것이다.

<이차함수 $y = a(x - \alpha)(x - \beta)$ 의 그래프>

1) 이차함수의 일반형 $y = ax^2 + bx + c$ 를 인수분해하여 x절편 α, β 가 보이도록 한 것이다. 참고로 α, β 는 그리스문자로 방정식의 해나 도형의 각 등을 표시하는 문자이며 고등에서 많이 사용한다.

2) 필자가 이차함수의 절편형이라고 명명했다.

3) 직선 $x = \dfrac{\alpha + \beta}{2}$ 를 대칭축으로 하고, 꼭짓점이 $\left(\dfrac{\alpha + \beta}{2}, f\left(\dfrac{\alpha + \beta}{2} \right) \right)$ 인 포물선이다.

이제 이차함수의 형태를 정리해 보자.

이차함수의 기본형: $y = ax^2$

이차함수의 표준형: $y = ax^2 + q$, $y = a(x - p)^2$, $y = a(x - p)^2 + q$

이차함수의 일반형: $y = ax^2 + bx + c$

이차함수의 절편형: $y = a(x - \alpha)(x - \beta)$

중3의 이차함수의 문제를 풀 때 기본형, 표준형, 일반형, 절편형 중에 어느 것을 사용하는 것이 좋은지를 판단해야 한다. 특히, 표준형이면 다시 $y = ax^2 + q$, $y = a(x - p)^2$, $y = a(x - p)^2 + q$ 중에 어느 것을 사용해야 하는지를 구분하는 것이 문제해결의 결정적인 경우가 많을 것이다.

일반형의 장단점: 일반형은 꼭짓점이 보이지 않아서 그래프를 그

리기에 적합하지 않지만 y절편이 보이고 x절편을 구하는 데는 표준형보다 낫다. 또 세 개의 일반점이 주어진다면 일반형에서 식을 구해야 한다. 일반형을 보면 무조건 표준형으로 고치는 학생이 많은데 일반형도 나름대로 장점이 있다.

표준형의 장단점: 표준형의 장점은 꼭짓점이나 대칭축이 보여서 한눈에 그래프의 개형이 그려진다는 것이다. 당연히 문제에서 꼭짓점이나 대칭축을 알려주면 표준형을 통해서 문제를 풀어보려고 하는 것이 맞다.

절편형의 장단점: x절편을 2개 알려주거나 함숫값이 같은 경우의 문제에서는 절편형을 사용하고 대칭축을 이용하여 꼭짓점을 구하면 계산이 간단해진다는 장점을 가진다. 절편형은 어려운 고등수학을 대비해서 넣었는데, 고등학교 수학에서도 배우지 않으므로 지금 배워야 한다.

문제를 풀면서 보강해 보자.

:: $y = f(x)$에서 y는 x에 관한 이차함수이고, 꼭짓점은 원점이다. $f(1) + f(2) = 15$일 때, 이 이차함수의 관계식을 구하여라.

답: $y = 3x^2$

'꼭짓점은 원점'이란 힌트에서 기본형 $y = ax^2$ 을 써놓을 수 있다면 문제는 거의 다 푼 것과 마찬가지다. $f(1) + f(2) = a + 4a = 15 \Rightarrow a = 3$ 인데, 이것의 이해가 어렵다면 함수의 개념 자체가 약한 것이니 1부의 함수를 다시 공부해야 한다.

:: 꼭짓점이 (0, 8)이고, 점 (3, 26)을 지나는 이차함수의 관계식을 구하면?

답: $y = 2x^2 + 8$

꼭짓점은 함수의 관계식들을 구분하는 데에 결정적이다. 꼭짓점은 대칭축과 최솟값을 알려준 것이기에 일반점 2개의 값어치가 있다. 꼭짓점이라는 말에서 표준형을 사용해야 한다는 것을 말하고 그 중에서 꼭짓점의 x좌표가 0이므로 $y = ax^2 + q$ 가 나오고, y좌표가 8이므로 $y = ax^2 + 8$ 이 나와야 한다. 이제 한 점 (3, 26)을 이용하여 a의 값을 구하면 $26 = 9a + 8 \Rightarrow a = 2$ 이므로 답은 $y = 2x^2 + 8$ 이다.

:: 대칭축의 방정식이 $x = -2$ 이고, x축과 접하며, y절편이 -2인 이차함수의 관계식을 구하여라.

답: $y = -\dfrac{1}{2}(x+2)^2$

'대칭축의 방정식이 $x = -2$'에서 x축의 방향으로 -2만큼 평행이동했다는 것을, 'x축과 접하며'에서 y축의 방향으로는 평행이동하지 않았음을 알아야 한다. 이것을 알아야 꼭짓점의 좌표가 $(-2,\ 0)$이라는 것을 알 수 있다. 또 'y절편이 -2'에서 $(0, -2)$라는 그래프 위의 한 점을 알아낼 수 있다. $y = a(x+2)^2$에 점 $(0,\ -2)$을 대입하면 $-2 = 4a \Rightarrow a = -\dfrac{1}{2}$이 되어 답은 $y = -\dfrac{1}{2}(x+2)^2$이다.

:: 이차함수 $y = 3x^2$의 그래프를 x축의 방향으로 1만큼, y축의 방향으로 -4만큼 평행이동하면 점 $(-1, a)$를 지난다. 이때 상수 a의 값을 구하여라.

답: 8

$y = 3(x-1)^2 - 4$에서 $(-1,\ a)$를 대입하면 $a = 3(-1-1)^2 -4 \Rightarrow a = 8$이다. 한 문제만 더 풀어보자.

:: 이차함수 $y = -2x^2 + 1$의 그래프를 x축의 방향으로 k만큼, y축의 방향으로 $k + 1$만큼 평행이동하면 꼭짓점의 좌표가 직선 $y = -2x + 8$ 위에 있게 된다고 할 때, k의 값을 구하여라.

$y = -2x^2 + 1$을 조건에 맞게 평행이동하려면 x 대신에 $x - k$ 를 대입하고, y 대신에 $y - k - 1$을 대입하면 된다. $y - k - 1 = -2(x - k)^2 + 1 \Rightarrow y = -2(x - k)^2 + k + 2$ 이므로 꼭짓점은 $(k, k + 2)$가 된다. 이 꼭짓점이 $y = -2x + 8$ 위에 있다고 했으니 역시 대입하면 $k + 2 = -2k + 8 \Rightarrow k = 2$ 다. 그런데 이미 주어진 함수 $y = -2x^2 + 1$의 꼭짓점이 $(0, \ 1)$임을 알고 있으므로 그냥 꼭짓점을 이동시키는 것이 빠르다. 점 $(0, \ 1)$을 x축의 방향으로 k만큼, y축의 방향으로 $k + 1$만큼 평행이동하면 곧바로 $(k, k + 2)$라는 것을 알 수 있다.

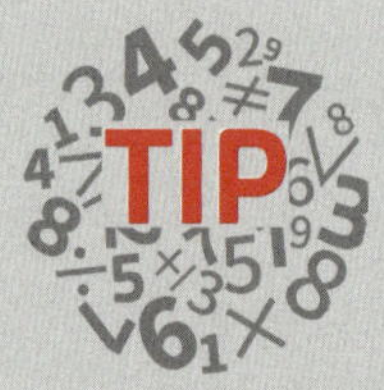

개형을 많이 그려도 여전히 함숫값을 모를 수 있다

필자는 함수의 그래프를 많이 그려야 한다고 귀가 따갑도록 잔소리를 하고 있다. 몇 년 전 직접 수백 명의 학생에게 며칠에 걸쳐 일차함수와 이차함수의 그래프를 각각 100개씩 그리도록 지도한 적이 있었다. 함숫값과 그래프와의 관계를 열심히 설명하고 시켜도, 며칠만 지나면 귀찮은 많은 학생들이 지도한 것과는 다른 작업을 한다. 예를 들어 그래프를 자를 대고 그리거나 함수의 좌표들을 많이 써가는 연습 등은 의미가 없다. 심지어는 보조 선생님들조차 학생과 틀린 작업을 공동으로 하고 있는 것을 보면 참으로 난감하다. 함수의 그래프를 그리는 의도는 정성껏 그래프를 잘 그리려는 것이 아니다. 말 그대로 함숫값을 생각하고 그래프를 개형으로 빨리 그리고 함숫값과의 관계를 생각할 수 있어야 올바른 훈련이다.

우선, 그래프를 빨리 그리려고 개형을 공부하는 것이다. 직선의 그래프를 정성껏 자를 대고 그리는 것이 아니라 y절편 찍고 기울기를 이용하여 또 다른 점을 구하여 직선의 결정조건을 충족하면 된다. 이차함수도 꼭짓점을 구하고 폭인 a를 기준으로 대충 그리는 것이 개형이다. 좀 더 자세하게 그리려고 한다면, 절편들을 구해서 표시하는 정도면 된다. 이렇게 관계식만을 보고도 머릿속에 개형이 들어왔다면 더 이상은 필요 없다. 중요한 것은 함숫값이다. 또 역으로 함숫값에 따른 x의 값 또는 함숫값이 0보다 크거나 작을 때의 x의 범위 등을 자유자재로 혼동 없이 사용할 수 있어야 한다. 심지어 2~3등급을 받는 고2와 고3의 학생들조차 함숫값을 혼동하는 것으로 보인다. 함숫값에 대한 인식을 정확하게 하지 않으면 개형을 많이 그려도 노력이 반감된다. 함수의 개형을 그렸다면 그 개형을 가지고 다음과 같은 함숫값이나 정의역의 범위를 연습하기 바란다.

<일차함수와 이차함수의 그래프를 보면 다음의 함숫값 연습하기>

$f(-2)$: -2에 대한 함숫값이 y축에 찍히는 점

$f(0)$: 0에 대한 함숫값이 y축에 찍히는 점

$f(3)$: 3에 대한 함숫값이 y축에 찍히는 점

$f(x)$: x에 대한 함숫값이 y축에 찍히는 점

$f(x) = 0$: x에 대한 함숫값이 y축에 찍히는 점이 0일 때의 x의 값들

$f(x) > 0$: x에 대한 함숫값이 y축에 찍히는 점이 0보다 클 때의 x의 값의 범위

$f(x) < 0$: x에 대한 함숫값이 y축에 찍히는 점이 0보다 작을 때의 x의 값의 범위

함숫값이 y축에 있다는 것은 기억하지요? 위 함숫값을 표현하는 말들이 번거롭고 과장되었다고 생각하지 말고, 실력을 갖추기까지는 함수의 그래프를 볼 때면 항상 위 연습을 지속하기 바란다. 그래프를 수도 없이 그리고, 그다음에 이차함수와 직선을 동시에 그려서 그들 간의 관계를 파악하는 것이 중요하다. 그래도 여유가 생

긴다면 절댓값 표시를 해서 그릴 수 있다면 너무 좋겠다(4부 참조). 중학교 방정식의 심화 문제는 대부분 계수에 미지수가 있는데 이들의 풀이를 해답지 방법대로 하지 말고 독자적으로 함수의 그래프를 그리면서 이해하기 바란다. 그러면 그 누구보다 고등수학을 잘 준비했다고 본다.

3.5

점의 대칭이동을 통해
대칭이동을 이해한다

이차함수를 통해 가장 많이 연습해야 하는 것은 단연코 평행이동
이다. 그런데 x축이나 y축에 대하여 대칭이동시킨 것들을 묻는 문
제가 간혹 나온다. 간혹 나오므로 자칫 중요하지 않은 것으로 오해
할 수 있지만, 수학을 잘해야겠다고 마음먹은 학생이라면 '대칭'에
대하여 철저하게 해야 한다. 평행이동은 빈도수가 높지만 역시 대
부분의 학생들도 할 수 있으므로 변별력은 없다. 설사 평행이동이
어려워진다 해도 관계식들 간의 관계를 알아서 이동의 경로를 아
는 수준이면 된다. 그러나 대칭은 다르다. 평행이동보다 어렵고 공
부의 분량도 많다. 중학수학에서 다루는 대칭은 수준이 낮지만, 고
등수학에서의 요구수준이 너무 높다. 이 책이 요구하는 수준까지
중학수학의 수준보다 약간 수준을 높여서 고등수학을 공부할 때

부드럽도록 해야 한다.

중요하다면 "수능시험에 나오느냐?"라는 질문들을 하는데, 대칭은 수능에 무조건 나온다. '대칭'은 초딩 때 '선대칭'과 '점대칭' 그리고 '대칭인 도형'과 '대칭의 위치에 있는 도형'(현재 초등수학 교과서에서 삭제)을 배웠다. 어찌 보면 이것이 앞으로 배워야 내용의 전부다. 다만, 중고등수학에서는 이것을 좌표평면 위에 올려놓는다는 점에서 다르다. 중학교에서 다루는 '선대칭인 도형'의 예가 이차함수의 그래프를 y축에 대한 대칭이동이 전부이다 보니 쉬워서 임팩트가 없어 보인다. 쉽다고 여기며 대충 연습하지 말고 중요성을 인식하여 보다 체계적으로 공부하기 바란다.

이제 좌표평면에서 대칭이동을 어떻게 하는지에 대하여 배워보자. 함수의 그래프는 모두 하나하나의 점으로 이루어져 있다. 가장 먼저 x축이나 y축을 대칭축으로 하는 선대칭이동을 이해해야 한다. 그러기 위해서는 좌표평면에 한 점을 찍고 이것을 x축, y축을 대칭축으로 대칭이동하는 연습을 해야 한다. (3, 2)란 점이 있을 때, x축에 대하여 대칭이동시킨 점은 (3, −2)가 된다. x좌표는 변함이 없는데 y좌표는 부호가 반대가 된다. 즉 x축에 대칭인 그래프는 y 대신에 −y를 대입하면 된다. 이번에는 (3, 2)를 y축에 대하여 대칭이동하면 (−3, 2)로 x좌표만 부호가 바뀐다. 따라서 그래프를 y축에 대하여 대칭이동시키려면 x 대신에 $-x$를 대입하면 된다. (3, 2)를 x축과 y축에 대하여 각각 한 번씩 대칭이동하면 (−3, −2)가 되는데 이것은 원점에 대하여 대칭이동한 것이다. 이해가 되지 않는다면 직접 좌표평면에 (3, 2)를 찍고 확인하기 바라며, 이해가 되었다면 다음을 외워서 언제라도 사용할 수 있도록 하기 바란다.

<대칭이동의 식변형>

그래프를 x축에 대하여 대칭이동시키려면 관계식에 y 대신에 $-y$를 대입하고, y축에 대하여 대칭이동시키려면 관계식에 x 대신에 $-x$를 대입한다. 원점에 대하여 대칭이동시키려면 x 대신에 $-x$, y대신에 $-y$를 대입한다.

"왜 이리 길어? 공통점을 찾아보자!"라고 생각한 것은 아니겠지? 이런 생각이 들까 봐 미리미리 외우라고 했다. "너무 기니 그냥 마이너스를 붙이자!"로 정리한다면, 중학교는 어떻게 넘어갈 수도 있지만 고등수학부터는 대칭이 치명적이게 될 것이다. 또 위 내용을 더 간단하게 만들어서 외워도 안 된다. 생략한 만큼 오답에 시달리게 될 것이다.

x축과 y축에 대하여 대칭이동은 선대칭이고 그 직선이 각각

$y = 0$ 과 $x = 0$ 이다. 고등수학에서는 대칭축의 방정식이 $x = k$, $y = k$, $y = x$, $y = -x$, $y = ax + b$ 로 점차 일반화가 된다. 그리고 원점 $(0,0)$ 에 대한 점대칭도 $x = a$, $y = b$ 에 대한 대칭이동을 이해하여 (a,b) 라는 일반점에 대한 대칭이동으로 점차 일반화되어 간다. 고등수학의 대칭은 외워야 할 것들이 많은데, 여기에 기본이며 충분히 연습 기간이 필요한 중학 수학의 대칭을 고등에서 추가할 여지는 없다. 충분히 공부하지 않으면 고 2~3에서 함수의 극한이나 미적분에서 고1에서 배운 대칭이동을 이용해야 하는 문제를 만났을 때 난감해진다. 여기에 고등 함수의 대칭이동에서는 '대칭인 도형'과 '대칭의 위치에 있는 도형'을 헷갈리는 경우가 많다. 게다가 평행이동에서도 마찬가지였지만 대칭이동도 관계식들만을 보고 이들이 갖는 특징을 알아내야 하기 때문이다. 이처럼 개념을 튼튼히 하는 것이 필자가 보기에는 정말 많은 시간이 걸린다. 그런데 선생님들이 5분 설명하고 "얘들아, 이해했지?"라며 문제들을 풀리는 것을 보면 아연실색하지 않을 수 없다.

:: 다음 <보기>에서 이차함수 $y = -\dfrac{1}{3}x^2$ 에 대한 설명으로 옳은 것을 모두 고른 것은?

Ⅰ. 원점을 지나는 직선이다.　Ⅱ. 위로 볼록한 포물선이다.

Ⅲ. $y = \dfrac{1}{3}x^2$ 과 x축 대칭인 그래프다.

Ⅳ. 꼭짓점의 좌표는 $\left(-\dfrac{1}{3}, 0\right)$ 이다.

① Ⅰ, Ⅱ　② Ⅰ, Ⅲ　③ Ⅱ, Ⅲ　④ Ⅱ, Ⅳ　⑤ Ⅲ, Ⅳ

답: ③

학생들이 대칭과 관련하여 처음 접하게 되는 문제가 이러한 종류의 문제일 가능성이 높다. 이때 $y = -\dfrac{1}{3}x^2$ 와 $y = \dfrac{1}{3}x^2$ 이 x축 대칭이라는 것을 보고 '음, 최고차항에 마이너스를 붙이는 것이군!' 하고 잘못 정리한 학생들이 많다. 대칭이동의 식변형을 확실하게 외우고 자꾸 그래프를 통해 확인해야 한다.

∴ 함수 $y = 2x^2 + 1$ 의 그래프를 x축에 대하여 대칭인 그래프의 관계식을 구하여라.

답: $y = -2x^2 - 1$

$y = 2x^2 + 1$ 에서 x축에 대하여 대칭이동시키면 y 대신에 $-y$ 를 대입하여 $-y = 2x^2 + 1 \Rightarrow y = -2x^2 - 1$ 이다. 그런데

위 문제에서처럼 마이너스만을 외운 학생들이 $y = -2x^2 + 1$ 이라는 오답을 내곤 한다. 정의대로 정확하게 외우고 정확하게 실행해야 하지만, 만약 틀렸다면 벌로써 $y = 2x^2 + 1$ 와 $y = -2x^2 - 1$ 의 그래프를 직접 그려서 x축에 대하여 대칭인 것을 확인해야 한다.

::함수 $y = -4x^2$ 의 그래프를 y축의 방향으로 3만큼 평행이동한 후, 다시 x축에 대하여 대칭이동한 그래프의 식을 구하여라.

답: $y = 4x^2 - 3$

$y = -4x^2$ 을 y축으로 3만큼 이동하면 $y = -4x^2 + 3$, 다시 대칭이동하면 $-y = -4x^2 + 3$ 이 된다. 이때도 연습이 부족하면 $y = 4x^2 + 3$ 이라는 오답을 만들어낸다.

y축에 대하여 대칭이동한 식 변형을 하려면 x 대신에 $-x$를 대입하면 되는데, x축에 대한 대칭이동에 비해 약간 생각해야 할 것이 있다. 예를 들어 $y = (x - 3)^2$ 의 그래프에서 x 대신에 $-x$를 대입하면 $y = (-x - 3)^2 = (x + 3)^2$ 이라는 y축에 대해 대칭이동한 그래프를 얻게 된다. 지수법칙인 $(ab)^2 = a^2 b^2$ 를 이용한 것이다. 고등에서는 설명하지 않으니 나중을 위해 좀

더 설명하면 $(-x-3)^2 = \{-(x+3)\}^2 = \{-1 \times (x+3)\}^2 = (-1)^2 \times (x+3)^2$ 이다. 특히 대칭축이 y축인 포물선은 대칭이동을 해도 변함이 없다. 예를 들어 $y = \frac{1}{2}x^2$ 에서 x 대신에 $-x$ 를 대입하면 $y = \frac{1}{2}(-x)^2 = \frac{1}{2}x^2$ 처럼 원래와 같기 때문이다. 확인 문제를 풀어보자.

∴ 이차함수 $y = 3(x-2)^2 + 2$ 의 그래프와 y축에 대하여 대칭인 관계식을 구하여라.

답: $y = 3(x+2)^2 + 2$

x 대신에 $-x$를 대입하여 답을 $y = 3(-x-2)^2 + 2$ 라고 했나요? 답이 틀린 것은 아니지만 보기에 없을 것이다. $(-x-2)^2$ 을 $(x+2)^2$ 으로 바꿔야 하는데, 전개시켰더니 같더라는 등 그 이유를 잘 모르는 학생들이 많다. $(-x-2)^2 = \{(-1)(x+2)\}^2 = (-1)^2(x+2)^2 = (x+2)^2$ 이기 때문이다.

<평행이동과 대칭이동의 정리>

1) 평행이동과 대칭이동은 크기나 모양이 변하지 않는다.

2) 같은 도형이라도 대칭이동한 것이 평행이동으로는 겹쳐지지 않

을 수 있다.

3) 평행이동에서 이동은 x축의 방향과 y축의 방향으로 두 번 이동한다. 똑똑한 학생들이 한 번에 사선 방향으로 움직이려다가 어려움을 겪는다.

4) 선대칭의 위치에 있는 두 대응점을 이으면 대칭축을 수직이등분한다.

5) 문제에서 무엇을 기준으로 무엇이 움직이는지를 살펴보아야 한다. 즉 기준을 찾아야 하는데 기준이 되는 것에는 보통 '~에 대하여'라는 말이 붙는다.

6) '선대칭도형'과 '선대칭의 위치에 있는 도형'은 다른 말이다. 선대칭도형은 대칭축을 중심으로 접어서 겹치는 것이고, '선대칭의 위치에 있는 도형'은 대칭축을 기준으로 대칭이동하였을 때 움직이기 전과 움직인 이후의 도형으로 구분된다.

7) 점대칭의 정의는 "대칭의 중심을 기준으로 180도 회전시키는 것"이다.

8) 점대칭도형의 특징은 대응변이 평행하다는 것이다.

9) 점대칭과 선대칭의 공통점은 기준이 되는 선이나 점에서의 거리가 같다는 것이다.

10) 마찬가지로 '점대칭도형'과 '점대칭의 위치에 있는 도형'은 다르다.

<h1 style="text-align:center">3.6</h1>

<h1 style="text-align:center">이차함수의 그래프는
표준형이 그리기 쉽다</h1>

앞서 말했지만, 일반적으로 쓰고 있는 $y = ax^2 + bx + c$ 꼴을 일반형이라 하고, 꼭짓점의 좌표를 알 수 있는 $y = ax^2$ 꼴은 기본형, $y = a(x - p)^2 + q$ 등은 표준형이라고 한다. 함수의 그래프를 그리는데 가장 손쉬운 방법은 꼭짓점을 이용하는 것이다. 먼저 일반형을 꼭짓점이 보이는 표준형으로 바꾸어 보고, 이들 간의 차이를 알아보자.

$$y = ax^2 + bx + c$$
$$\Rightarrow y = a\left(x^2 + \frac{b}{a}x + \frac{b^2}{4a^2}\right) - \frac{b^2}{4a} + c$$
$$\Rightarrow y = a\left(x^2 + \frac{b}{2a}\right)^2 + \frac{-b^2 + 4ac}{4a}$$

일반형을 표준형으로 바꾸는 것은 근의 공식을 유도하는 방법과 유사하다. 완전제곱의 꼴로 바꾸기 위해 x^2의 계수를 1로 바꾸고 x의 계수를 '반의 제곱'을 사용하는 것까지는 동일하지만, 함수에서는 등식의 성질이 아니라 필요한 것을 하고 다시 원상회복을 위한 조치를 취한다. 즉 곱했으면 나누고 더했으면 다시 빼준다는 말이다. 계수가 상수로 되어 있는 것도 연습해야 하지만, 위처럼 계수가 문자로 되어 있는 것을 몇 번은 연습하는 것이 더 어렵지만 효과적이다.

이제 일반형과 표준형 간의 차이점을 알아보자. 우선 공통점은 위에서 보듯이 일반형을 표준형으로 바꾸어도 x^2의 계수인 a가 바뀌지 않는다. a는 원래 이차함수 그래프의 폭을 결정하는데 당연히 이것이 바뀌면 안 되겠지요? 차이점이라고 했지만, 현실적으로는 항상 선택이 문제이니 선택에 필요한 각각의 장점을 알아보자.

⟨일반형 $y = ax^2 + bx + c$의 장점⟩

1) y절편 c가 보인다.

2) 표준형보다는 x절편을 구하기 쉽다. $y = 0$을 대입한 이차방정식 $ax^2 + bx + c = 0$를 인수분해나 근의 공식을 통해 얻은 x의 값이 x절편이다.

〈표준형 $y = a\left(x^2 + \dfrac{b}{2a}\right)^2 + \dfrac{-b^2 + 4ac}{4a}$ 의 장점〉

1) 꼭짓점이 $\left(-\dfrac{b}{2a}, -\dfrac{b^2 - 4ac}{4a}\right)$ 이다.

2) 대칭축의 방정식은 $x = -\dfrac{b}{2a}$ 이다.

3) a의 양수 또는 음수인지에 따라 달라지지만 함숫값 중에 가장 작은 것이나 큰 것이 $-\dfrac{b^2 - 4ac}{4a}$ 이다.

〈절편형 $y = a(x - \alpha)(x - \beta)$의 장점〉

1) a의 부호에 따라 함숫값이 양수이거나 음수인 x의 범위가 보인다.

2) 대칭축의 방정식은 $x = \dfrac{\alpha + \beta}{2}$ 이다.

3) 꼭짓점이 필요하면 $\left(\dfrac{\alpha + \beta}{2}, f\left(\dfrac{\alpha + \beta}{2}\right)\right)$로 구하면 된다.

일반형, 표준형, 절편형의 공통점은 모두 a가 모양을 결정한다는 것이다. 학생들이 그래프를 그리기 위해 무조건 일반형을 표준형으로 고치는 것을 본다. 각각의 장점이 다르다. 함수의 그래프를 그리는 데는 표준형이 좋지만, 인수분해가 쉽거나 함숫값이 양수이거나 음수인 범위를 아는 것은 절편형이 좋다. 일반형도 y절편을 구하는 데에 장점이 있다. 그러므로 무조건 표준형으로 바꾸지 말고 잠깐 어떤 형태가 좋은지 생각하라는 말이다.

∷ 다음 이차함수를 표준형 $y = a(x-p)^2 + q$ 의 꼴로 고쳐라.

(1) $y = 2x^2 + 6x + 5$

(2) $y = -\dfrac{1}{2}x^2 + 2x + 1$

답: (1) $y = 2\left(x + \dfrac{3}{2}\right)^2 + \dfrac{1}{2}$ (2) $y = -\dfrac{1}{2}(x-2)^2 + 3$

(1) 많은 학생들이 $y = 2x^2 + 6x + 5$를 표준형으로 바꾸면서 곧장 $y = 2\left(x + \dfrac{3}{2}\right)^2 + \square$ 꼴의 상수항을 암산하려고 하지만 잘되지 않거나 오답이 나온다. 가장 먼저 $y = 2x^2 + 6x + 5$에서 최고차항을 1로 바꾸기 위해 2로 묶는데 이때 상수항까지가 아니라 일차항까지만 묶은 뒤에 $y = 2(x^2 + 3x \cdots$ 로 놓는다. 그다음 x의 계수 3의 반의 제곱 $\dfrac{9}{4}$를 더하고 괄호를 해주고 $-\dfrac{9}{4}$는 2를 곱해서 괄호 밖에 써주면 $y = 2(x^2 + 3x + \dfrac{9}{4}) - \dfrac{9}{2} \cdots$ 가 된다. 이제 원래부터 있었던 상수항을 더하면 $y = 2\left(x^2 + 3x + \dfrac{9}{4}\right) - \dfrac{9}{2} + 5$ 이 표준형이다. 여기까지만 쓰면 더 이상 정리하지 않아도 꼭짓점 $\left(-\dfrac{3}{2}, \dfrac{1}{2}\right)$가 보인다. 그러니 요구할 때까지는 $y = 2\left(x + \dfrac{3}{2}\right)^2$

$+\dfrac{1}{2}$ 라고 마지막까지 정리할 필요가 없다.

(2) $y = -\dfrac{1}{2}x^2 + 2x + 1 \Rightarrow y = -\dfrac{1}{2}(x^2 - 4x + 4) + 2 + 1$로

바꾸면 되니 한 줄만 쓰면 된다. 그런데 2를 $-\dfrac{1}{2}$로 나누는 과정에서 오답이 많이 나오니 연습이 필요하다. $-\dfrac{1}{2}$로 나누기 위해서는 '$-\dfrac{1}{2}$의 역수'를 곱해주어야 한다. 역시 꼭짓점만을 필요로 한다면 $y = -\dfrac{1}{2}(x - 2)^2 + 3$까지 정리할 필요는 없다.

∷ **이차함수 $y = -2x^2 + 4x + a - 1$의 그래프가 x축과 접할 때, 상수 a의 값을 구하여라.**

답: -1

그래프가 x축과 접하려면 기본형에서 x축으로만 평행이동하고 y축의 방향으로 평행이동하지 않았다는 말이다. 표준형으로 보면 $y = a(x - p)^2$의 꼴로 꼭짓점의 y좌표가 0이어야만 한다. $y = -2x^2 + 4x + a - 1$을 표준형으로 바꾸면 $y = -2(x^2 - 2x + 1) + 2 + a - 1$이고 꼭짓점의 y좌표가 0이어야 하므로 $2 + a - 1 = 0 \Rightarrow a = -1$이다.

<h1 style="text-align:center">3.7</h1>

<h1 style="text-align:center">이차함수의 그래프는
세 점만 있으면 된다</h1>

이차함수의 다양한 문제들을 접하면서 어떤 생각을 가져야 하는지 정리하려고 한다.

기본형: $y = ax^2$

표준형: $y = ax^2 + q,\ y = a(x - p)^2,\ y = a(x - p)^2 + q$

일반형: $y = ax^2 + bx + c$

절편형: $y = a(x - \alpha)(x - \beta)$

이차함수의 관계식 $y = a(x - p)^2 + q,\ y = ax^2 + bx + c,$ $y = a(x - \alpha)(x - \beta)$ 꼴의 공통점은 변수 $x,\ y$를 제외한 미지수 계수의 개수가 모두 3개씩이다. 다항방정식에서 미지수의 값을 구하려면 미지수의 개수와 식의 개수가 같아야 한다. 만약 미지수의 개수가 더 많다면 부정방정식이 된다고 한 것이 기억나나요? 함수식에서 하나의 좌표는 하나의 식을 만들 수 있다. 따라서 일반적으로 이차함수식을 구하려면 3개의 점을 알려주어야 한다. 물론 기본형 $y = ax^2$과 표준형 $y = ax^2 + q$, $y = a(x - p)^2$은 미지수의 개수가 적으니 1~2개의 점만 알려주어도 된다. 그러므로 문제가 요구하는 상황을 정확하게 인지하여 구하려는 관계식 써 놓아야만 한다.

일반적으로 3개의 점을 알려주면 무조건 이차함수를 구할 수는 있는데, 앞서 필자가 절편을 점으로 인식하자고 했던 것을 기억해야 한다. 또 꼭짓점은 아주 특별한 점이라서 다른 점 2개의 값어치가 있다. 이차함수의 다양한 상황에서도 가장 먼저 꼭짓점을 찾아야 하고, 꼭짓점을 알려주는 다양한 상황도 인지하고 있어야 한다. 그리고 대칭축을 하나의 방정식으로 인식해야 한다.

그다음에는 절편형을 생각했으면 좋겠다. 절편형은 학교 교육과정에는 없는 것이지만, 고등수학에서 설명도 없이 해답지에 사용되는 것은 물론이고 더 확장되어 여러 심화 문제에 사용된다. 절편형을 익히면 당장 중학수학 문제가 쉽게 풀리는 경우도 있지만, 이보다는 함수와 방정식의 관계를 위해서 또 나중에 고등수학을 위한 연습이라는 관점에서도 절편형을 익혀두는 것이 좋다. 앞서 일반형은 이미 눈에 y절편은 보이고 x절편은 $y = 0$일 때의 x의 값으로 $ax^2 + bx + c = 0$으로 이 방정식을 인수분해한 방정식 $a(x - \alpha)(x - \beta) = 0$의 해를 $x = \alpha, \beta$로 보겠다는 것이다. α, β는 아직은 낯설겠지만 그리스 문자로 앞으로 방정식의 해를 고등수학에서는 이렇게 표현하는 경우가 많다. 이것이 어떻게 사용되는지 관련 문제들을 풀어보고 다음 내용을 정리하기 바란다.

<문제가 주는 조건에 따른 이차함수식>

1) 꼭짓점이 주어진다면: 기본형 또는 표준형

2) y절편이 주어진다면: 일반형 또는 한 점으로 사용

3) 대칭축이 주어진다면: 표준형 또는 절편형

4) 보통점 3개가 주어진다면: 일반형

5) x절편이 주어진다면: 절편형 또는 한 점으로 사용

6) y좌표가 같은 두 점이 주어진다면: 절편형

먼저, 보통점 3개가 주어진 문제부터 풀어보자. 직선은 두 점만 있으면 되는데 비해 이차함수는 세 점이 필요하다. 세 점이 주어진다면 세 개의 식을 만들 수 있어서 표준형이든 일반형이든 계수들을 전부 구할 수 있다.

: : 두 점 (2, 4), (3, 15)와 원점을 지나는 이차함수의 관계식을
구하여라.

답: $y = 3x^2 - 4x$

세 점을 알려 주었으니 일반형이나 표준형이나 아무거나 사용해
도 되겠지만, 보통점들을 알려주는 것은 일반형이 좋다. 원점을 지
난다고 하면 무조건 기본형이 생각나는 친구들이 있다. 직선의 기
본형을 공부하면서 생기는 오류다. 원점을 지난다고 했지 이차함
수의 꼭짓점이라고 하지는 않았다. 일반형에서 x좌표가 0인 점
은 y절편이다. 당연히 따라서 원점은 y절편이 0이 된다. 일반형
$y = ax^2 + bx + 0$에서 (2, 4)를 대입한 $4 = 4a + 2b$, (3,
15)를 대입한 $15 = 9a + 3b$라는 2원일차연립방정식을 연립하
여 풀면 $a = 3, b = -4$이다.

보통 꼭짓점이 아닌 일반점 3개를 주면서 관계식을 구하라는 문제
는 미지수 3개의 연립방정식을 풀어야 하는데, 이는 필요 이상으
로 노가다를 하게 된다. 따라서 세 점을 주는 경우, 출제자가 배려
차원에서 이 문제처럼 y절편을 알려주거나 아니면 x절편 2개를 알
려주게 된다. 그래서 x절편 2개를 알려주는 경우는 절편형으로 풀
라고 한 것이다. 정리하면 세 점이 주어지는 경우는 일반형으로 풀
어야 하는데 그 중에 'x절편 2개'를 알려주면 절편형을 이용하라는

것이다.

∴ : x에 관한 이차함수 $y = ax^2 + bx + c$ 의 그래프에서 x절편이 $-2, 4$이고 y절편이 -8일 때, 상수 a, b, c의 곱 abc의 값을 구하여라.

답: 16

절편만 3개를 알려주었다. 앞서 절편은 점이고, 어떤 점이든지 점 3개를 알려주면 항상 함수의 관계식에서 모든 계수를 구할 수 있다고 했다. 모두 좌표로 바꾸면 $(-2, 0)$, $(4, 0)$, $(0, -8)$이고 이 점들이 그래프 $y = ax^2 + bx + c$ 위의 점들이니 대입하면 $0 = 4a - 2b + c$, $0 = 16a + 4b + c$, $-8 = c$ 라는 3원일차연립방정식이 만들어진다. 중2 수학에서 2원일차연립방정식까지 배웠으니 3원일차연립방정식도 배우지 못한 것이다.

고등수학에서도 사용될 것이니 간단하게만 정리한다. 미지수가 3개이므로 없애기 좋은 미지수를 선정한 뒤 그 미지수만 소거하여 2원일차연립방정식을 만드는 방법이다. $0 = 4a - 2b + c$, $0 = 16a + 4b + c$, $-8 = c$에서는 $-8 = c$를 앞의 두 식에 대입하면 된다. 이처럼 연립하면 a, b, c의 값을 구할 수 있다.
이 방법도 알아야겠지만 무언가를 배운다는 것은 편리함을 익히는 것이다. 번거로운 미지수 3개인 연립방정식을 푸는 대신에 앞서 우리가 배웠던 절편형을 이용해 보자. 이차항의 계수가 a이고 x절편이 -2, 4이므로 $y = a(x+2)(x-4)$이다. 이제 y절편을 점으로 보고 $(0, -8)$을 대입하면 $a = 1$이다. 이제 $y = (x+2)(x-4)$를 전개하여 얻은 식이 $y = x^2 - 2x - 8$이니, $abc = 1 \times (-2) \times (-8) = 16$이다.

∴ 세 점 $(-2, 0)$, $(4, 0)$, $(0, -8)$을 지나는 x에 관한 이차함수 $y = ax^2 + bx + c$의 그래프에서 꼭짓점의 좌표를 구하여라.

답: $(1, -9)$

바로 위 문제와 같은데 꼭짓점을 물어보았으니 구하라는 것만 다르다. 3점들을 살펴보면, $(0, -8)$는 y절편이고, 두 점 $(-2, 0)$, $(4, 0)$는 y좌표가 0으로 같으니 x절편이다. 바로 위 문제처럼 계수들을 구한 함수식 $y = x^2 - 2x - 8$을 표준형으로 바꿔도 꼭짓점을 구할 수 있다. 그러나 그렇게 구한다면 이차함수의 관계식을 가장 효과적으로 이용한 것이 아니다. 이차함수는 대칭축에 대하여 대칭인 함수이다. x절편이 -2, 4이라는 말은 대칭축이 -2, 4의 중점을 지나간다는 의미다. 이 부분이 어렵다면 직접 그래프를 그려서 이해하기 바란다. 따라서 대칭축의 방정식은 $x = \dfrac{-2+4}{2}$

$\Rightarrow x = 1$이다. 대칭축을 안다면 이제 꼭짓점은 $(1, f(1))$이다. $f(1) = 1 - 2 - 8 = -9$이니 꼭짓점은 $(1, -9)$이다.

:: x에 관한 이차함수 $y = -x^2 + 4x + a$의 그래프가 x축과 두 점에서 만나고 두 교점 사이의 거리가 6일 때, 상수 a의 값을 구하여라.

답: 5

문제에서 미지수는 1개이므로 한 점만 구한다면 답을 구할 수 있다는 생각이 들어야 한다. 함수의 그래프가 x축에서 만나는 것이 x절편이다. 두 절편의 중점을 통해서 대칭축을 구할 수 있다. 표준형으로 만들면 $y = -(x^2 - 4x + 4) + 4 + a$를 해야 하는데, 이 작업을 하지 않아도 대칭축의 방정식이 $x = 2$인 것이 보이나요? 대칭축이 두 x절편 사이를 지나는데 거리가 6이니, x절편은 대칭축으로부터 ∓ 3의 위치 즉 2 ∓ 3에 있겠군요? 따라서 $(-1, 0)$과 $(5, 0)$라는 x절편을 구할 수 있다. 이 중에서 $(-1, 0)$를 대입하면 $0 = -1 - 4 + a \Rightarrow a = 5$이다. 내친김에 학생들에게 다소 생소하게 보일 수 있는 문제를 하나 풀어보자.

:: 최고차항의 계수가 1인 이차함수가 $f(1) = f(3) = 2$를 만족한다고 할 때, 꼭짓점의 좌표를 구하여라.

답: (2,1)

최고차항 $a = 1$임을 알려주었고, $f(1) = f(3) = 2$를 보고 두 점 $(1, 2)$, $(3, 2)$가 보였다면 미지수 2개인 이차함수의 일반형 $y = ax^2 + bx + c$의 계수를 모두 구할 수 있다. 그런데 이렇게 구한다면 방정식으로 풀었으니 이차함수의 실력을 높였다고 보기 어렵다. 이차함수는 대칭이고 한 번 꺾였다는 것이 가장 큰 특징이다. 이로부터 함숫값이 같은 것이 2개만 있다는 큰 특징을 다시 유도해 낼 수 있다. $f(1) = f(3) = 2$에서 함숫값이 같다는 것이 보이나요? $f(1) = f(3) = 2$가 아니라 만약 $f(1) = f(3) = 0$이었다면 절편형으로 곧장 $y = (x - 1)(x - 3)$이 되었을 것이다. 이것이 함숫값이 모두 2가 되려면 y축의 방향으로 2만큼 평행한다면 $y = (x - 1)(x - 3) + 2$이 된다. 실제로 대입해 봐도 $f(1) = f(3) = 2$임을 확인할 수 있을 것이다. 대칭축 $x = \dfrac{1 + 3}{2} = 2$을 통해 꼭짓점을 구하면 $(2, f(2))$이다. $f(2) = (2 - 1)(2 - 3) + 2 = 1$이므로 문제가 물어보는 꼭짓점의 좌표는 $(2, 1)$이다. '함숫값이 0으로 같은 두 x절편'뿐만 아니라 좀 더 확장해서 '함숫값이 같은 이차함수의 두 좌표'로 절편형에 대한 생각을 확장했으면 한다. 그래서 학생들이 $f(\alpha) = f(\beta) = k$라는 조건을 보고 $y = a(x - \alpha)(x - \beta) + k$라는 꼴을 쓸 수 있다면 좋겠다.

꼭짓점이나 대칭축의 방정식이 주어진 것은 표준형으로 푼다.

표준형 $y = a(x - p)^2 + q$ 에서 꼭짓점이 (p, q) 이므로 꼭짓점이 주어진다면 한꺼번에 미지수 2개를 알려준 것과 같다. 그래서 꼭짓점은 두 점의 값어치가 있는 것이다. 물론 꼭짓점도 점이므로 일반형에서도 사용이 가능하지만 일반형에서의 꼭짓점은 한 점의 값어치밖에 없다. 따라서 꼭짓점이 주어진 경우는 표준형을 사용하지 않고 일반형을 사용한다면 문제를 풀지 못하는 사태가 벌어진다. 꼭짓점이 주어진 문제를 보면, 원래 이차함수는 세 개의 점이 필요한 데 꼭짓점은 두 점의 값어치가 있으니, 문제에서 한 점의 값어치가 있는 다른 무언가를 제공할 것이라는 생각을 가지고 보면 된다. 그리고 문제에서 폭이나 대칭축을 단서로 주는 경우도 있다. 폭은 일반형, 표준형, 절편형이 모두 같으므로 구분 기준이 아니다. 그러나 대칭축은 표준형에서만 보이므로 당연히 표준형을 써야 한다. 일반형에서 대칭축의 방정식을 알려주는 것은 점으로 말하면 반점이므로 꼭짓점의 y좌표를 구하는 용도 이외에는 별 쓰임새가 없어 보인다.

 : : 꼭짓점의 좌표가 $(2, \; -1)$이고, y절편이 7인 이차함수의 관계식을 구하여라.

$$답: y = 2(x-2)^2 - 1$$

이차함수의 관계식을 구하기 위해서는 일반점은 세 개가 필요하지만 앞서 꼭짓점은 표준형에서 두 점의 값어치가 있다고 말했다. 당연히 표준형을 사용해야 하며 $y = a(x-2)^2 - 1$ 이라는 식을 얻을 수 있다. 여기서 y절편 $(0, 7)$을 대입하면 $7 = a(0-2)^2 - 1$ $\Rightarrow a = 2$ 이므로 답은 $y = 2(x-2)^2 - 1$ 이다.

:: 이차함수 $y = -2x^2$ 의 그래프와 모양이 같고, 꼭짓점의 좌표가 $(1, 0)$이며 축이 y축과 평행한 포물선의 방정식을 구하여라.

$$답: y = -2(x-1)^2$$

$y = -2x^2$ 과 모양이 같다고 했으므로 폭을 알려준 것이고 꼭짓점도 알려주었다. 이차함수를 구하는데 필요한 것을 모두 알려주었으니 $y = -2(x-1)^2$ 이 답이다. 그런데 '축이 y축과 평행한 포물선의 방정식'이라는 표현이 걸릴 것이다. 앞서 포물선에는 $\cup$ 또는 $\cap$ 모양도 있지만, $\subset$ 또는 $\supset$ 모양으로 함수가 아닌 것도 있다. $\cup$ 또는 $\cap$ 모양은 대칭축이 y축과 평행하며, $\subset$ 나 $\supset$ 모양은 대칭축이 x축과 평행하다. 따라서 대칭축이 y축과 평행한 포물선은 $\cup$ 또는 $\cap$ 모양으로 우리가 지금 배우는 이차함수라는 것이다.

$\because$ 축의 방정식이 $x = -4$ 이고, 두 점 $(-1, 7)$, $(-2, 2)$를 지나는 이차함수의 y절편을 구하여라.

답: 14

축의 방정식이 주어졌으므로 귀찮더라도 표준형을 사용해야만 한다. $y = a(x+4)^2 + q$가 두 점 $(-1, 7)$, $(-2, 2)$을 지나므로 대입하면, $7 = 9a + q$, $2 = 4a + q$가 된다. 이를 연립하면 $a = 1$, $q = -2$이므로 $y = (x+4)^2 - 2$이다. 이제 y절편을 구하라고 했는데 이제 어떻게 할까요? $y = (x+4)^2 - 2$를 전개하면 당연히 y절편이 보이겠지만, y절편은 식을 전개하지 않고도 $x = 0$일 때의 함숫값이니 $f(0) = 14$이다.

$\because$ x에 관한 이차함수 $y = -4x^2 - 5$의 그래프와 꼭짓점이 같고 점 $(3, 13)$을 지나는 포물선이 축과 만나는 두 점 사이의 거리를 구하여라.

답: $\sqrt{10}$

$y = -4x^2 - 5$의 꼭짓점이 $(0, -5)$이므로 이 꼭짓점과 점 $(3, 13)$을 이용해서 관계식을 구할 수 있다. $y = ax^2 - 5$에 $(3, 13)$를 대입하면 $13 = 9a - 5 \Rightarrow a = 2$이다. $y = 2x^2 - 5$의 x절편은 $\pm\sqrt{\dfrac{5}{2}}$이고, 두 점 사이의 거리는

$2\sqrt{\dfrac{5}{2}} = \sqrt{2}\sqrt{2} \times \dfrac{\sqrt{5}}{\sqrt{2}} = \sqrt{10}$ 이다. 마지막으로 한 문제만 더 다루어보자.

:: x에 관한 이차함수 $y = -\dfrac{1}{2}x^2$ 의 그래프를 꼭짓점이 $(-2, 4)$가 되도록 평행이동을 한 함수의 관계식이 $y = ax^2 + bx + c$ 일 때, $a + b + c$ 의 값을 구하여라.

답: $-\dfrac{1}{2}$

$y = -\dfrac{1}{2}x^2$ 의 꼭짓점이 $(0,\ 0)$인데 꼭짓점이 $(-2,\ 4)$가 되도록 한다는 것은 x축의 방향으로 -2만큼, y축의 방향으로 4만큼 평행이동을 하라는 것이다. 평행이동의 식변형을 외우고 있다면 $y = -\dfrac{1}{2}(x + 2)^2 + 4$ 가 된다는 것은 이제 쉬울 것이다. 그런데 문제가 요구하는 것은 표준형이 아니라 일반형에서의 계수들의 합을 구하라는 것이다. 물론 하라는 대로 전개하고 계수들의 합을 구해도 되지만 다음을 알았으면 좋겠다. $y = ax^2 + bx + c$ 에서 $f(1) = a + b + c$이니 $f(1) = -\dfrac{1}{2}(1 + 2)^2 + 4$ 이다. 이 기술은 당장의 귀찮음을 해결하기도 하지만 고등수학에서 다음과 같은 문제가 있기 때문이다. ‘$(x^2 + 2x - 1)^3 = ax^6 + bx^5 + cx^4 + dx^3 + ex^2 + fx + g$에서 $a + b + c + d + e + f + g$의 값을 구

하여라.'와 같은 문제에서 답은 양변에 $x = 1$을 대입하면 $a + b + c + d + e + f + g = 2^3 = 8$이다.

: : 다음 그림은 x에 관한 두 이차함수 $y = x^2 - 2x - 2$ 와 $y = x^2 - 6x + 6$의 그래프이다. 이때 색칠한 부분의 넓이를 구하여라. (단, 점 P, Q는 각 포물선의 꼭짓점이다.)

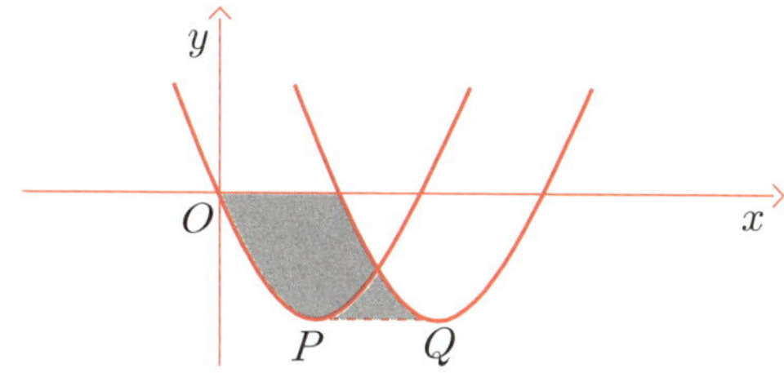

답: 6

최고차항의 계수가 1로 같으니 두 그래프가 모양과 크기가 같고 x축의 방향으로만 이동한 것이 보이나? 또 계수에 미지수를 포함하지 않고 있으므로 각각 두 꼭짓점을 구할 수 있다. $y = x^2 - 2x - 2 = (x - 1)^2 - 3$이므로 꼭짓점은 $P(1, \, -3)$이고, $y = x^2 - 6x + 6 = (x - 3)^2 - 3$으로 $Q(3, -3)$이다. 왼쪽의 그래프를 x축의 방향으로 2만큼 평행이동한 그래프라는 말이다. 간혹 이렇게 색칠한 부분의 넓이를 구하라는 문제가 나오면 우리가 이미 구할 수 있는 삼각형, 사각형, 원 등의 넓이일 것이라는 생각을 가져야 한다. 나중에 적분을 배우기 전에는 이러한 것들 이외에는 넓이를 구할 수 없기 때문이다. 여기서 색칠한 부분의 모양이 평행사변형과 비슷하지 않나요? 밑변의 길이가 2이고 꼭짓점의 y좌표가 -3이니 높이가 3으로 보면 넓이는 $2 \times 3 = 6$이다. 무슨 설명을 이렇게 대충 하냐고? 그럼, 두 그래프의 대칭축과 선분 PQ 그리고 x축으로 만들어지는 직사각형의 넓이와 같다는 것을 확인해 보기 바란다. 마지막으로 한 문제만 더 풀어보자.

:: 다음 조건을 만족하는 이차함수 $y = f(x)$를 구하여라.

Ⅰ. 평행이동시키면 $y = x^2$과 일치한다.
Ⅱ. $f(-1) = f(2)$이 성립한다.
Ⅲ. 점 $(-3, 9)$를 지난다.

답: $y = x^2 - x - 3$

이차함수는 구해야 하는 미지수가 3개인데 위 조건 세 개로 어떻게든지 답을 구해낼 수 있다. 하지만 어떤 방법으로 구하느냐에 따라 풀이 속도가 달라진다. 일반형, 표준형, 절편형을 이용하는 세 가지 방법으로 각각 풀어보려 하는데 각각 장단점을 비교해 보기 바란다. 이 문제는 비교적 쉬워서 각각의 풀이 속도가 크게 다르지 않으나 나중에 어려운 문제의 경우 이들의 방법에 따라 풀이 속도가 많이 달라진다.

먼저, 일반형으로 구하면 Ⅰ 조건에 의해 $y = x^2 + bx + c$이다. Ⅱ 조건에 의해 $1 - b + c = 4 + 2b + c \Rightarrow b = -1$이므로 $y = x^2 - x + c$이다. 이제 Ⅲ 조건으로 $9 = 9 + 3 + c \Rightarrow c = -3$이므로 답은 $y = x^2 - x - 3$이다.

다음 표준형으로 구하려면 대칭축이나 꼭짓점을 알아야 한다. $f(-1) = f(2)$로 부터 대칭축이 $x = \dfrac{-1 + 2}{2}$이니 $y = \left(x - \dfrac{1}{2}\right)^2 + q$라는 식이 만들어진다. 여기에 점 $(-3, 9)$를 대입하면 $9 = \left(-3 - \dfrac{1}{2}\right)^2 + q \Rightarrow 9 - \dfrac{49}{4} = q \Rightarrow q = -\dfrac{13}{4}$이므로 $y = \left(x - \dfrac{1}{2}\right)^2 - \dfrac{13}{4}$ 또는 $y = x^2 - x - 3$이다.

이제 마지막으로 절편형으로 구하면 함숫값은 같지만 알 수 없기 때문에 $f(-1) = f(2) = k$라 놓을 수 있다. 따라서 $y = (x + 1)(x - 2) + k$라고 놓을 수 있고, 여기에 점 $(-3, 9)$를 대입하면 $9 = (-3 + 1)(-3 - 2) + k \Rightarrow k = -1$이므로 $y = (x + 1)(x - 2) - 1$이다. 어떤 방법으로 해도 답이 나오겠지만, 몇 가지 방법으로 풀 수 있느냐와 그 선택을 얼마나 잘 하느냐가 실력이고 경쟁력이다.

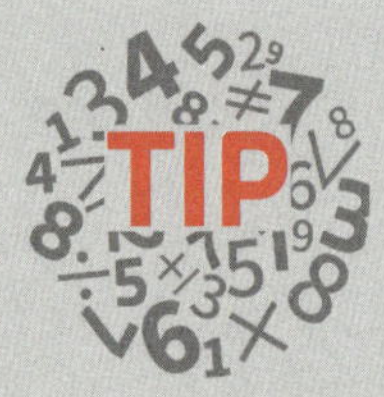

이차함수 $y = ax^2 + bx + c$ 에서 b의 부호

이차함수의 개형을 보여주고 표준형 $y = a(x - p)^2 + q$에서 a, p, q의 부호를 결정하라는 문제는 어려움이 없어서 생략한다. 그런데 일반형은 좀 다르다. 일반형 $y = ax^2 + bx + c$에서 그래프의 모양만 보면 a의 부호를 알 수 있고, c 역시 y절편이니 곧바로 부호를 알 수 있다. 그러나 b의 부호는 대칭축과 관련이 있어서 그림만으로는 판별할 수 없다. 대칭축이 보이도록 표준형으로 바꾸어야 한다.

$$y = ax^2 + bx + c = a\left(x + \frac{b}{2a}\right)^2 - \frac{b^2 - 4ac}{4a^2} \text{ 에서}$$

1) 꼭짓점의 x좌표가 0보다 클 때, 대칭축의 방정식

$$x = -\frac{b}{2a} > 0$$

2) 꼭짓점의 x좌표가 0보다 작을 때, 대칭축의 방정식

$$x = -\frac{b}{2a} < 0$$

∴ 이차함수 $y = ax^2 + bx + c$ 의 그래프가
오른쪽 그림과 같을 때, 다음 물음에 답하여라.

(1) a와 c의 부호를 정하여라.

(2) b의 부호를 정하여라.

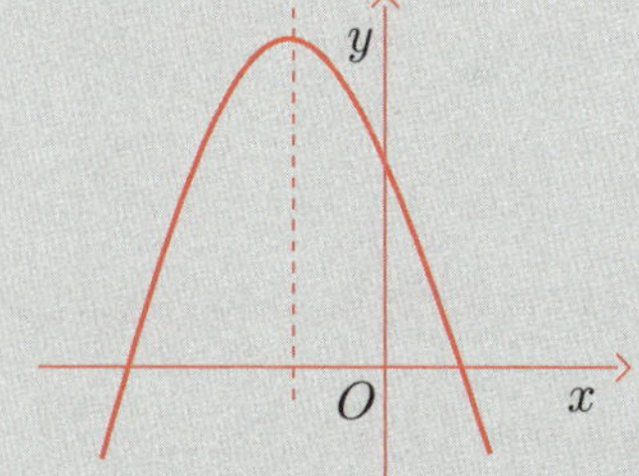

답; (1) $a < 0$, $c > 0$ (2) $b < 0$

(1) 위로 볼록하므로 $a < 0$이고 y절편이 y축의 양수 부분에 있으

므로 $c > 0$이다. (2) b의 부호는 대칭축과 관련이 있다고 했다.

대칭축 $x = -\dfrac{b}{2a}$에서 그림의 대칭축이 x축의 음수 쪽에서 만나

고 있으므로 $-\dfrac{b}{2a} < 0$이다. 여기에 $a < 0 \Rightarrow -2a > 0$이므

로 양변에 $-2a$를 곱해서 $b < 0$라는 답을 구할 수 있다. 이 과정

이 번거로우니 하나만 배워보자. 이차함수 $y = ax^2 + bx + c$

라고 하였으니 a가 양수인지 음수인지는 모르지만 $a \neq 0$이다.

곱하는 수의 부호에 따라 부등호의 방향이 바뀐다. 따라서 a의 부

호를 모르기에 $-\dfrac{b}{2a} < 0$의 양변에 a를 곱할 수는 없다. 그러

나 a^2은 양수이니 부등호의 양변에 곱할 수 있고 양수이니 부등호

의 방향이 바뀌지도 않는다. $-\dfrac{b}{2a} < 0$의 양변에 $4a^2$을 곱하면

$-2ab < 0 \Rightarrow ab > 0$이다. 여기서 $ab > 0$의 의미는 a와 b

의 부호가 같다는 것이다. 이제 $a < 0$이면 $b < 0$임이 보일 것

이다. 조금만 일반화하면 'a와 b의 부호가 같을 때 대칭축이 y축의

왼쪽'에 있게 되고, 'a와 b의 부호가 다를 때 대칭축이 y축의 오른

쪽'에 있게 된다. 이것은 기술이기 때문에 잊어버린다 해도 좋지만,

b의 부호는 대칭축이 결정한다는 생각을 잊으면 안 된다.

∷ 이차함수 $y = ax^2 + bx + c$ 의 그래프가 아래 그림과 같을 때, 다음 물음에 답하여라.

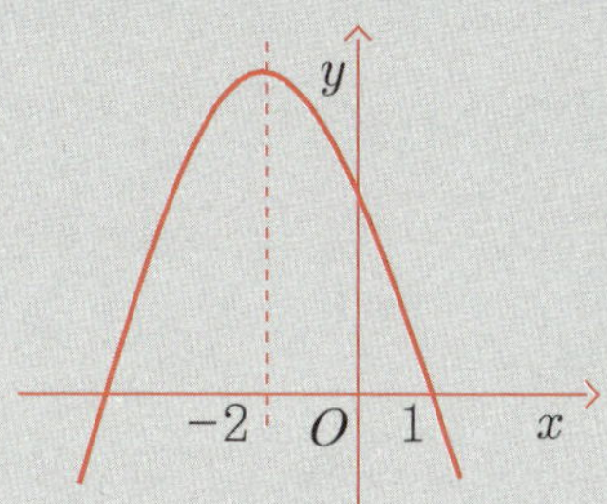

(1) $a + b + c$ 의 값을 구하여라.

(2) $25a - 5b + c$ 의 값을 구하여라.

(3) 함숫값이 양수가 되는 x의 범위를 구하여라.

답: (1) 0 (2) 0 (3) $-5 < x < 1$

앞서 이차함수는 대칭이고 한 번 꺾였다는 것이 가장 큰 특징이라고 했다. 그래프를 살펴보면 x절편은 1이고 대칭축의 방정식은 $x = -2$임을 알려주고 있다. 2개만 알려주었으니 이 함수의 그래프를 나타내는 관계식의 계수를 완성할 수는 없다. 그런데 x절편 2개를 안다면 중점을 통해서 대칭축을 알 수 있다고 했다. 그렇다면 x절편 한 개와 대칭축을 안다면 역으로 나머지 x절편을 구할 수 있다. 따라서 $\dfrac{1+\square}{2}=-2$를 통해 또 다른 x절편은 -5이다. 그냥 대칭으로도 -5임을 알았을 것으로 믿는다. 물론 그렇다 해도 관계식은 $y=a(x+5)(x-1)$까지만 알 수 있다. 함수는 항상 함숫값을 이용할 생각을 해야 한다. x절편이 1과 -5이므로 $f(1)=0$, $f(-5)=0$이다. 이제 문제를 풀자. $f(x)=ax^2+bx+c$이므로 (1) $f(1)=a+b+c=0$ (2) $f(-5)=25a-5b+c=0$이다. (3) 함숫값이 양수가 되는 x의 범위는 $-5<x<1$ 이다. 물론 함숫값이 음수가 되도록 하는 x의 범위는 $x<-5$ 또는 $x>1$이다. 이 부분은 고등수학의 이차부등식으로 연결되는 내용이다.

3.8

y의 최댓값과 최솟값을 알면
이차함수의 활용은 끝난다

중학교 학생들이 최댓값과 최솟값을 어려워한다는 이유를 들어 중 3 함수에서 이 부분을 뺐다가 넣었다가 하고 있다. 안 가르칠 수 없는 내용이기 때문에 뺐다는 말은 곧 고등수학에 가서 처음 가르치겠다는 말이다. 최댓값과 최솟값을 왜 학생들은 어려워할까? 간혹 어떤 선생님은 최댓값이라는 한자어가 어려워서라는 황당한 말도 했다. 최댓값이라는 말이 '가장 큰 값'이라는 의미를 나타낸다는 것을 모르는 중3 학생을 본 적이 없다. 초등 1학년 문제 "3, 4, 5 중에서 '가장 큰 값'은 무엇인가요?"에서 '가장 큰 값'처럼 최댓값은 쉬운 말이다. 그렇다면 중학함수에서 최댓값을 어려워하는 것은 바로 '무엇들 중에서'를 모르는 것이다. 여기서 '무엇들'이 함숫값들이므로 결국 학생들이 함숫값을 모른다는 말이 된다.

결국 교과서는 중학교 3년 동안을 가르쳐서 함숫값을 알게 하는 데 실패하고 어려우니 고등학교로 올려보내야 한다고 주장하는 것이다. 3년 동안 함숫값을 가르쳤음에도 실패했는데 나중에 고등학교에 가면 갑자기 잘하게 될까? 중학수학의 최대, 최솟값을 고등수학에 올려 보낸 다음에 이전과 달리 고등수학에서 무언가를 함숫값을 알도록 무언가를 보강했느냐면 아무것도 바뀐 게 없다. 그렇다면 중학교에서 수학을 포기하지 말고 고등수학에 가서 포기하라는 것이다.

그래서 중학수학에서 제대로 함숫값을 알아야 하고 알았다면 최댓값, 최솟값이 어렵지 않다. 함숫값을 몰라서 그러한 것이지 '함숫값들 중에서 가장 큰 값' 또는 '함숫값들 중에서 가장 작은 값'이 어려울 리가 없다. 함숫값을 잘 알았는지 그렇지 않았는지를 알려면 중학교에서 최댓값과 최솟값을 다루어야 한다. 그렇지 않으면 알았는지의 여부를 알 수 없고, 또 고등수학에서는 연습해서 강화할 시간이 없다. 그러니 중학교에서 반드시 함숫값은 물론이고 최댓값과 최솟값을 구하는 연습을 하기 바란다.

선생님들이 최댓값이나 최솟값을 설명할 때, 흔히 포물선을 그리고 꼭짓점을 가리키며 '최댓값이나 최솟값'이라고 표현한다. 이는 치명적인 설명이다. 함숫값이 y축에 있다는 것을 알고 있는 선생님의 입장에서는 편의상 이렇게 표현해 가르쳤을 뿐이겠지만, 학생의 입장에서는 다르다. 게다가 지금 점(좌표)을 수라고 표현한 것이다. 수직선 위의 점이 아닌 이상 어떠한 점도 수가 될 수는 없다. 그런데 선생님이 점을 수라고 표현했으니 학생들이 그것을 받아들였다면, 돌아올 수 없는 강을 건넌 것이다. 포물선을 그려놓고 가장 아래에 있는 점이나 가장 위에 있는 점을 이해하지 못하는 사람이 어디에 있을까? 아마 유치원 아이들에게 물어봐도 다 알 것이다. 그런데 학생들의 입장에서 그 쉬운 것이 이상하게 문제를 풀면 틀리고 어려워진다. 자꾸 틀리니 이번에는 많은 학생들이 '꼭짓점의 y좌표가 최댓값이나 최솟값'이라고 외워서 문제를 푼다. 수학 수업에서 점을 수로 인식하게 하여 학생들에게 잘못된 개념이 들어갔으니 다시 돌리려는 고육지책이다.

점과 수도 구분이 안 되고, 그럼으로써 함수식과 함수의 그래프와 함숫값이 모두 헷갈리는 상황이 된다. 그래서 문제의 그래프를 그리고 하나하나 개념을 공부하고 문제를 푸는 것보다도 아예 문제를 외우거나 기술로 푸는 것이 정답률이 높은 지경에 이르렀다. 이 모든 것은 개념을 연역법에 의거하여 정확하게 배우는 대신에, 아이들에게 발견하라고 시간을 주다가 시간이 없어졌기 때문에 빨리 푸는 기술을 전수하는 과정에서 만들어진 오류의 탓이다. 중학수학에서 함숫값을 잡지 않는다면 중학교에서 함수를 공부하지 않은 것과 같다. 중학교 3년 동안을 허송세월하다가 더 어려워진 고등함수를 풀 수 있다는 것은 말이 안 된다.

함수식, 함수의 그래프 그리고 함숫값을 정확하게 구분할 수 있기 위해서는 **첫째, $f(x)$가 무엇인지 알아야 하고 이를 위해서는 $y = f(x)$에서 y와 $f(x)$를 분리해서 볼 수도 있어야 한다.** 둘째, **꼭짓점은 수가 아니라 점이고 최솟값이나 최댓값이 아니라 이를 알려주는 지표와 같은 것이다.** 수직선에 있는 점을 수로 본 뒤로 스스로 그래프 위의 모든 점을 수로 보는 '잘못된 발견'(오류)을 한 것이다. **셋째, 함숫값은 좌표평면 위를 아무렇게나 돌아다니는 것이 아니라 y축 안에 좀 더 정확하게 말하면 치역들 중의 하나이다. 넷째, $y = f(x)$는 함수식이고 좌표평면에 있는 것은 '$y = f(x)$의 그래프'이다. 좌표평면의 그래프에 $y = f(x)$를 써놓았기 때문에 헷갈리는 것이다.** 이러한 시각을 가지고 있지 않더라도 단지 '꼭짓점의 y좌표가 최댓값이나 최솟값'이라고 외워서 문제를 풀어도 대부분 맞게 된다. 그러나 이것은 문제점을 덮어놓은 것이지 해결한 것이 아니다. 그리고 그 문제점은 고등수학에서 모든 수학 문제가 풀리지 않는 것으로 표출될 것이다. 지금까지의 함수 공부를 잘 따라왔다면 불필요한 설명일 수도 있지만, 노파심에서 다시 한번 정리하자.

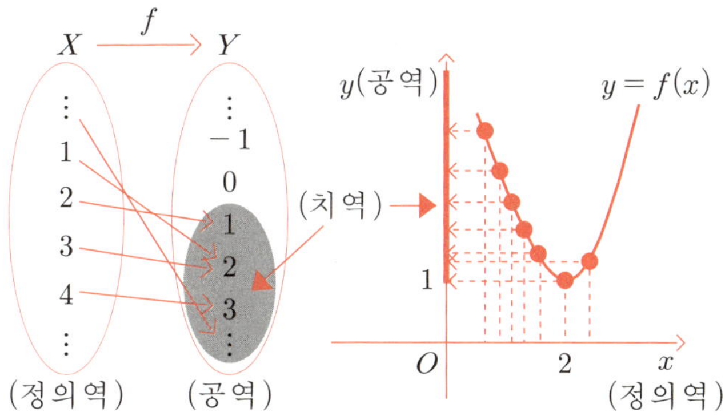

그래프이지만 세부적으로 보면 하나하나는 점이므로 핵심은 역시 점이다. 함수의 처음과 마지막이 점이라는 말을 했고 점을 어떻게 보느냐라는 관점을 키우기 위해 지금까지 다양한 것들을 배웠다 해도 과언이 아니다. 그리고 1부부터 계속 말해왔다. x축은 정의역이고 y축은 공역이며 치역은 공역 안에 있다. 치역은 함숫값들을 모아놓은 것이므로 함숫값은 당연히 치역이 있는 y축에 존재한다. 그래프를 그리다 보면 그림만 눈에 들어오고 정의역, 공역, 치역의 범위에 대해서는 크게 신경이 가지 않는다. 그래프를 정의역, 공역, 치역들의 줄에 이끌리어 움직이는 '꼭두각시 인형' 처럼 생각해야 함숫값이 들어오고 그래야 치역의 범위로써 최댓값과 최솟값도 쉽게 눈에 들어올 것이다. 좀 유치해 보이기는 하지만 x축 위의 점들에서 그래프를 향해 활을 쏘면 그래프를 맞추고 다시 반사하여 항상 y축 위의 점(함숫값)으로 가는 것으로 생각해 볼 수 있다. 그래서 $f(2)$든지 $f(x)$든지 함숫값들은 모두 y축 안의 점이라고 생각해야 한다. 먼저, '이차함수에서 최솟값'이 무엇을 의미하는 말인지 알아보자.

$a > 0$인 이차함수 $y = a(x-p)^2 + q$에서 최솟값은 q

최솟값이란 말은 '여러 개 중에서 가장 작은 값'이다. 그렇다면 당연히 가장 먼저 '여러 개'가 있어야 하고 또 그것이 무엇인지를 생각해 봐야 한다. '함수 $y = a(x-p)^2 + q$의 최솟값에서'라는 말로 볼 때, 그 여러 개는 $y = a(x-p)^2 + q$에 있다는 것이 되는데 그 의미가 잘 들어오지 않는다. 그런데 $y = f(x)$에서 y와 $f(x)$로 분리할 수도 있어야 한다고 했다. $y = a(x-p)^2 + q$는 y와 $a(x-p)^2 + q$가 같다는 것이니 결국 주어진 말은 '함수 y에서 가장 작은 값' 또는 '함수 $a(x-p)^2 + q$에서 가장 작은 값'이라는 말이 된다.

〈그래프적인 의미〉

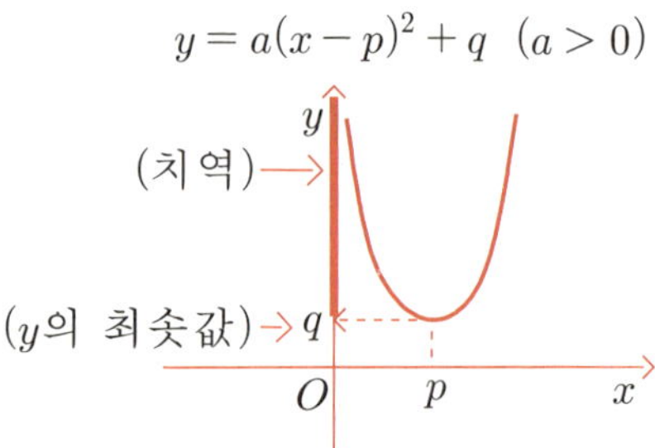

함수는 출제자가 언급한 말이 없을 때 문제의 정의역은 항상 실수 전체다. 따라서 그래프가 원점의 주변에서만 그려져 있으나 나머지는 생략되었다고 보아야 한다. '생략의 정의'는 '없는 것이 아니라 있는 데 안 쓴 것'으로 있다는 말이다. 그래프에서 공역인 y축의 굵은 선이 치역이다. 'y는 x의 값이 달라지면서 하나씩 결정되는 함숫값들'이고 함숫값들의 모임이 치역이니 'y에서 최솟값'은 치역(함숫값들) 중에서 가장 작은 수가 된다.

〈식 자체로써의 의미〉

식으로써의 의미를 알아보기 전에 먼저 기본적인 부분부터 점검해 보자. 첫째, 실수에서는 어떤 수든지 제곱하면 모두 0 이상의 수가 된다. 둘째, 부등식에서의 최댓값 또는 최솟값을 알아야 한다. 예를 들어 $y \geq 3$ 라는 부등식이 있을 때, y의 값 중에서 가장 큰 수는 모르지만 가장 작은 수는 3이 된다. $y \leq 3$ 라면 최솟값은 모르지만 최댓값은 3이다. 이제 시작해 보자.

x^2 은 어떤 수의 제곱이므로 $x^2 \geq 0$ 이다. 따라서 x^2 의 최솟값은 0이다. $x - p$ 도 모르는 수이지만 제곱한 $(x - p)^2$ 도 $(x - p)^2 \geq 0$ 이므로 $(x - p)^2$ 의 최솟값도 0이다. $(x - p)^2 \geq 0$ 의 양변에 양수 a를 곱해도 부등호의 방향이 바뀌지 않으므

로 $a(x-p)^2 \geq 0$ 이며 $a(x-p)^2$ 의 최솟값도 0이다. 여기까지 잘 따라오고 있지요? 이번에는 $a(x-p)^2 \geq 0$ 의 양변에 q 를 더하면 $a(x-p)^2 + q \geq q$ 가 되는 데 이제 $a(x-p)^2 + q$ 의 최솟값은 q 가 된다. 등호의 성립은 $x-p=0$, 즉 $x=p$ 일 때다. 따라서 실전에서는 이차함수가 $x=p$ 일 때, 최솟값 q 를 갖는다고 하면, 역으로 $a > 0$ 이고 (p, q) 가 꼭짓점이 된다. 또한 $a(x-p)^2 + q$ 는 y 와 같은 것이니 y 의 최솟값도 q 이다. 그래프나 식의 의미를 최고차항의 계수 a 가 양수인 경우만 설명하였는데 음수인 경우는 직접 해보기 바란다. 지금까지 설명한 것을 정리하면 다음처럼 간단하다.

이차함수 $y = ax^2 + bx + c\,(a \neq 0)$ **를**
$y = a(x-p)^2 + q$ **로 변형했을 때,**

1) $a > 0$ **이면,** $x = p$ **일 때 최솟값** q
2) $a < 0$ **이면,** $x = p$ **일 때 최댓값** q

만약 중학수학 교과서에서 최댓값과 최솟값을 빼면 곧바로 대부분의 문제집에서 최댓값과 최솟값을 연습할 문제가 없을 것이다. 교과서 중심 체제의 문제점이다. 그러므로 어렵더라도 나중의 고등 문제를 대비해 다음 문제들을 여러 번 풀기 바란다. 의도적으로 여러 문제를 출제했다.

:: 이차함수 $y = 2x^2 + 2x + a - 3$ 의 최솟값이 -3일 때, 상수 a의 값을 구하여라.

답: $\dfrac{1}{2}$

문제에 정의역이 주어지지 않았으므로 실수 전체이고, 폭을 나타내는 수가 양수인 2이므로 이차함수의 그래프는 아래로 볼록한 모양이다. 최솟값을 알 수 있으려면 표준형이어야 하므로 변형하면 $y = 2\left(x^2 + x + \dfrac{1}{4}\right) - \dfrac{1}{2} + a - 3$ 이다. 앞서 표준형으로 바꿀 때는 더 이상 정리하기 위해 힘을 빼지 말고 여기까지만 하라고 말했다. $2\left(x^2 + x + \dfrac{1}{4}\right) \geq 0$ 이므로 최솟값은 $-\dfrac{1}{2} + a - 3$ 이다. 또한 문제가 알려주기를 최솟값이 -3이라고 했으니 $-\dfrac{1}{2} + a - 3 = -3$ 이고, 양변에 3을 더하면 $a = \dfrac{1}{2}$ 이다. 최고차항의 계수가 음수인 문제도 다루어보자.

:: 이차함수 $y = -2x^2 + 4x + 2$ 의 최댓값을 구하여라.

답: 4

x^2 의 계수가 음수이므로 그래프의 모양이 위로 볼록한 형태이고 따라서 최댓값을 갖는다. 준식을 표준형으로 변형하면

$y = -2(x^2 - 2x + 1) + 2 + 2$로 $x = 1$일 때, y는 최댓값 4를 가지게 된다.

:: x에 대한 이차함수 $y = 2x^2 + bx + c$가 $x = 2$에서 최솟값 -2를 가질 때, 상수 b, c에 대하여 $b + c$의 값을 구하여라.

답: -2

이차함수의 그래프는 항상 한 번 꺾인 모양의 그래프로 '$x = 2$에서 최솟값 -2'라는 말에서 꼭짓점의 좌표가 (2, −2)라는 생각을 갖지 못한다면 이 문제를 풀 수 없다. 그러므로 그래프를 그려서라도 이 의미를 반드시 알아야 한다. 이 문제는 두 가지 풀이 방법이 있고, 미지수 b, c가 2개이니 두 개의 등식을 구하는 방법이라는 생각은 하고 있어야 한다. 첫 번째는 $y = 2x^2 + bx + c$를 표준형으로 바꿔서 꼭짓점을 알아내고 (2, −2)과 같다고 해서 푸는 방법이다. 두 번째는 준식(주어진 식)의 최고차항의 계수를 받아들이고 꼭짓점이 (2, −2)이니 $y = 2(x - 2)^2 - 2$이며 이를 전개시켜서 $y = 2x^2 + bx + c$와 계수들을 비교하는 방법이 있다. 직접 해보면 알겠지만, 두 번째 방법으로 푸는 것이 약간 빠르다. 정식으로 푸는 것은 독자에게 맡기고, 필자는 계수들의 합을 활용해서 문제를 풀어본다. 보통 다항함수에서 계수들의 합은 $f(1)$이다. $f(x) = 2(x-2)^2 - 2$는 $f(1) = 0$이 성립하고, 같은 식인 $f(x) = 2x^2 + bx + c$도 동일한 함숫값을 가져야 하므로 $0 = 2 \times 1^2 + b \times 1 + c \Rightarrow b + c = -2$다.

∴ x축과 두 점 $(-5, 0)$, $(-1, 0)$에서 만나고, 최댓값이 8인 이차함수의 관계식을 구하여라.

답: $y = -2(x+5)(x+1)$

위 문제에서 꼭짓점 $(-3, 8)$을 알려주었는데, 출제자의 의도가 보였나요? 꼭짓점이 보이지 않은 학생을 위해 하나하나 설명한다. 참고로 이차함수에서 꼭짓점의 정의는 '이차함수의 그래프와 대칭축의 교점'이다. x절편 2개를 알려주었으므로 절편형 $y = a(x-\alpha)(x-\beta)$을 사용해야 하고 이때 대칭축의 방정식은 $x = \dfrac{\alpha + \beta}{2}$라고 했다. 따라서 $y = a(x+5)(x+1)$이며 대칭축의 방정식은 $x = \dfrac{-5-1}{2} = -3$이다. $y = a(x+5)(x+1)$를 표준형으로 바꾸지 말고 생각해 보자. "$x = -3$일 때 최댓값이 8"이라는 말은 꼭짓점이 $(-3, 8)$이라는 말이다. 물론 꼭짓점도 점이니 $y = a(x+5)(x+1)$에 대입하면 $8 = a(-3+5)(-3+1) \Rightarrow a = -2$이다. 구하라는 이차함수의 관계식의 종류를 제한하지 않았으니, 답은 그대로 $y = -2(x+5)(x+1)$을 쓰면 된다.

∷ 이차함수 $y = -2x^2 + 4x + 6$ 의 그래프가 x축과 만나는 두 점을 A, B라 하고 꼭짓점을 C라고 할 때, $\triangle ABC$ 의 넓이를 구하여라.

답: 16

바로 위 문제와 유사하다는 생각이 들지 않나? 'x축과 만나는 점'은 x절편이고 $y = 0$일 때의 x의 값이다. $-2x^2 + 4x + 6 = 0$ $\Rightarrow$ $x^2 - 2x - 3 = 0$ $\Rightarrow$ $x = 3$, -1이다. 삼각형의 밑변을 선분 AB라 놓으면 길이는 4이다. 이제 꼭짓점의 y좌표가 이 삼각형의 높이가 된다. 준식을 표준형으로 고쳐서 $y = -2(x^2 - 2x + 1) + 2 + 6$로 꼭짓점의 y좌표가 8임을 알 수도 있지만 대칭축 $x = \dfrac{3-1}{2}$에 대한 함숫값 $f(1)$이 삼각형의 높이라는 말이다. 그러므로 $\triangle ABC$ 의 넓이는 $4 \times 8 \times \dfrac{1}{2} = 16$이다.

∷ x에 관한 식 $-2x^2 + 4x + 1$의 **최댓값을 구하여라.**

답: 3

$-2(x^2 - 2x + 1) + 2 + 1$로 답은 3이다. 이 문제를 학생들이 잘 풀지만 그럼에도 어색하다는 학생들이 많다. $-2x^2 + 4x + 1$은 다항식이지 함수가 아니라고 생각하기 때문에 함수에서 배

운 것을 사용하기가 주저되는 탓이다. 정의에 의하면, 함수가 아닌 것은 맞다. 그 이유는 두 변수 사이에서 이루어지는 것이 함수인데 변수가 하나가 부족해서이다. 그러나 변수를 아무거나 지정하는 순간 함수가 된다. $A = -2x^2 + 4x + 1$이든 $f(x) = -2x^2 + 4x + 1$이든 상관이 없이 두 변수 지정이 되었다. 그리고 알다시피 $f(x) = -2x^2 + 4x + 1$의 그래프는 다대일대응이므로 함수조건을 갖추었다. 따라서 $-2x^2 + 4x + 1$을 함수라고 보는 것이 타당하다. 그래서 필자는 고등수학에서 모든 다항식을 함수로 본다.

:: 두 변수 a, b에 대하여 $a + b = 8$일 때, $a^2 + b^2$의 최솟값을 구하여라.

답: 32

누군가 "$a^2 + b^2$은 함수인가?"라고 묻는다면 당연히 아니라며 이상한 사람 취급을 할 것이다. 그 이유는 무엇인가? 함수란 두 변수의 사이의 관계에서 존재성과 유일성을 갖추어야 한다. $a^2 + b^2$에서 두 변수 a, b간의 관계가 없으니 함수조건을 충족하지 못한다. 그런데 $a + b = 8$이라는 식을 이용하여 $a^2 + b^2$에서의 변수의 개수를 줄이자. $a + b = 8$을 $b = 8 - a$로 변형하여 대입하면 '$a^2 + (8 - a)^2$의 최솟값을 구하여라.'라는 문제로 바뀌게 된다. $A = a^2 + (8 - a)^2$ 라고 놓으면 a, A 를 변수로 하는 새로운 함수가 된다. $A = 2a^2 - 16a + 64 = 2(a^2 - 8a + 16) - 32 + 64$ 이므로 최솟값은 32이다. 수가 어느 하나로 지정되지 않고 범위가 생긴다면 그 범위 내에서 최대, 최소가 발생할 수 있다. 앞으로 '최댓값 또는 최솟값'을 구하라고 할 때, 고려해야 할 사항이 몇 가지 더 있지만 가장 먼저 생각해야 하는 것은 표준형이다. 고등학교 1학년 2학기를 넘어가기 전에 이 문제를 다시 풀되 지금의 풀이 방법이 아닌 산술-기하평균, 원 등을 이용한 몇 가지 새로운 풀이를 하기 바란다.

:: 둘레의 길이가 32인 직사각형의 최대넓이를 구하여라.

답: 64

둘레의 길이가 32인 직사각형의 가로의 길이와 세로의 길이를 각각 a, b라고 하면 $a + b = 16$이고 넓이는 ab가 된다. 이해하기가 어려우면 직접 직사각형을 그리고 가로와 세로를 각각 a, b로 놓고 생각하기 바란다. 그러면 $a + b = 16$라는 가로와 세로의 합을 알려주고는 ab라는 사각형의 넓이를 구하라는 문제다. "합해서 16이 되는 수는 무수히 많은데 이것을 일일이 어떻게 확인할까?"라는 황당한 문제다. 그렇지만 ab의 b에 $16 - a$를 대입하여 $a(16 - a) = -a^2 + 16a = -(a^2 - 16a + 64) + 64$ 라고 표준형으로 바꾸면 $a = 8$일 때, 최댓값 64가 된다. 참으로 신기하지 않은가? 그런데 가로의 길이가 8이니 세로의 길이도 8이라서 이 직사각형은 정사각형이 된다. 둘레의 길이가 최소이면서 가장 넓은 면적을 차지하는 형태는 정다각형의 모양으로 궁극적으로 원에 가까워진다. 좀 더 확장하면 자연 상태의 물방울이 구의 형태가 되는 이유이기도 하다. 이 문제도 고1의 분수함수를 배우고 나서 이를 이용해서 풀어보기 바란다. 마지막으로 한 문제만 더 풀자. 다음은 대표적인 함수의 활용 문제다.

∴ 지상 $45m$의 높이에서 초속 $40m$로 쏘아 올린 물체의

x초 후의 높이를 hm라고 하면, x와 h 사이에 관계식

$h = -5x^2 + 40x + 45$ 가 성립한다. 다음 물음에 답하여라.

(1) 몇 초 후의 높이가 가장 높은가? 또 그때의 높이를 구하여라.

(2) 몇 초 후에 땅에 떨어지는가?

(3) x의 범위를 구하여라.

답: (1) 4초 후, $125\boldsymbol{m}$ (2) 9초 후 (3) $0 \leq x \leq 9$

이 문제는 시간에 따른 높이가 시간으로 나타낸 함수의 그래프를 이해하는 문제이다. 표준형은 $h = -5(x^2 - 8x + 16 - 16)$ $+ 45 \Rightarrow h = -5(x - 4)^2 + 125$로 4초 후에 가장 높은 위

치에 있게 되고, 그때의 높이는 125m이다. 쉽게 이해되지 않으면 그래프를 그려봐야겠지? 가로축을 x축, 세로축을 h축으로 잡고 그리면 된다. 그런데 땅에 떨어졌을 때는 높이가 0이니 $h = 0$이다. 따라서 $-5x^2 + 40x + 45 = 0$에서의 x의 값을 구하면 된다. $x^2 - 8x - 9 = 0 \Rightarrow (x + 1)(x - 9) = 0 \Rightarrow x = -1, 9$이다. 그러나 시간은 음수가 될 수 없으므로 x의 범위는 $0 \leq x \leq 9$인데 이 구간의 함숫값들이 모두 0 이상인 것을 확인하기 바란다.

피타고라스(Pythagoras / 기원전 570-495년)는 고대 그리스의 철학자이자 수학자로, 피타고라스 학파를 창설했다. 사모스 섬에서 태어나 이집트와 바빌로니아를 여행하며 수학과 천문학을 배웠다. 남이탈리아의 크로톤에서 학파를 설립해 수학, 철학, 음악, 천문학을 연구했다. 피타고라스의 정리로 유명하며, 수와 우주 사이의 조화로운 관계를 주장했다. 그의 사상은 플라톤과 아리스토텔레스 등 후대 철학자들에게 큰 영향을 미쳤다.

고등함수를 위하여

개념이라는 틀을 먼저 세우고 그 안에 수학문제의 경험을 채워가야 한다.
그래서 개념만 있으면 공허하고, 문제만 풀면 맹목적이라고 한다.

- 조안호

중3 학생들에게 고등학교 1학년 1학기 시험이 끝난 즈음에 인문계 고등학교 학생의 60%가량이 반포기 상태에 접어든다고 말한다. 열심히 하겠다고 마음을 먹고 올라간 고등학교에서 기껏 3개월도 못 버티고 포기하는 이유는 한마디로 말해 어렵기 때문이다. 그리고 그 어려운 이유가 바로 '이차식' 때문이라는 말을 한다. 수학에서 무언가 새로운 것을 배울 때 어려운 경우는 없다. 새롭게 배우는 내용은 어려움이라기보다는 낯설음이 주된 이유다. 따라서 고등학교 1학년에서 새로이 배우는 삼차나 사차식은 어려움이 아니라 낯설음과 귀찮은 것에 더 가깝다. 그렇다면 남는 것은 오로지 이차식이다.

필자의 이런 이야기에 중3들은 의아한 눈빛을 보낸다. 자신이 이차방정식을 인수분해를 해서 풀거나 모든 이차방정식을 근의 공식으로 풀 수 있기 때문이다. 게다가 이차함수의 그래프도 개형을 그릴 줄 알며 더 이상 이차식을 어려워할 이유를 찾지 못하기 때문이다. 맞다. 이차식의 계수가 미지수가 아니라면 중3의 실력으로 모두 풀 것이다. 그러나 고1의 시험문제 중에 아무리 쉬운 문제라 할지라도 중학교의 시험문제였던 '계수를 모두 알려주는 이차방정식'을 풀라는 문제는 단 한 개도 없다. 중학교 시험문제가 아무리 쉬워도 2+3

과 같은 초등학교의 문제를 내지 않은 것처럼 아무리 쉬워도 고등 수학에서 중학교의 수학 문제를 내지는 않는다.

그렇다면 고등수학에서의 이차식은 모두 계수에 미지수가 들어간 다고 보아야 한다. 계수에 미지수가 하나 들어가는 순간 중3에서 1년 내내 연습했던 인수분해나 근의 공식은 어디 하나 쓰일 데가 없다. 중학교의 우등생들이 왜 고등학교에 가서 추락하는지를 이해하겠는가? 이차식에는 이차방정식, 이차함수, 이차부등식이 있는데, 계수에 미지수가 들어가면 모두 함수로 풀어야 한다. 물론 이 때도 근과 계수와의 관계, 판별식 등 기술로 푸는 방법을 가르쳐서 쉬운 문제들을 처리한다. 그러나 만약 난이도가 높아지게 된다면 모든 문제는 함수로 풀어야 한다. 게다가 이차방정식, 이차함수, 이차부등식의 각각이 아니라 필요에 따라 이것저것 가져다 사용해야 하는 소위 통합의 문제가 발생한다.

현재 중학수학와 고등수학의 갭이 너무 크다. 고등수학의 난이도가 너무 높기 때문에 통합의 문제들을 처음 접하면 그야말로 멘탈 붕괴에 빠질 수 있다. 필자의 생각에는 설사 중학수학의 개별적인 지식들을 잘 갖추었더라도 방정식과 함수 그리고 부등식을 연결하는 고리를 알고 있어야 한다고 생각한다. 따라서 4부에서는 중학교의 수준은 넘고 그렇다고 고등학교의 수준을 넘지 않는 그래서 중학교에서 고등학교의 수학으로 부드럽게 넘어가도록 하는 징검다리 역할을 하는 부분들을 다루려고 한다. 때론 다소 어렵더라도 고등수학을 위한 예방접종이라는 생각으로 이겨내기 바란다.

4.1

이차함수와 이차방정식과의 관계

고등수학에서는, 특히 계수가 문자일 때, 방정식이나 부등식의 문제를 풀면서 함수의 도움을 받아야만 풀 수 있다고 했다. 이것은 방정식과 함수가 통합을 한다는 말이고, 이 통합을 위하여 반드시 다음의 정의를 외워야 하며, 그래프의 이미지까지도 기억해야 할 것이다.

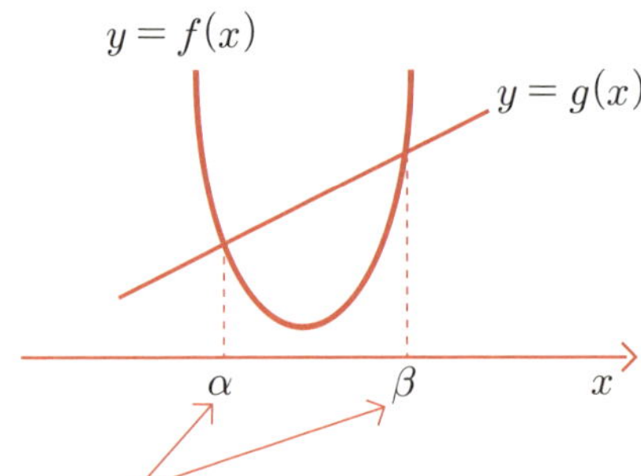

(두 함수의 교점의 x좌표 / 방정식의 근)

〈그림 1〉

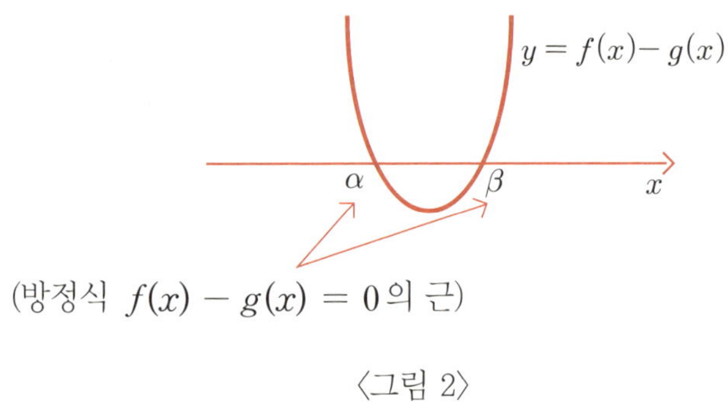

(방정식 $f(x) - g(x) = 0$의 근)

〈그림 2〉

필자가 방정식의 정의를 '변수가 있는 등식'이라고 했는데, 이것은 대수적 정의로 초중등학교의 주로 쉬운 수학에서 사용된다. 점차 수학이 어려워지면 방정식이나 도형 등을 좌표평면 위에 올려놓고 해석해야 한다. 이를 위해서는 방정식의 대수적인 정의에서 해석학적 정의인 '두 함수의 교점의 x좌표'로 사고의 방향을 전환해야 한다. 늦어도 중3 시기부터는 이 정의를 사용하여 고등수학은 물론이고 대학수학능력시험까지 방정식이라는 말이 나오면 이 정의를 활용해 문제를 풀어야 한다. 물론 교과서에 나오는 정의는 아니지만, 앞으로 중고등학교에서 방정식과 함수를 연결하는 매개 역할을 할 것이다.

위 〈그림 1〉은 두 함수, 즉 $y = f(x)$의 그래프와 $y = g(x)$의 그래프가 연립해서 풀었을 때의 x의 값이라고 표현한 것이다. 〈그림 2〉에서는 $y = f(x)$와 $y = f(x)$를 연립해서 얻은 방정식 $f(x) - g(x) = 0$을 풀었을 때의 해를 말하고 있다. 역으로는 하나의 방정식을 두 개의 함수식으로 만들 수 있고 다시 해석할 수 있어야 한다. 이러한 관점들이 없다면 문제를 풀면서 단순히 대입해 푸는 것으로 밖에 보이지 않는다. 중고등학교의 많은 학생들이 '대입'을 하는 이유도 모르면서 대입하여 문제를 푼다. 왜 대입을 하느냐고 물어보면 대입해야 문제가 풀리기 때문이라고 하지만 이는 이유가 아니다. 다음은 하나의 방정식을 두 개의 함수식으로 만드는 연습이다.

$$ax^2 + bx + c = 0 \Leftrightarrow \begin{cases} y = ax^2 + bx + c \\ y = 0 \end{cases}$$

$$ax^2 = -bx - c \Leftrightarrow \begin{cases} y = ax^2 \\ y = -bx - c \end{cases}$$

$$ax^2 + bx = -c \Leftrightarrow \begin{cases} y = ax^2 + bx \\ y = -c \end{cases}$$

왼쪽의 방정식에서 좌변을 y로 놓으면 당연히 우변도 y이다. 따라서 위처럼 오른쪽의 두 함수가 만들어진다. 역으로 두 함수를 대입법으로 연립하면 다시 왼쪽의 방정식이 된다. 그래서 함수라는 관점에서 보면 '방정식의 근'이 '두 함수의 교점의 x좌표'라는 것이다. 여기서 방정식 $ax^2 + bx + c = 0$ 을 두 함수식으로 바꾸면

$$\begin{cases} y = ax^2 + bx + c \\ y = 0 \end{cases}, \quad \begin{cases} y = ax^2 \\ y = -bx - c \end{cases}, \quad \begin{cases} y = ax^2 + bx \\ y = -c \end{cases}$$ 라는

두 그래프의 교점이라는 이미지를 만들어 낼 수 있다. 역으로 두 함수의 교점의 x좌표를 구하고 싶으면 연립하여 방정식으로 고친 뒤 푼다는 것이다. 좀 더 구체적으로 하나하나 다루어보자.

$$\begin{cases} y = ax^2 + bx + c \\ y = 0 \end{cases} \text{과 } ax^2 + bx + c = 0 \text{의 관계}$$

$y = 0$ 이라는 직선은 좌표평면에서 x축으로 나타난다. 그래서 문제에서는 보통 x축이라는 표현을 하지만 $y = 0$ 이라는

직선으로 인식하여야 한다. 문제들이 'x축'을 다루다가 갑자기 $y = ax + b$라는 직선을 사용하게 되면 마치 다른 문제로 생각될 수 있다. $y = 0$도 $y = ax + b$도 그냥 직선일 뿐이다.

：： 다음 이차함수 중 그래프가 x축과 서로 다른 두 점에서 만나는 것을 골라라.

① $y = 2(x - 1)^2$ ② $y = 2(x - 1)^2 + 1$

③ $y = 2(x - 1)^2 - 1$ ④ $y = -2(x - 1)^2$

⑤ $y = -2(x - 1)^2 - 1$

답: ③

x축이 $y = 0$이므로 보기들과의 교점을 구하라는 것이 아니다. 그렇게 풀면 함수를 방정식으로 푸는 것이기 때문에 귀찮고 번거로우며 실력은 실력대로 늘지 않는다. 함수는 항상 그래프가 생명이다. 보기에 있는 함수들의 기본형은 $y = 2x^2$과 $y = -2x^2$인데 보기들이 표준형으로 되어 있으니 평행이동의 경로가 보인다. 문제 푸는 것을 잠시 잊고 필자의 말에 따라 해 보기 바란다.

먼저, $y = 2x^2$의 그래프를 머릿속에 떠올려보자. 위로 두 팔을 벌리고 원점을 꼭짓점으로 하는 그래프가 그려지나요? 현재 x축,

즉 $y = 0$ 이라는 직선과 접하고 있으며 그림상으로는 그렇지 않아 보이겠지만 한 점에서 만나고 있다. 왼쪽이나 오른쪽으로 움직이더라도 여전히 한 점에서 만난다. 이번에는 그래프를 위로 올려 x축과 만나지 않도록 해보자. 이번에는 그래프를 아래쪽으로 내린다면 두 점에서 만나게 된다. 이와 같은 작업을 $y = -2x^2$의 그래프를 가지고도 해보기 바란다. 그냥 꼭짓점을 찍고 최고차항이 양수인지 음수인지를 아는 것만으로도 문제가 풀리겠지만, 이렇게 그래프를 움직여보면 문제를 보다 능동적으로 받아들이게 된다.

:: 이차함수 $y = 2x^2 - 4x - 1 + k$의 그래프가 x축과 만나지 않기 위한 k의 값의 범위를 구하여라.

답: $k > 3$

이차함수 그래프의 위치를 알기 위해 표준형으로 고치면 $y = 2(x^2 - 2x + 1) - 2 - 1 + k$ 이다. 최고차항이 2로 양수이니 위로 팔을 벌렸으며 $-3 + k$가 0이라면 한 점, 양수라면 위로 올라가서 만나지 않게 된다. 그래서 답은 $-3 + k > 0 \Rightarrow k > 3$ 이다. 만약 문제가 그래프와 x축이 두 점에서 만나야 하는 범위를 물었다면 $-3 + k \le 0$라는 식을 세우면 된다. 두 점에서 만나려는 조건이 $-3 + k < 0$ 아니냐고 하는 사람도 있을 것이다. 필자가 잊을만하면 이야기를 하는 데, 어떤 두 수가 있으면 항

상 그들이 같을 수도 있고 다를 수도 있다고 하였다. '서로 다른 두 수'라고 명백하게 않는 한 같을 수도 있다고 생각하여야 한다.

사실 고등수학에서 필자가 설명한 대로 이 문제를 풀지 않고 많은 학생들이 교과서가 알려주는 판별식이라는 기술을 이용한다. 항상 기술을 이용하면 빠르지만 쉬운 문제에 국한되고, 어려운 문제는 풀리지 않는다. x축이 $y = 0$이므로 $y = 2x^2 - 4x - 1 + k$ 와 $y = 0$를 연립한 이차방정식 $2x^2 - 4x - 1 + k = 0$의 해가 없도록 하는 조건을 사용하여 문제를 푼다. 그 조건이 무엇이냐고? 이차방정식의 근의 공식이 $x = \dfrac{-b \pm \sqrt{b^2 - 4ac}}{2a}$ 에서 만약 루트 안에 있는 $b^2 - 4ac$ 가 음수이면 해가 없게 된다는 것이다. $b^2 - 4ac$ 를 판별식 D라고 해서 $D = 0$이면 중근, $D > 0$이면 서로 다른 두 실근(실수로 된 근), $D < 0$이면 실근은 없다고 한다. 원래 판별식은 다루지 않을 계획이었는데 설명하다 보니 나왔으므로 지금 알아도 좋고 나중에 이해해도 무방하다.

$\begin{cases} y = ax^2 \\ y = -bx - c \end{cases}$ 와 $ax^2 = -bx - c$의 관계

문제에 이차함수와 일차함수가 주어지면 이를 연립하여 두 함수 간의 관계를 알아보게 된다. 보통 연립방정식의 푸는 방법인 가감법과 대입법 중에서 대입법을 사용하게 되며, 대입은 서로 같은 경우에 대신 넣어서 문제를 풀 때 사용한다. 같은데 굳이 바꾸어서 넣어야 하는 이유는 무엇일까? 처음 중 1에 대입을 처음 배웠을 때는 신기하게 느껴졌을 것이다. 처음에는 한 번쯤은 생각했겠지만, 그 후 '그렇게 하니 문제가 풀렸다.'라는 생각으로 별다른 생각 없이 대입하여 문제를 풀고 있을 것이다. 그 이유를 잘 알아두지 않으면 문제를 풀어서 맞아도 어떻게 맞았는지 모르는 찝찝함을 벗어나기 어렵다. 그리고 고등수학에서는 방정식과 함수가 통합되어야 하고, 기존의 책에서 이 부분을 설명한 책이 없으므로 반드시 이해해야 한다. 또 이 부분을 잘 이해하면 여러분의 실력이 많이 업그레이드될 것이다.

∷ 이차함수 $y = x^2$ 과 일차함수 $y = 2x + 3$ 의 교점의 좌표를 구하여라.

답: $(3,\ 9),\ (-1,\ 1)$

두 관계식 $y = x^2$ 과 $y = 2x + 3$ 을 연립하면 $x^2 = 2x + 3$ $\Rightarrow$ $x^2 - 2x - 3 = 0$ $\Rightarrow$ $x = 3, -1$ 이 나온다. $x = 3, -1$ 은 '두 함수의 교점의 x좌표'이다. 그런데 문제에서 교점의 좌표를 구하라 했으니 이것을 다시 주어진 함수 둘 중에 아무거나 대입하여 y좌표를 구하면 된다. 따라서 두 점 $(3,\ 9),\ (-1,\ 1)$이 답이다.

: : 이차방정식 $\frac{1}{3}x^2 + x - \frac{1}{2} = 0$ 을 이차함수 $y = x^2$ 을 이용하여 풀려고 한다. 필요한 직선의 방정식을 구하여라.

답: $y = -3x + \frac{3}{2}$

각 항들을 등식의 한쪽 편에 모아놓은 $\frac{1}{3}x^2 + x - \frac{1}{2} = 0$ 을 적당히 갈라서 두 함수로 놓아야 한다. 그런데 한쪽 편에 x^2 만 있다. 그렇다면 $\frac{1}{3}x^2 + x - \frac{1}{2} = 0$ 의 양변에 3을 곱하고 갈라놓으면 $x^2 = -3x + \frac{3}{2}$ 이다. 따라서 필요한 직선의 방정식은 $y = -3x + \frac{3}{2}$ 이다.

: : 이차함수 $y = x^2$ 의 그래프와 일차함수 $y = 3x + 10$ 의 그래프의 교점의 x좌표가 이차방정식 $x^2 + ax - b = 0$ 의 근일 때, $b - a$ 의 값을 구하여라.

답: 13

$y = x^2$ 와 $y = 3x + 10$ 를 연립하고 각 항을 한쪽 편으로 모아놓으면 $x^2 - 3x - 10 = 0$ 이며, 이것이 $x^2 + ax - b = 0$ 과 같다는 말이 된다. 계수들을 비교하면 $a = -3$, $b = 10$ 이므로 $b - a = 13$ 이다.

: : 이차함수 $y = -x^2 + 4x + 3$의 그래프에 직선 $y = -2x + k$가 접할 때, 상수 k의 값을 구하여라.

답: 12

위 문제의 표현은 두 함수의 교점의 좌표가 하나이고 이차방정식으로 보면 중근이라는 말이다. $-x^2 + 4x + 3 = -2x + k$ $\Rightarrow$ $x^2 - 6x + k - 3 = 0$ 이다. $x^2 - 6x + 9 - 9 + k - 3 = 0$에서 $-9 + k - 3 = 0$ 이어야 하므로 $k = 12$ 이다.

$\begin{cases} y = ax^2 + bx \\ y = -c \end{cases}$ 와 $ax^2 + bx = -c$의 관계

아마 당분간은 바로 앞에서 다루었던 '$\begin{cases} y = ax^2 \\ y = -bx - c \end{cases}$와 $ax^2 = -bx - c$의 관계'와의 차이점을 느끼지 못할지도 모른다. 그러나 고2 또는 고3이 되어서는 이 방법의 필요성을 느끼게 될 것이다. 고1 수학에서도 어려운 문제에서 다루기는 하지만 대부분의 문제집에서 설명을 $ax^2 = -bx - c$로 하기 때문에 직접 해보지 않으면 알기 어려울 것이다. 특히 $ax^2 + bx = -c$의 꼴이 유용한 것은 좌변이 완전하고 상수인 우변이 변수를 가지고 있을 때 유용하다. 특히, 좌변이 고차식이거나 초월함수 등이 있을 때는 더 큰 위력을 발휘할 것이다. 바로 위 문제를 사용하여 풀어봄으로써 그 차이를 알게 하려고 한다.

∵ 이차함수 $y = -x^2 + 4x + 3$ 의 그래프에 직선 $y = -2x + k$ 가 접할 때, 상수 k의 값을 구하여라.

답: 12

$-x^2 + 4x + 3 = -2x + k$ 를 한쪽 편에 상수항만이 놓이도록 이항하면 $-x^2 + 6x = k - 3$ 이 된다. 이 식의 좌변은 공통인수로 항상 x를 가지고 있어 두 x절편이 눈에 보인다. $-x(x-6) = k-3$ 으로 바꾸지 않아도 $x = 0, 6$이 보였지? 이제 $y = -x^2 + 6x$ 와 $y = k-3$ 의 두 그래프가 접하면 된다. 그런데 $y = k-3$ 는 x축과 평행하며 위아래로 움직이는 직선인 것이 보여야 한다. $y = -x^2 + 6x$ 는 최고차항이 음수이고 두 절편이 0, 6이니 대칭축으로부터 $x = 3$을 대입하면 최댓값 $y = -9 + 18 = 9$이다. 따라서 $(3, 9)$라는 꼭짓점에서 위로 볼록인 그래프를 직선 $y = k-3$이 $y = 9$되는 순간에 접하게 된다. 설명이 길어서 복잡하게 느껴진 것이지 고3 정도 되면 거의 $9 = k-3$라는 식까지 암산도 가능하게 될 것이다.

방정식을 분리하여 두 개의 함수로 만들게 되면, 모두 한쪽의 함수는 직선이 되는 것을 보았을 것이다. 우연히 그런 것이 아니라 고등수학에서도 항상 이렇게 풀어야 한다. 그리고 그때의 직선은 '미결정직선'이 될 가능성이 높다. 그래서 앞서 말했다. 고등수학의 함

수들을 학생들이 어려워하는 이유는 고등함수들이 어려웠던 것이
아니라 미결정직선의 생각 부재가 원인이라고 했다. 지금이라도
미결정직선이 어렵다면 다시 연습해서 고등수학에 올라가기 전에
반드시 쉽게 여겨질 때까지 연습해야 한다.

근과 계수와의 관계

이차식과 관련해서 고등수학에서 가장 많이 사용하는 것은 근과 계수와의 관계, 판별식, 절대부등식, 근의 분리라는 4가지다. 이는 물론 기술들이다. 기술들이라는 말은 모두 정식으로 함수의 그래프를 그려서 해결할 수도 있다는 말이다. 그렇지만 고등의 쉬운 문제들을 빨리 풀기 위해서는 필요한 것들이다. 이 중에서 필자는 고등학교의 학습 분량을 경감한다는 의미에서 근과 계수와의 관계를 중3에서 가르치고 있다. 근과 계수와의 관계는 어렵지도 않거니와 4가지 중에서도 가장 많이 사용되는 것이므로 그래도 시간이 있을 때 정확하게 이해해 보자.

근과 계수와의 관계 공식이 어렵거나 복잡하지 않으므로 외워서 그냥 사용하는 학생들도 많다. 그러나 빨리 얻게 되면 또 빨리 사라지게 된다는 것을 기억해야 한다. $ax^2 + bx + c = 0$의 최고차항의 계수를 1로 만들기 위해 양변을 a로 나누면 $x^2 + \frac{b}{a}x + \frac{c}{a} = 0$이 된다. 한편 역으로 α와 β를 근으로 하는 방정식으로 만들면 $(x - \alpha)(x - \beta) = 0 \Rightarrow x^2 - (\alpha + \beta)x + \alpha\beta = 0$이라 할 수 있다. 이제 $x^2 + \frac{b}{a}x + \frac{c}{a} = 0$과 $x^2 - (\alpha + \beta)x + \alpha\beta = 0$의 계수들을 서로 비교해 보면 $\alpha + \beta = -\frac{b}{a}$, $\alpha\beta = \frac{c}{a}$가 된다.

문자를 사용해 설명하기 때문에 복잡해 보이지만 직관적으로 생각해 볼 때는 당연한 것이다. 이미 인수분해를 공부할 때 상수항에서 곱이 되는 수를 찾고 일차항의 계수에서 합이 되는 두 수를 찾아왔기 때문이다. 다만 두 근의 합이 일차항의 계수에 음의 부호를 붙이는 반면에 곱에서는 부호가 바뀌지 않는 것을 이해하기만 하면 된다. 예를 들어 한 근이 $x = 3$이라면 인수는 $(x - 3)$로 수 앞의 부호가 바뀌는 현상이 일어난다. 그렇다면 왜 두 근의 곱은 부호가 바꾸지 않을까? 이는 두 수가 모두 부호가 바뀌기 때문에 인수끼리의 곱에서 만들어지는 상수항이나 근의 곱이나 부호가 같아진다. 근과 계수와의 관계를 이해했고 직관적으로도 당연하다고 생각되더라도 실제로는 다음과 같이 귀찮은 작업을 해보는 것이 오히려 기억에 더 남을 것이다.

이차방정식 $ax^2 + bx + c = 0$의 두 근을

$$\alpha = \frac{-b + \sqrt{b^2 - 4ac}}{2a}, \quad \beta = \frac{-b + \sqrt{b^2 - 4ac}}{2a} \text{ 라 할 때}$$

1) $\alpha + \beta = \dfrac{-b + \sqrt{b^2 - 4ac}}{2a} + \dfrac{-b - \sqrt{b^2 - 4ac}}{2a}$

$= \dfrac{-2b}{2a} = -\dfrac{b}{a}$

2) $\alpha\beta = \left(\dfrac{-b + \sqrt{b^2 - 4ac}}{2a}\right)\left(\dfrac{-b - \sqrt{b^2 - 4ac}}{2a}\right)$

$$= \frac{b^2 - (b^2 - 4ac)}{4a^2} = \frac{4ac}{4a^2} = \frac{c}{a}$$

수학의 모든 식은 곱과 합으로 되어 있고 그 방향성이 합과 곱의 혼합이다. 근과 계수와의 관계도 합과 곱으로 되어있으므로 당연히 곱셈공식의 활용이 함께 이용될 것이 예상된다. 간혹 근과 계수와의 관계를 알면서 그 활용을 하지 못하고 일일이 방정식의 해를 구하는 학생들이 많다. 예를 들어 이차방정식 $x^2 + x - 1 = 0$에서 모든 근의 합을 구하라고 하면 귀찮은 근의 공식까지 사용하면서 −1이라는 답을 찾는다. 근과 계수와의 관계로 보면 답이 보이는데도 말이다. 사실 근과 계수와의 관계를 몰라도 문제 자체를 푸는데는 지장이 없다. 그런데 무릇 모든 수학시험은 제한 시간이라는 것이 주어지기에 빨리 푸는 것이 정확도 못지않게 중요하다. 그런데 앞서 고등학교의 주력식이 이차식이라고 한 말을 기억하는가? 이차식이 엄청나게 많이 나오므로 근과 계수와의 관계를 이용하여 빨리 풀 수 있는 것에 시간을 소진하면 정작 시간을 써야 하는 어려운 문제에 손도 못 대는 일이 벌어진다. 수학은 정확하고 빨리 풀어야 한다.

: : 이차방정식 $x^2 - 2x - 1 = 0$의 두 근을 α, β 라

할 때, $\dfrac{\beta}{\alpha}, \dfrac{\alpha}{\beta}$ 를 두 근으로 하는 x에 대한 이차방정식

$2x^2 + ax - b = 0$에 대하여 $a - b$의 값을 구하여라.

① 2 　 ② 6 　 ③ 10 　 ④ 12 　 ⑤ 14

답: ⑤

$x^2 - 2x - 1 = 0$의 두 근을 α, β 라 했으므로 근과 계수의 관계에 의해 $\alpha + \beta = 2$, $\alpha\beta = -1$이다. 그런데 $\dfrac{\beta}{\alpha}, \dfrac{\alpha}{\beta}$ 를 두 근으로 하는 이차방정식은 $x^2 - \left(\dfrac{\beta}{\alpha} + \dfrac{\alpha}{\beta} \right)x + \dfrac{\beta}{\alpha} \times \dfrac{\alpha}{\beta}$ $= 0 \Rightarrow x^2 - \left(\dfrac{\alpha^2 + \beta^2}{\alpha\beta} \right)x + 1 = 0$이다. 그런데 $\alpha^2 + \beta^2$ $= (\alpha + \beta)^2 - 2\alpha\beta$ 이므로 $\alpha^2 + \beta^2 = 4 + 2 = 6$ 이다. 이것과 $\alpha\beta = -1$을 대입하여 $x^2 + 6x + 1 = 0$이라는 방정식을 얻었지만 $2x^2 + ax - b = 0$과 비교해 보면 $x^2 + 6x + 1 = 0 \Rightarrow$ $2x^2 + 12x + 2 = 0$이어야 한다. 계수를 비교하면 $a = 12$, $b = -2$이므로 답은 $a - b = 14$다.

4.2

이차함수와 이차부등식과의 관계

중학교에서 가르치는 부등식의 내용은 일차부등식이고 부등식의 양변에 음수를 곱하면 부등호의 방향이 바뀐다는 것과 그 수를 포함하느냐의 여부를 다루는 문제가 거의 전부다. 가르칠 것이 적은 까닭에 중2에서 한 번 다루고 있을 뿐이므로 마치 중요하지 않은 것처럼 보인다. 분량이 적은 것은 가르칠 내용이 적다는 것이지 중요하지 않다는 것이 아니다. 이차부등식은 이차방정식, 이차함수와 함께 고1 수학의 삼총사라 할 만큼 어렵고 중요한 것이다. 고 2~3에 이르기까지 응용의 범위가 넓으므로 마음가짐을 다잡고 개념을 튼튼히 하기 바란다. 중학수학에서 일차부등식을 다루다가 고등수학에서 이차부등식을 다루게 된다는 것은 부등식을 다루는 곳이 직선에서 평면으로 옮겨짐을 의미한다. 또한 평면에서 다루는 이차부등식을 이해하기 위해서는 역시 지금까지 공부했던 이차함수의 의미를 이해해야만 한다. 먼저, 함수의 기본적인 의미로 부등식의 개념을 유도해 보고자 한다. 기본적인 질문부터 출발해 보자.

$f(3)$은 무엇인가?

이 질문에 대해 가장 많은 학생들이 "함수에 $x = 3$을 대입한 것이요"라고 대답했다. 틀린 것은 아니지만 기술에 치중한 답이다. 이렇게만 가지고 있어도 쉬운 문제를 푸는 데는 지장이 없을지도 모른다. 그러나 $f(3)$은 '$x = 3$일 때의 함숫값으로 y축에 찍히는 점'이라는 함숫값으로 인식해야 한다.

$f(x)$는 무엇인가?

질문이 다소 황당하지만 이러한 질문에 정면돌파를 해야 한다. 이 질문에 학생들이 "함수요." 또는 "y요."라는 답을 많이 하지만, 이러한 식의 정리는 크게 도움이 되지 못한다. 바로 위의 질문에 빗대어 'x에 대한 함숫값들로 y축에 찍히는 점들'이라는 이미지를 떠올리면서 하는 대답이어야 비로소 함수나 부등식에서 도움을 받게 된다. $f(x)$를 함숫값이라고 하는 것은 정의에 위배되지만, 함수를 이해하는 데는 도움이 된다고 말했었다.

$f(x) = 0$은 무엇인가?

앞서 두 질문을 받은 이후에 학생들이 비로소 "x에서의 함숫값이 0인 것이요"라는 대답을 하기 시작한다. $f(x) = 0$은 x를 변수라고 할 때 방정식이고, 방정식이란 '두 함수의 교점의 x좌표'라고 했다. 따라서 두 함수 $y = f(x)$와 $y = 0$의 교점의 x좌표이므로 'x에서의 함숫값이 0이 되는 x의 값들'이라고 표현할 수 있다. 여기서 그냥 'x절편'이라고 해도 되는데 이렇게 애매모호해 보이는 표현을 쓰는 이유는 확장성 때문이다.

$f(x) > 0$는 무엇인가?

이제 'x에서의 함숫값이 0보다 큰 것들'까지 라는 대답을 할 수 있겠지? 좀 더 정확하게는 부등식은 범위를 나타내므로 '$y = f(x)$의 함숫값들이 양수일 때의 x의 범위'로 보아야 한다. 이 부분에 대한 이해가 안 된다면 암기에 시달려야 되고 효과도 적다. 앞으로 좀 더 설명을 하겠지만 반드시 이해해야 할 것이다. 물론 $f(x) < 0$이라면 '$y = f(x)$의 함숫값들이 음수일 때의 x의 범위'이다. 지금까지의 설명이 이해되었다면 이차부등식을 다룰 준비

가 되었다. 다음은 고등수학에서 다루는 이차부등식들이다.

이차부등식의 해 $(a > 0,\ \alpha < \beta)$

① $a(x - \alpha)(x - \beta) < 0 \ \Rightarrow \ \alpha < x < \beta$

② $a(x - \alpha)(x - \beta) > 0 \ \Rightarrow \ x < \alpha$ 또는 $x > \beta$

③ $a(x - \alpha)^2 > 0 \qquad \Rightarrow \ x$는 $x \neq \alpha$인 모든 실수

④ $a(x - \alpha)^2 \geq 0 \qquad \Rightarrow \ x$는 모든 실수(절대부등식)

⑤ $a(x - \alpha)^2 < 0 \qquad \Rightarrow \ $해는 없다(말도 안 되는 부등식)

⑥ $a(x - \alpha)^2 \leq 0 \qquad \Rightarrow \ x = \alpha$

위 여섯 가지 중 여기서는 ①과 ②만을 설명하려고 한다. 설명을 이해하였다면 나머지 4개도 생각해 보라는 의미로 적은 것이다. 그리고 Tip으로 부등식의 종류를 다루었는데 읽어보면 ④, ⑤ 이외의 부등식은 모두 조건부등식인 것을 알 수 있을 것이다. 조건부등식 중에 기본이라고 할 수 있는 것은 $a(x - \alpha)(x - \beta) < 0$ 와 $a(x - \alpha)(x - \beta) > 0$인 경우이다. 보통 고등학생들은 '이차부등식이 0보다 작으면 사이이고, 0보다 크면 작은 것보다 작고 큰 것보다 크다.'라고 외웠다가 문제를 푼다. 그렇게 풀어도 되지만 이유를 정확하게 아는 것과의 차이는 갈수록 벌어진다. 머릿속이 항상 정확하고 깔끔할 때까지 정리해야 한다. 이 두 가지 대표적인 이차부등식의 유형을 좀 더 구체적인 수를 대입한

$(x-2)(x-5) < 0$와 $(x-2)(x-5) > 0$을 통해 부등식 자체를 가지고 비교해 보고, 다시 함수를 통해 비교해 보고자 한다. 보통 선생님들은 함수로만 설명하며 물론 함수로 이해하는 것이 더 좋은 것은 맞다. 하지만 함수가 약해서 이해하지 못하고 외우기만 하는 학생들을 위해 먼저 함수가 아닌 부등식만으로 비교해 보려고 한다.

$(x-2)(x-5) < 0$에서 $(x-2)$와 $(x-5)$의 곱이 '음수'이다. 두 수의 곱이 음수이려면 둘 중의 하나는 양수이고 다른 하나는 음수이어야 한다. 이를 각각 구분하면 '$x-2 < 0$이고 $x-5 > 0$'…①이거나 '$x-2 > 0$ 이고 $x-5 < 0$'…②이어야 한다. ①은 해가 없고 ②의 해는 이다. ①과 ②의 범위를 합하면 $2 < x < 5$이므로 $(x-2)(x-5) < 0$의 해는 $2 < x < 5$이다. 복잡하여 혼동된다면 수직선을 그리면서 이해하기 바란다.

$(x-2)(x-5) > 0$에서도 $(x-2)$와 $(x-5)$의 곱으로 보면 '양수'이다. 두 수의 곱이 양수이려면 두 수가 모두 양수 또는 모두 음수일 때만 양수가 된다. 즉, $x-2 > 0$이고 $x-5 > 0$ …③이거나 $x-2 < 0$ 이고 $x-5 < 0$…④이어야 한다. ③의 공통범위는 $x > 5$이고 ④의 공통범위는 $x < 2$이다. ③과

④의 범위를 합하면 $(x - 2)(x - 5) > 0$의 해는 '$x < 2$ 또는 $x > 5$'이다. 이차부등식이지만 하나하나는 일차부등식에 불과하다. 하나하나 따져야 하는 것은 어쩔 수 없는 귀찮음이 따르지만, 상위권으로 도약을 원하는 학생이라면 반드시 넘어야 할 산이라고 생각해야 한다. 이번에는 함수로 비교해 보자!

이차함수, 이차방정식, 이차부등식이라는 삼총사를 한마디로 정리한다. **이차함수는 치역의 범위이고, 이차방정식은 두 함수의 교점의 x좌표이며, 이차부등식은 정의역의 범위다.**

$(x - 2)(x - 5) < 0$에서 좌변과 우변을 별도의 그래프로 생각하여 $y = (x - 2)(x - 5)$라는 포물선과 $y = 0$ (x축)이라는 직선으로 볼 때, 직선 아래쪽에 포물선이 있는 경우의 x의 범위를 물어보는 것이다.

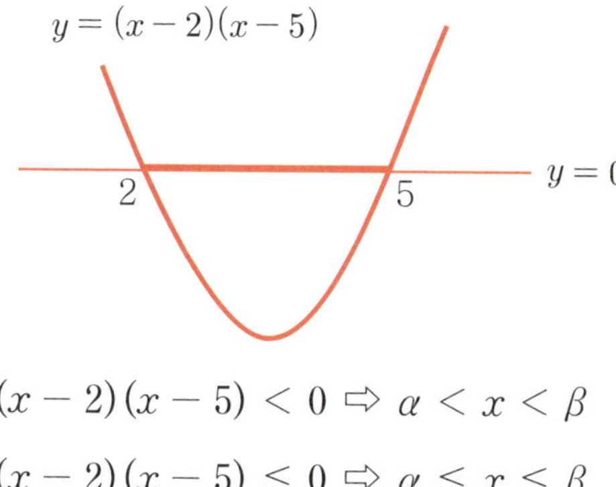

$$a(x - 2)(x - 5) < 0 \Rightarrow \alpha < x < \beta$$
$$a(x - 2)(x - 5) \leq 0 \Rightarrow \alpha \leq x \leq \beta$$

y의 값(함숫값)이 0보다 작을 때, x의 범위는 두 수의 사이 즉 $2 < x < 5$에 있게 된다. 이것은 함수로 볼 때는 정의역이 된다. 이것을 학생들이 잘 이해하지 못하는 이유는 다음과 같다. 첫째, $y = 0$이 직선이라는 것이 잘 안 들어오기 때문이다. 둘째, 치역과 정의역을 오가는 힘이 부족하기 때문이다. 이것을 한꺼번에 해결할 수 있는 방법은 함수의 치역을 통한 최댓값과 최솟값 부분을 좀 더 강화하는 방법이다. 지금은 기본을 익히는 과정이라서 그나마 쉬운 것이지 앞으로 고등수학의 공부는 온통 함수천지가 될 것이므로 틈나는 대로 확실하게 잡아 나가야 할 것이다.

역시 $(x - 2)(x - 5) > 0$를 $y = (x - 2)(x - 5)$라는 이차함수와 $y = 0\,(x$축)이라는 직선으로 볼 때, 이차곡선이 직선 위에 있을 때의 x의 범위를 물어보는 것이다.

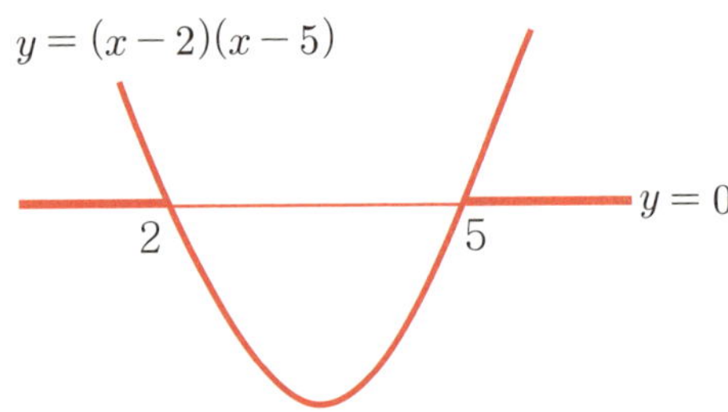

$$a(x - 2)(x - 5) > 0 \Rightarrow x < \alpha \text{ 또는 } x > \beta$$
$$a(x - 2)(x - 5) \geq 0 \Rightarrow x \leq \alpha \text{ 또는 } x \geq \beta$$

y의 값이 0보다 클 때의 x의 범위는 '$x < 2$ 또는 $x > 5$'로 작은 수보다는 작고 큰 수보다는 큰 범위에 있게 된다. 이처럼 x에 대한 이차부등식은 한마디로 말해 치역의 범위에 대한 정의역의 범위를 물어보는 것이다.

:: x에 대한 부등식 $ax^2 + 5x + b > 0$를 풀어서 $\dfrac{1}{3} < x < \dfrac{1}{2}$ 라는 해를 얻었다. 이때 상수 a, b의 값을 구하여라.

답: $a = -6, b = -1$

$a(x - \alpha)(x - \beta) < 0$의 해가 $\alpha < x < \beta$ 라고 했으므로 역으로 $\dfrac{1}{3} < x < \dfrac{1}{2}$ 에 대한 부등식은 $a(x - \dfrac{1}{3})(x - \dfrac{1}{2}) < 0$ 이다. 그런데 $a(x - \dfrac{1}{3})(x - \dfrac{1}{2}) < 0$를 전개하면 a 때문에 귀찮아지므로 a가 없는 상태로 정리하고 나중에 최고차항의 계수를 결정해도 상관없을 것이다. 그래서 $(x - \dfrac{1}{3})(x - \dfrac{1}{2}) < 0$를 전개하려고 보았더니 또 귀찮은 분수의 덧셈과 곱셈이 기다리고 있다. 이제 분수의 셈은 잘하겠지만 그래도 귀찮은 것은 귀찮은 것이므로 다른 방법을 생각해 볼 수 있다. 양변에 분모의 최소공배수인 6을 곱하되 그냥 곱하면 여전히 번거로우니 각 괄호에 6을 분리하며 3과 2를 각각 분배법칙에 따라 곱하면 쉽

다. $3 \times (x - \frac{1}{3}) \times 2 \times (x - \frac{1}{2}) < 0 \times 6 \quad \Rightarrow \quad (3x - 1)$ $(2x - 1) < 0 \Rightarrow 6x^2 - 5x + 1 < 0$에서 준식과 부등호의 방향을 같게 하면 $-6x^2 + 5x - 1 > 0$이 된다. 이제 계수를 비교하면 $a = -6, b = -1$이다.

∴ 이차함수 $y = -x^2 - 6x + k$의 그래프가 직선 $y = 3$ 보다 항상 아래에 위치하도록 k의 범위를 구하여라.

답: $k < -6$

주어진 식을 표준형으로 바꾸면 $y = -(x^2 + 6x + 9)$ $+9+k$이다. 꼭짓점의 y좌표가 미지수이므로 위로 볼록한 포물선은 위아래로 움직인다. 그런데 이차함수의 최댓값이 $9 + k$ 이고 함숫값이 항상 $y = 3$의 아래에 있어야 하므로 $k + 9 < 3$ $\Rightarrow k < -6$이어야 한다.

답은 나왔지만 다른 방식으로 풀어보자. $y = -x^2 - 6x + k$ 의 함숫값이 항상 3보다 작으려면 $-x^2 - 6x + k < 3$ 이다. 최고차항의 계수가 음수이니 우선 양수로 만들어보면 $x^2 + 6x - k > -3$ 이다. 이 부등식이 항상 성립해야 하므로 '절대부등식(Tip 참조)'의 문제가 된다. 앞으로 이러한 문제를 고등수학에서는 부등식으로 풀게 되므로 부등식으로 풀어보자. $x^2 + 6x - k > -3$을 이항하여 만든 $x^2 + 6x$ $-k+3>0$, $x^2 > -6x + k - 3$, $x^2 + 6x > k - 3$ 중에서 어떤 것을 사용하느냐에 문제의 풀이 속도가 달라진다. $x^2 + 6x - k + 3 > 0$은 주로 고1들이 판별식을 배워서 주로 사용하지만 판별식을 배우지 않았으므로 패스. $x^2 >$ $-6x + k - 3$에서 $y = x^2$과 $y = -6x + k - 3$으로 분리하여 미결정직선 $y = -6x + k - 3$를 움직이는 방법인데 특별한 방법이 없다. 이 문제는 $x^2 + 6x > k - 3$을 이용하는 것이 가장 좋다. 좌변이 변수를 포함하지 않았으므로 고정된 그래프 $(x + 3)^2 - 9$가 있다. 이제 우변인 미결정직선 $y = k - 3$이 기울기가 0인 채 위아래로 움직인다. $k - 3$이 -9보다 작아야 하므로 답은 $-9 > k - 3 \Rightarrow -6 > k$이다.

부등식의 종류

등식이 등호가 있는 식이었다면 부등식은 부등호가 있는 식이다. 등식이 양변이 같다는 것을 표현했다면 부등식은 다르다는 것을 표현한 것이다. 등식의 종류가 3개가 있고 이에 대응하는 부등식도 3개이다. 등식은 방정식, 항등식, 말도 안 되는 등식처럼 이름이 각각이지만, 부등식은 다음과 같이 모두 이름의 끝부분에 부등식이라는 이름이 붙는다.

	등식의 종류	등식의 예	부등식의 종류	부등식의 예
1	방정식	$x = 3$	조건부등식	$x < 3$
2	항등식	$0 \cdot x = 0$	절대부등식	$0 \cdot x < 3$
3	말도 안 되는 등식	$0 \cdot x = 3$	말도 안 되는 부등식	$0 \cdot x > 3$

방정식의 정의에 따라 변수에 따라 특정한 수만이 등식을 성립했다면, 조건부등식은 특정한 범위의 수만이 부등식을 만족한다는 것이다. 항등식이 항상 성립하는 것이었다면, 이에 대응하여 항상 성립하는 부등식은 절대부등식이다. 등호나 부등호가 있지만, 이것을 만족하는 수가 존재하지 않을 경우도 있다. 이때 등식은 '해가 없다.'라는 표현을 하는데 이들의 이름이 없어서 체계적으로 정리하는 데 도움을 주고자 필자가 이름을 붙인 것이 '말도 안 되는 등식'과 '말도 안 되는 부등식'이다. 필자가 가르치는 학생들이 이구동성으로 그 이름이 촌스럽다고 하면서 기억은 잘된다고 한다. 문제의 식에 등호나 부등식이 있다면 모두 다음의 종류 안에 있다는 생각으로부터 출발하여 하나하나 조건을 따져나가는 것이 필요하다. 그런데 전체를 모르면 내가 모르는 뭔가가 있을 수 있다는 막연함을 가질까 봐 이름을 만들었던 것이다. 이해를 돕기 위해 등식과 비교를 해봤다. 이제 부등식 자체만으로 설명하려 한다.

일차부등식을 통해 부등식의 종류를 구분해 보려고 한다. x에 대한 일차부등식은 변수 x가 들어가 있는 항을 좌변에, 상수항을 우변에 놓아서 $ax > b$ 또는 $ax < b$의 꼴로 정리하여 푼다. x에 대한 부등식 $ax > b$에서 $a \neq 0$이면 조건부등식이다. x에 대한 방정식 $ax = b$에서는 $a \neq 0$이면 모두 방정식이었지만, 부등식에서는 $a \neq 0$이라면 추가하여 양수 또는 음수인지를 다시 구분해야 한다. 양변을 a로 나눌 때, a의 부호에 따라 부등호의 방향이 달라지기 때문이다. $a = 0$이면 '절대부등식'이 되거나 '말도 안 되는 부등식'이 되며, 특히 이 부분에 대한 이해를 확실히 해야 한다. $ax > 0$에서 $a = 0$이면 $0 \cdot x > b$가 되는데 b가 0, 양수, 음수에 따라서 해가 달라진다. 이 부분은 부등호의 종류와 방향에 따라서 해가 달라지므로 외울 수는 없다. 구체적인 수를 통해 이해해보자! $0 \cdot x > 0$과 $0 \cdot x > 2$는 x가 어떤 값을 가지더라도 부등호가 성립하지 않으므로 말도 안 되는 부등식이다. 그에 반해서 b가 음수라면 $0 \cdot x > -2$는 x가 어떤 값을 가져도 되는 절대부등식이 된다. 정리하면 다음과 같다.

---

x에 대한 부등식 $ax > b$에 대하여

1) $a > 0$일 때, $x > \dfrac{b}{a}$ (부등호의 방향은 그대로)이다.
   (조건부등식)

2) $a < 0$일 때, $x < \dfrac{b}{a}$ (부등호의 방향은 반대로)이다.
   (조건부등식)

---

3) $a = 0$ 일 때, ① $b \geq 0$ 이면 해는 없다.

(말도 안 되는 부등식)

② $b < 0$ 이면 해는 모든 실수이다.

(절대부등식)

:: 모든 실수 x에 대하여 $ax - a > 2x - 5$ 가 성립하도록 상수 a의 값을 정하여라.

답: 2

일차부등식에서 변수는 좌변으로, 상수는 우변으로 보내야 하므로 $(a - 2)x > a - 5$이다. 이제 잠시 생각해 보자! x의 값과 상관없이 부등식이 성립해야 하므로 절대부등식이며 $a - 2 = 0 \Rightarrow a = 2$이어야 한다. $a = 2$를 양변에 대입해 보면 $0 \cdot x > -3$으로 0에 곱하는 x의 값이 무엇이라도 -3보다는 크므로 $a = 2$로 정할 수 있다.

:: x에 대한 부등식 $ax - a > 2x - b$ 의 해가 존재하지 않기 위한 b의 조건을 구하여라. (단, a, b는 상수)

① $b > 2$ ② $b < 2$ ③ $b < a$ ④ $b \leq 2$ ⑤ $b = a$

답: ④

먼저, 기본 꼴로 바꾸면 $(a - 2)x > a - b$인데 이것이 해가 없어야 한다고 했으므로 '말도 안 되는 부등식'이어야 한다. 해가 없기 위한 조건은 '$0 \times x > (0$ 또는 양수$)$'또는 '$0 \times x < (0$ 또는 음수$)$'이다. 따라서 $(a - 2)x > a - b$의 양변에 $a = 2$를 대입하면 $0 \times x > 2 - b$에서 $2 - b \geq 0 \Rightarrow 2 \geq b$이다. 그런데 주관식에서 자칫 등호를 뺀 $2 > b$라는 오답이 종종 나온다. 여기서 $0 > 0$ 또는 $0 < 0$가 성립하지 않으므로 유의하기 바란다.

4.3

구간에 따라 다르게 정의되는 함수

정의역은 출제자의 고유권한이고 정의역이 주어지지 않은 함수는 정의역을 실수전체로 본다고 했다. 그동안 배운 함수의 주력이 일차함수와 이차함수인데 이 함수들은 그래프가 중간에 끊어지지 않고 계속 이어지기 때문에 대부분의 문제가 정의역이 주어지지 않았다. 정의역이 주어진 문제가 많이 없으므로 학생들이 정의역을 떠올리지 못하는 경우가 자주 나온다. 그래서 정의역을 사용하는 함수를 다루려고 한다. 임팩트 있게 '구간에 따라 다르게 정의되는 함수'를 다루려고 하는데, 배우지는 않고 주로 고등수학에서 나온다. 나중에 낯설지 않도록 몇 문제만 다루어보려고 한다.

:: 직사각형 $ABCD$ 에서 점 P는 점 B에서 출발하여 변 BC

와 변 CD 위를 지나 점 D까지 움직인다. 점 P가 x만큼 움직일 때의 $\triangle ABP$의 넓이를 y라 할 때, y를 x의 식으로 나타내어라. (단, x는 0을 포함한다.)

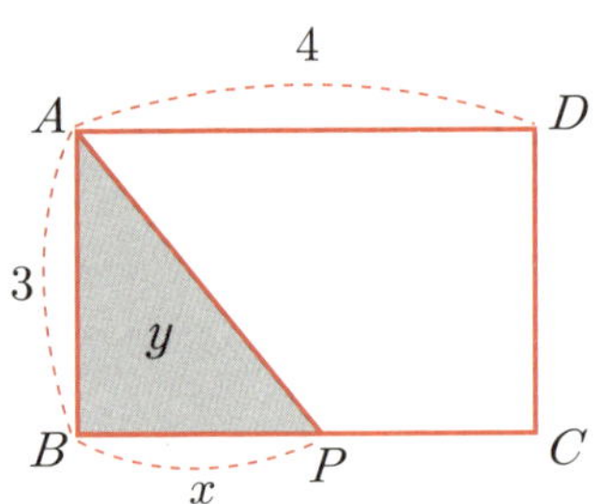

$$답: y = \begin{cases} \dfrac{3}{2}x\,(0 \leq x \leq 4) \\ 6 \quad (4 < x \leq 7) \end{cases}$$

점 P는 점 B에서 출발하여 변 BC 위를 움직일 때의 삼각형의 넓이는 $x \times 3 \times \dfrac{1}{2}$이니 $y = \dfrac{3x}{2}$이며 이때의 정의역은 $0 \leq x \leq 4$이다. 여기까지는 중1 학생 정도라면 풀겠지? 점 P가 변 CD 위를 지날 때의 $\triangle ABP$의 넓이 $3 \times 4 \times \dfrac{1}{2} = 6$을 구하는 것은 중2 정도는 되어야 한다. 필자가 중2 학생 때에 이러한 문제를 접하여 삼각형의 넓이가 아닌 사다리꼴의 넓이를 구하려고 시도했던 황당한 기억이 있다. 문제가 말한 '$\triangle ABP$의 넓이'라는 말을 무시했던 것이다.

여기까지를 잘 구했다고 해도 함수의 관계식을 $f(x) =$

$$\begin{cases} \dfrac{3}{2}x & (0 \le x \le 4) \\ 6 & (4 < x \le 7) \end{cases}$$ 이라고 낯설어서 쓰지 못할 수 있다. 특히, 정의역의 구간들을 잘 보기 바란다. 그런데 이렇게 구간이 나누어진 함수의 그래프를 그릴 수 있나? 이 함수의 그래프를 직접 그리는 대신 다음의 문제로 갈음한다.

∷ 정의역이 $-1 \le x \le 7$인 범위에서 함수 $y = f(x)$의 그래프는 다음과 같이 꺾은선 그래프이다. 다음 물음에 답하여라.

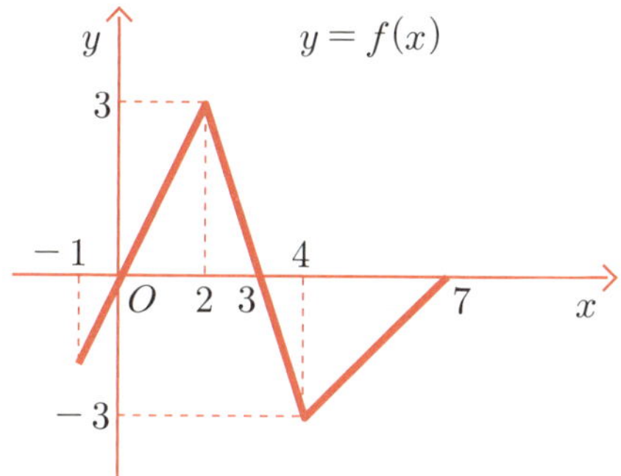

(1) 방정식 $f(x) = 1$을 만족하는 x의 값을 구하여라.

(2) 함수 $f(x)$의 값이 정수가 되는 x의 값은 모두 몇 개인지를 구하여라.

(3) $3 < x < 7$의 범위에서 방정식 $f(x) = f(x + 1)$이 되는 x의 값을 구하여라.

답: (1) $\dfrac{2}{3}, \dfrac{8}{3}$　(2) 14개 (3) $\dfrac{15}{4}$

정의역이 $-1 \leq x \leq 7$ 라고 하는 것은 그 밖의 구간에서는 정의되지 않았으므로 없는 것이다. 직선의 결정조건은 '기울기와 한 점'이다. 구간마다 직선의 관계식을 구하는 것이 귀찮기는 하지만 어려운 일은 아니지? 정의역의 구간으로 나누어 각각의 직선을 구하면 $f(x) = \begin{cases} y = \dfrac{3}{2}x\,(-1 \leq x < 2) \\ y = -3x + 9\,(2 \leq x < 4) \\ y = x - 7\,(4 \leq x \leq 7) \end{cases}$ 이다.

(1) $f(x) = 1$ 은 방정식이고 방정식은 '두 함수의 교점의 x좌표'라는 말을 기억하지? 위 $y = f(x)$ 에 직선 $y = 1$ 을 그리면 두 점에서 만나는데 이때의 x좌표를 구하라는 말이다. $1 = \dfrac{3}{2}x$ 와 $1 = -3x + 9$ 를 풀면 답이다. (2)번은 잘못 접근하면 무척 번거로운 문제이니 문제의 의미를 잘 생각해 보아야 한다. '$f(x)$의 값이 정수가 되는 x의 값'은 함숫값이 정수가 되는 x의 값이고 함숫값이 정수가 되면 (1)의 $f(x) = 1$과 같이 된다. 이렇게 하나하나 구하는 것은 귀찮음의 정도를 벗어난다. 다행스럽게도 x좌표를 직접 하나하나 구하라는 것이 아니고 그 개수만을 구하면 된다. 치역이 $-3 \leq y \leq 3$ 이니 $y = 3, y = 2, y = 1, \cdots, y = -3$ 의 직선을 그어서 교점의 개수가 x좌표의 개수가 된다. 눈으로 세어보니 더하기가 약간 헷갈렸지만 14개다. (3) 정의역이 $3 < x < 7$ 의 범위에서 $f(x) = f(x + 1)$ 이라고 했다.

$f(x + 1)$은 $f(x)$에서 x 대신에 $x + 1$을 대입한 것이다. 이것이 무엇을 뜻하나? 여기서 평행이동을 잘 외운 학생이라면 $f(x)$의 그래프를 x축의 방향으로 -1만큼 평행이동하였다는 것을 알 수 있을 것입니다. 평행이동했을 때, $3 < x < 4$의 범위에서 두 그래프가 만나는 것을 알 수 있다. 두 그래프의 교점을 구하면, $-3x + 9 = (x + 1) - 7$에서 x의 값을 구할 수 있다.

정의역이 정해진 이차함수의 최댓값과 최솟값

정의역이 주어지는 경우는 중학수학에서는 어려운 문제로 간주되지만 고등수학에서는 일상적인 문제이다. 따라서 그래도 시간 여유가 있는 중학 시기에 연습해 두는 것이 좋다. 예를 들어 '이차함수 $y = \frac{1}{3}x^2$의 정의역이 $1 \leq x \leq 3$일 때, 최솟값과 최댓값을 구하여라.'라는 문제는 $y = \frac{1}{3}x^2$의 그래프를 $1 \leq x \leq 3$인 범위에서만 그래프를 그리고, 치역의 범위를 공역에서 줄로 그어본다. 그러면 치역은 $\frac{1}{3} \leq y \leq 3$가 되므로 최솟값은 $\frac{1}{3}$이고 최댓값은 3이 된다. 그런데 이 문제는 꺾이는 부분이 정의역에 포함되지 않은 경우이므로 실질적으로는 $y = \frac{1}{3}x^2$에 $x = 1, 3$을 대입하기만 하면 최솟값과 최댓값을 구할 수 있다. 이차함수의 그래프에서 꺾어지는 부분을 나타내는 것은 대칭축의 방정식이었다. 다음 문제를 풀어보자.

: : 이차함수 $y = \dfrac{1}{2}x^2$ 의 정의역이 $-1 \le x \le 3$ 일 때, 치역을 구하면?

① $0 \le y \le \dfrac{1}{2}$ ② $\dfrac{1}{2} \le y \le \dfrac{9}{2}$ ③ $0 \le y \le \dfrac{9}{2}$

④ $0 \le y \le 3$ ⑤ $-1 \le y \le \dfrac{3}{2}$

답: ③

$f(-1)$과 $f(3)$의 값을 각각 구하여 답을 ②번이라는 학생들이 있다. 꼭짓점은 선의 방향이 바뀌는 지점이다. 이 문제는 정의역의 구간 $-1 \le x \le 3$에 대칭축의 방정식 $x = 0$이 포함되기에 $f(0)$, $f(-1)$, $f(3)$을 고려하여 최대, 최솟값을 정해야 한다. 그런데 대칭인 도형의 특징을 살려 이해하면 함숫값을 3개가 아닌 2개만 구해도 된다. 꺾이는 부분이 정의역에 포함된 경우 꼭짓점의 x좌표를 대입하면 치역의 한 끝이 된다. 나머지 치역의 가장자리는 정의역에서 대칭축으로부터 더 먼 것을 대입하면 얻어진다.

: : 정의역이 $-1 \le x \le 4$인 이차함수 $y = x^2 - 4x + 2$의 최댓값을 M, 최솟값을 m이라 할 때, $M - m$의 값을 구하

답: 9

대칭축의 방정식이 $x = 2$라는 것이 보이지 않나? 안되면 표준형으로 바꿔야지 별 수 없다. $-1 \leq x \leq 4$에 $x = 2$이 포함되니 $f(2)$가 최솟값이 된다. $f(-1)$과 $f(4)$를 모두 구해보는 것이 아니라 대칭의 성질을 이용하면 하나만 구해도 된다고 말했다. $x = 2$에서 정의역의 범위 끝인 -1과 4 중에서 더 멀리 떨어진 것은 -1이므로 $f(-1)$이 최댓값이 된다. $f(2) = 4 - 8 + 2 = -2 = m$, $y = 1 + 4 + 2 = 7 = M$이므로 $M - m = 9$이다.

4.4

절댓값: 양수인지 음수인지 모른다고
거기서 끝나는 것이 아니다

필자는 오래전부터 절댓값은 음수, 거듭제곱, 등호와 함께 중학교에서 반드시 익혀야 하는 사대천황이라고 말하고 있다. 특히 절댓값은 중학수학 교과서나 문제집에서 그리 비중 있게 다루지 않고 있으며, 어쩌다가 문제가 나와서 많은 학생들이 개념을 충분히 잡기에는 역부족이었다. 그러다가 고등수학에서는 중학교 3년간 절댓값의 개념을 충분히 잡았다는 가정하에서 다항식은 물론 방정식, 함수, 미적분 등 계속해서 모든 단원에서 활용될 것이다. 절댓값은 어렵지 않으므로 개념을 정확하게 잡은 학생들도 많겠지만, 노파심에서 처음부터 설명하려고 한다.

절댓값은 중학교에 올라오자마자 정수와 함께 곧바로 배우게

된다. 7차 교육과정 개정 전에 교과서에서는 '0에서부터의 거리'라는 말과 $|-3| = 3$ 처럼 '부호를 떼어낸 값'이라고 두 가지를 가르쳤었다. 필자가 '부호를 떼어낸 값'의 오류를 지적하였더니 삭제하여 '0에서 부터의 거리'라는 말만 남았다. 그러나 현장에서 볼 때, 많은 학생들이 여전히 부호를 떼어낸 값이라고 생각하고 있다. 왜냐하면 '0에서 부터의 거리'는 사용하기가 어렵고 '부호를 떼어낸 값'이라고 생각하면 당장 중1의 수학문제를 푸는 데까지는 어려움이 없고 오히려 깔끔히 정리되는 듯 느껴진다. 실제로 '0에서 부터의 거리'라는 정의는 이후 고등수학까지 문제를 푸는 데 사용되지 않는다. 따라서 결국 학생들 입장에서 "절댓값은 거리니까 음수가 될 수 없어."와 같은 상식선의 수준에 그치게 되었다. 이 상태로는 중3 수학부터 수많은 고등문제에서 치명적이다. 그래서 필자가 다음과 같은 정의를 만들었다.

<절댓값의 정의>

절댓값 기호 안의 수를 양수(0 포함)로 만들라는 명령 기호

앞으로 고등수학까지 모든 절댓값의 문제는 이 정의로 해결된다. 절댓값은 중학교에서는 이따금 나와서 중요하지 않은 듯이 보이지만, 고등수학에서는 모든 단원의 활용 문제로 쏟아진다. 중학수학에서 연습이 되지 않았다고 보는 것이 아니라 중학교 3년간이나 연습한 개념이라고 보고있는 것이다. 고등수학을 대비하려면 정확하게 연습해야 한다는 말이다.

1) $|+3| = +3$
2) $|-3| = -(-3)$

$|+3|$을 '$+3$을 양수로 만들어라.'라는 명령 기호로 이해할 때, $+3$은 이미 양수이므로 양수로 만들라는 말은 무의미한 명령이다. 따라서 절댓값 기호를 없앤 $+3$인데 간혹 "3이 아닌가요?"라고 묻는 학생들이 있다. 여전히 부호를 떼어낸 값이라고 생각하는 학생들이며, 이는 $+3 = 3$으로 같은 말이다. 문제는 절댓값 기호 안이 음수일 때이다. $|-3|$을 '-3을 양수로 만들어라.'라는 명령 기호로 이해할 때, -3을 양수로 만드는 방법은 이 수에 $-$를 붙여주는 것이다. 즉 $|-3| = -(-3) = 3$에서 $-(-3)$이라는 다소 번거로운 중간식을 기억해야 한다. 바로 이 부분이 절댓값의 식을 활용할 수 있는 핵심이다. 절댓값 기호가 진짜로 문제가 되는 것은 절댓값 기호 안에 아는 수가 아니라, 미지수가 포함되는 경우에 나타난다. 절댓값 기호가 미지수와 만나서 다항식이나 방정식, 부등식, 함수 등에서 쓰이게

되면 많은 귀찮은 일이 벌어진다.

절댓값과 다항식의 만남

절댓값과 다항식의 만남은 그 이전에도 이따금 이루어졌지만 주로 중3 수학에서 이루어진다. 예를 들어 '$0 < a < 3$일 때, $|a| + |a - 3|$을 간단히 하여라.'이란 문제가 있다고 보자. a는 $0 < a < 3$의 범위에 있는 수이므로 양수이지만, $a - 3$은 작은 수에서 큰 수를 빼고 있으므로 음수이다. 따라서 $|a| = a$가 되고, $a - 3$는 양수로 만들기 위해서는 마이너스와 괄호를 사용하여 $|a - 3| = -(a - 3)$이 된다. 즉 $|a| + |a - 3| = a - (a - 3) = a - a + 3 = 3$이다. 절댓값을 '부호를 떼어낸 값'으로만 생각한다면 미지수에 부호가 없어서 난감하고, 교과서의 '원점으로부터의 거리'도 쓰임새가 없다는 것을 확인할 수 있을 것이다.

그런데 사실 위와 같은 중간단계의 문제가 아니라 제곱근을 배우면서 보통 '$0 < a < 3$일 때, $\sqrt{a^2} + \sqrt{(a - 3)^2}$을 간단히 하여라.'와 같은 문제를 접한다. 그러면 $\sqrt{a^2} + \sqrt{(a - 3)^2}$을 $|a| + |a - 3|$로 바꾸고, 절댓값의 정의대로 풀어야 한다. 그런데 절댓값으로 바꾸는 과정을 생략하고 그냥 문제만 풀기 때문에 절댓값을 연습할 기회도 잃고 중3 학생들이 어려워하는 것이

현실이다.

$\sqrt{a^2} = |a|$를 올바르게 보지 못하게 하는 방해 요인이 있다. 첫째, a가 양수인지 음수인지 모른다는 학생들이 $-a$는 마이너스가 있으므로 음수라고 생각하는 경우가 있다. $-a$는 a가 양수이면 $-a$는 음수임이 맞지만, 만약 a가 음수라면 $-a$는 양수가 된다. 따라서 a도 양수인지 음수인지 모르는 것처럼 $-a$도 양수인지 음수인지 모른다. 둘째, 절댓값 기호를 붙이면 저절로 양수가 된다고 착각하는 학생이 있다. a^2이 양수(0포함)이므로 a가 양수라는 말도 안 되는 착각이 있다. a^2이 양수임은 맞지만 a는 여전히 미지수로 양수인지 음수인지 모른다는 것이다. $|a|$도 마찬가지로 절댓값 기호가 a를 양수로 만들라고 했으니 a가 저절로 양수가 되었다는 오류가 있다. '절댓값 기호 안의 수를 양수로 만들어라.'라는 명령기호이고 이를 수행하는 것은 오로지 문제를 푸는 당사자뿐이다. 앞으로도 수학 기호가 알아서 저절로 해주는 경우는 없다는 것을 기억하기 바란다. 이를 정리해 보자.

$|x|$

ⅰ) $x \geq 0$이면 $|x| = x$

또는 ⅱ) $x < 0$이면 $|x| = -x$

위 식을 보면서 간과하기 쉬운 것은 'ⅰ) 또는 ⅱ)', 'A 또는 B' 등에서 쓰이는 '또는'이라는 말이다. '또는'이라는 말이 앞서 있었지만 '합하는 것'이라며 대충 넘어갔던 것이 마음에 걸린다. '또는'은 합집합의 개념으로 중요해서 잠깐 설명한다. 합집합은 간단하게 설명하면 말 그대로 합한다는 말이다. 예를 들어 일상에서 'A 또는 B'는 둘 중의 하나라는 선택의 의미이지만, 수학에서는 이렇게 사용하면 틀린다. 수학적으로는 '① A만 ② B만 ③ A도 되고 B도 되는 부분'을 모두 합한다는 의미다. 이는 원래 집합에서 배우는 내용으로 집합이 중1의 수학교과서에서 빠졌지만, 중고등학교의 관련 수학문제들도 같이 빠진 것은 아니다. 배우지 않았다고는 하지만 중학교 3년 내내 문제로 나왔고, 고등수학 전체에도 사용된다. 특히, 개념이 여러 개 사용되어지는 길고 어려운 문제일수록 많이 사용하는 만큼 명확히 이해해야 한다. 위 내용은 절댓값의 정의대로 하면 되지만, 한 가지 더 알아야 할 것이 있다. 역으로 '$|x| = x$ 라는 식은 $x \geq 0$ 이라는 의미고, $|x| = -x$ 라는 것은 $x \leq 0$ 이라는 의미'다. 이것도 문제의 단서로 많이 사용되는 것이므로 익혀두었으면 좋겠다. 그런데 여기에 두 식 모두 부등호에 =이 붙은 이유는 0에는 +, -를 붙여도 여전히 0이기 때문이다. 이렇게 별도로 익혀두지 않으면, 고등학교 전교 1등들조차 위 정의를 익히는 과정에서 '$|x| = -x$ 이 $x < 0$'라는 오류를 스스로 만들고

문제에 적용해서 틀리는 경우가 많았다.

절댓값과 방정식의 만남

'절댓값과 다항식의 만남'이나 '절댓값과 방정식의 만남'은 절댓값을 풀어주는 것이 같으므로 굳이 설명하지 않아도 된다는 학생들도 있겠다. 그런데 이 둘 사이의 구분에는 간과하기 쉽겠지만, 필자가 보기에는 사고의 전환이라고도 할 수 있는 엄청난 것이 숨어있다고 보여진다. 예를 들어 $|x|$에서 절댓값 기호를 풀어주기 위해서는 x가 양수인지 음수인지를 문제가 알려주어야만 절댓값을 풀어줄 수 있었다. 이와 달리 방정식 $|x| = 7$에서는 x가 양수인지 음수인지 알려주지 않아도 양수(0포함)인 경우와 음수인 경우를 각각의 경우를 조사해 보면서 절댓값을 풀어 줄 수 있다는 것이다.

이 두 가지 사이에 특별한 차이가 없다고 생각할 수도 있지만 별다른 생각없이 등식의 성질 등을 사용하여 방정식을 풀던 때와 비교하여 '각각의 경우를 조사하는 것'은 사고의 큰 전환이라고도 할 수 있다. 모르면 모른다로 끝나는 것이 아니라 문제의 상황을 분류하는 것이 중학교에서는 바로 절댓값을 공부하면서 처음으로 일어나는 것이라는 생각이다. '각각의 경우를 조사해야 하는 문제'는 수능문제를 출제하는 한국교육과정평가원의 출제지침에는 나와 있지 않지만, 실제로는 수능의 가장 어려운 킬러문제를 푸는 방식이다. 처음에 절댓값을 포함하는 방정식, 부등식, 함수 등을 풀면서 각각의 경우를 따져야 하기에 학생들이 무척 귀찮아한다. 물론 절댓값의 성질을 나중에 잘 알게 되면 이러한 귀찮은 작업 없이도 문제를 풀 수 있다. 각각의 경우를 조사하는 과정을 단순히 절댓값을 공부한다고 생각하지 말고 이를 통해 좀 더 진전된 사고를 길러 간다는 생각으로 귀찮음을 이겨내기 바란다.

$|x| = 7$에서 $|x|$가 0 이상의 양수라는 것은 맞지만, 여전히 x는 미지수이니 어떤 수인지는 모른다. x가 될 수 있는 수는 실수 전체다. $|x|$에서 x를 양수로 만들기 위해서는 많은 분류 방법 중에서 양수와 0 그리고 음수인 경우로 분리해야 절댓값 기호의 밖으로 양수는 그대로 나가고 음수이면 −를 붙여서 나가는 작업을 할 수 있다. 절댓값을 풀어주기 위해서는 이처럼 각각의 경우로 분류하여 풀어주어야 한다. 이 중에서 무엇이 될지 모르기 때문에 하나하나 따져주는 것이며 그래야 실수 전체를 모두 따져본 것이 된다. 기호로는 $x > 0$, $x = 0$, $x < 0$이지만 실제로는 0을 양수에 포함시켜 $x \geq 0$와 $x < 0$의 경우로 이분한다. 물론 0은 ＋, − 라는 부호가 의미가 없으므로 $x > 0$과 $x \leq 0$로도 분류할 수 있지만 관행상 $x \geq 0$ 와 $x < 0$로 많이 분류하므로

여러분도 이를 따라 해야 한다. 장황하게 설명했지만 실제로는 다음과 같은 과정을 거치게 된다.

방정식 $|x| = 7$

ⅰ) $x \geq 0$이면 $|x| = 7 \Rightarrow x = 7$

　　($x \geq 0$라는 조건에 7이 만족하므로 해이다.)

ⅱ) $x < 0$이면 $|x| = 7 \Rightarrow -x = 7 \Rightarrow x = -7$

　　($x < 0$라는 조건에 -7이 만족하므로 해이다.)

ⅰ) '또는' ⅱ)으로 합집합이므로 $|x| = 7$의 해는 $x = 7, -7$ 이 된다.

대부분의 학생들에게 $|x| = 7$에서 x의 값이 직관적으로 $7, -7$ 이라는 것이 보이기 때문에, 그 이유를 설명했음에도 여전히 왜 이러한 쓸데없는 짓을 하느냐고 할지도 모르겠다. 개념을 익히는 것이 어려운 이유는 어려움 때문이 아니라 대부분 귀찮음 때문이다. 이러한 귀찮음도 개념을 익히는 과정에서 나오는 것일 뿐이며 점차 간편해지게 되는 시점이 찾아온다. 그런데 개념을 정확하게 익히지 않고 속도만 빨라진다면 '조사'라는 진전된 사고로의 전환과정을 익히지 못하는 아쉬운 일이 일어날까를 우려하는 것이다. 고등수학의 문제는 위처럼 단순한 문제가 아니라 보통 좀 더 복잡하므로 관련 문제를 하나만 풀어보자!

:: 방정식 $|x| + |x - 1| = x + 3$의 해를 구하여라.

$$\text{답:} -\frac{2}{3}, 4$$

$|x|$은 $x \geq 0$와 $x < 0$의 범위로 구분하고, $|x - 1|$은 $x - 1 \geq 0$와 $x - 1 < 0$의 범위로 구분하여 문제를 푼다면 범위가 중복되고 무척 복잡해진다. 그래서 $|x - \alpha| + |x - \beta| = k(\alpha < \beta)$의 꼴은 (절댓값)=0이 되는 x의 값을 경계로 구간별로 조사하는 방법을 택한다. x가 될 수 있는 값은 실수 전체이며 '$x < \alpha$, $\alpha \leq x < \beta$, $x \geq \beta$'로 구분하여도 실수 전체를 모두 조사하여 방정식의 해를 따져보는 결과를 가져오는 것에는 변함이 없다.

$|x| + |x - 1| = x + 3$에서 절댓값 기호 안이 0이 되는 것은 $x = 0, 1$이므로

i) $x < 0$일 때, 절댓값 안의 수가 모두 음수이므로 $-x - (x - 1) = x + 3 \Rightarrow -3x = 2 \Rightarrow x = -\dfrac{2}{3}$ 인데 $x < 0$라는 조건에 맞으므로 해로 적합하다.

ii) $0 \leq x < 1$일 때, 절댓값 안의 수인 x는 양수이고 $x - 1$은 음수이므로 $x - (x - 1) = x + 3 \Rightarrow x = -2$ 인데 이것은 $0 \leq x < 1$라는 조건에 맞지 않으므로 해로 부적합하다.

iii) $x \geq 1$일 때, 절댓값 안의 수가 모두 양수이므로 $x + (x - 1)$
$= x + 3 \Rightarrow x = 4$인데 조건 $x \geq 1$에 맞으므로 해로 적합하다.
따라서 i) ii) iii)의 합집합으로부터 $x = -\dfrac{2}{3}$ 또는 4다.

절댓값과 거듭제곱의 만남

절댓값과 부등식의 만남은 방정식과 유사하니 그냥 고등학교에서 배워도 된다. 대신에 절댓값과 거듭제곱과의 관계를 다루려고 한다. 특히 절댓값을 제곱하는 것은 시간도 부족하고 조금만 생각하면 저절로 터득할 것으로 생각하여 많은 선생님들이 증명 없이 그냥 사용한다. 이를 이해하기 위해서는 한두 번만 해보면 되는 간단한 것이다. 그런데 많은 학생들이 그 조금이 안 되어 사용은 하면서도 개운치 않은 뒷맛을 남기는 것으로 보인다. 다시 말해 어렵지는 않으나 고등에 가서 학생들이 제대로 배우지 못할 수도 있다는 노파심에서 다룬다.

x가 실수일 때

i) $|x|^2 = x^2$

$|x|^2$에서 $x < 0$일 때, $|x|^2 = (-x)^2 = (-1)^2 x^2 = x^2$이고, $x \geq 0$일 때도 $|x|^2 = x^2$이므로 x가 어떤 실숫값이라 할지라도 $|x|^2 = x^2$이다. 같은 논리로 $|x - 1|^2 = (x - 1)^2$과 같이

된다는 것을 알겠지?

ii) $|x^2| = x^2$

어떤 실수이든지 실수를 제곱하면 양수(0포함)이므로 $x^2 \geq 0$ 로 $|x^2| = x^2$ 임이 자명하다. 그런데 간혹 $|x^2| = x$ 라고 잘못 쓰는 학생이 있다. 중3 때 절댓값을 정확하게 연습하지 않아서 $\sqrt{a^2} = a$ 라고 잘못 썼던 학생들이 또 혼동하는 것이다.

$(|a|+|b|)^2$ 과 같은 거듭제곱을 하려면 $|a|^2 = a^2$ 이라는 것과 함께 $|a||b| = |ab|$ 도 알아야 한다.

 i) $a > 0, b > 0$ 일 때, $|a||b| = |ab|$ 는 $ab = ab$

ii) $a >, b < 0$ 일 때, $|a||b| = |ab|$ 는 $a(-b) = -ab$

iii) $a < 0, b > 0$ 일 때, $|a||b| = |ab|$ 는 $(-a)b = -ab$

iv) $a < 0, b < 0$ 일 때, $|a||b| = |ab|$ 는 $(-a)(-b) = ab$

위 증명에서 번거로움 때문에 부호에 영향을 미치지 않는 $a = 0$ 또는 $b = 0$ 의 경우는 배제하기는 했지만, 나머지는 실수의 경우를 뭐든 따져보았으므로 의심 없이 $|a||b| = |ab|$ 를 사용할 수 있을 것이다.

한 가지 더 알면 좋은 것이 있는데, $|a| = |b|$ 이면 $a = \pm b$ 의 두 가지 경우만 따지면 된다는 사실이다. 증명은 바로 위와 같이 a, b가 각각 양수 또는 음수인 경우로 나누어서 해야 하는데 독자의

몫으로 넘긴다.

:: 방정식 $x^2 - 5|x| + 6 = 0$ 의 해를 구하여라.

답: $\pm 2, \pm 3$

$|x|^2$ 이 x^2 이 된다는 것은 역으로 x^2 이 $|x|^2$ 이 된다는 것이다. 따라서 준식을 바꾸어주면 $|x|^2 - 5|x| + 6 = 0$ 이다. 이제 인수분해를 하여 풀어주면 $(|x| - 2)(|x| - 3) = 0$ 으로 $|x| = 2$ 또는 $|x| = 3$ 이다. $|x| = 2$ 에서 $x \geq 0$ 이면 $x = 2$ 이고 $x < 0$ 이면 $-x = 2 \Rightarrow x = -2$ 이므로 $|x| = 2$ 의 해는 $x = \pm 2$ 이다. 마찬가지로 $|x| = 3$ 의 해는 $x = \pm 3$ 이므로 주어진 방정식의 해는 모두 4개로 $\pm 2, \pm 3$ 이다.

절댓값과 함수의 만남

다시 한번 말하지만 절댓값($|\ \ |$)은 '절댓값 안에 있는 것을 양수로 만들라는 명령기호'다. 먼저 기본꼴부터 연습해 보자. $y = |x|$ 라는 함수가 있을 때, 절댓값 안에 있는 x가 될 수 있는 수는 실수 전체다. 이 중에서 x가 0이거나 양수라면 절댓값은 의미 없는 말이다. 그래서 그대로 즉 $y = x$ 로 나올 수 있지만 만약 x가 음수라면 음의 부호($-$)를 붙여서 $y = -x$ 이어야 한다.

그래야 $-x > 0$가 된다. 말로 길게 한 것을 다음과 같이 식과 그래프로 나타낸다.

$y = |x|$에서　　ⅰ) $x \geq 0$일 때, $y = x$

　　　　　　　　ⅱ) $x < 0$일 때, $y = -x$

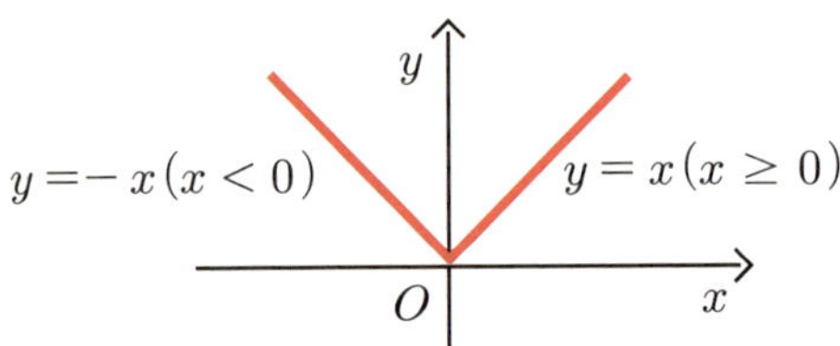

학생들에게 $y = |x|$의 그래프를 그려보라고 하면 x의 범위, 즉 정의역의 구간을 무시하고 그래프를 X자 모양으로 그리는 경우가 있다. 절댓값이 포함된 방정식이나 부등식에서 충분한 연습을 하지 않은 탓이며, 이는 함수도 아니다. 앞서 '구간별로 나누어진 함수'로 표현하면 $f(x) = \begin{cases} -x\,(x < 0) \\ x\ \ (x \geq 0) \end{cases}$ 이다. 기본이 되는 위와 같은 기본꼴을 정확하게 그릴 수 있어야겠지만, 기본적으로 함수는 그래프의 개형을 그리는 데 오래 걸려서도 안 된다. 다음으로 $y = |x - 1|$과 $y = |(x - 1)(x - 4)|$의 그래프를 보자.

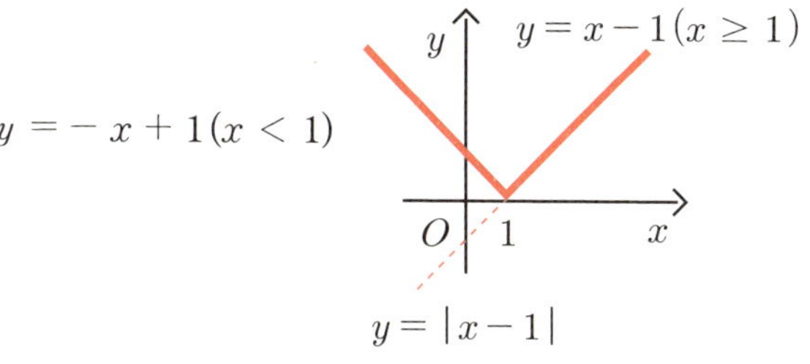

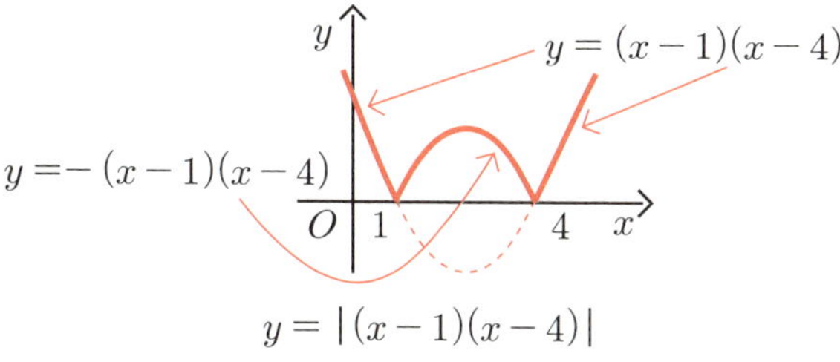

$y = |x - 1|$이나 $y = |(x-1)(x-4)|$의 그래프를 그리는데 x의 범위, 즉 정의역의 구간을 따져가며 일일이 그래프를 완성해 나갈 수는 있다. 그러나 그래프를 완성하는 것이 목적이 아니라 그 문제를 푸는 보조수단인 경우가 많으므로 빨리 그려야 한다. 그런데 이러한 식을 보고 그래프의 개형이 무엇인지를 모른다면, 문제에서 요구하는 바를 파악하는 데만도 시간이 오래 걸린다. 평행이동과 대칭이동이라는 것을 배웠으므로 이것을 사용하면 절댓값이 있는 그래프를 훨씬 편하게 구할 수 있다. $y = |x|$ 에서 x 대신에 $x - 1$을 대입하면 $y = |x - 1|$이 되는데 'x 대신에 $x - 1$을 대입'한다는 것은 그래프를 x축의 방향으로 1만큼 평행이동한 그래프가 된다. 따라서 원점에 있던 $y = |x|$의

∨ 모양의 꼭짓점이 (1, 0)로 평행이동했다고 생각하면 그래프의 개형이 쉽게 들어온다. 절댓값 기호가 있는 함수의 이동에 관하여 정리해 보자!

절댓값 기호를 포함하는 함수 그래프의 평행이동

1) $y = |x - 2|$의 그래프는 x 대신에 $x - 2$를 대입한 것과 같으므로 $y = |x|$의 그래프를 x축의 방향으로 2만큼 평행이동한 그래프이다.

2) $y = |x| - 1$의 그래프는 y 대신에 $y + 1$을 대입한 것과 같으므로 $y = |x|$의 그래프를 y축의 방향으로 -1만큼 평행이동한 그래프이다.

3) $y = |x - 3| - 1$의 그래프는 $y = |x|$의 그래프를 x축의 방향으로 3만큼, y축의 방향으로 -1만큼 평행이동한 그래프다. $y = a|x - m| + n$ 꼴의 그래프는 전체 모양이 비록 직선과 곡선으로 서로 다르지만 마치 $y = a(x - m)^2 + n$과 유사한 모양이다. 즉, a가 양수이면 ∨의 모양이고 a가 음수이면 ∧의 모양을 가진다.

함수 $y = |f(x)|$, $y = f(|x|)$, $|y| = f(x)$ 등의 그래프와 대칭이동

대칭이동을 이용하여 그래프를 그리는 절댓값 기호가
있는 그래프의 유형은 크게 네 가지이다. 이들을 그리는데
유형별로 나누어 설명하려 하며, 결국 x축 또는 y축에 대하여
대칭이동시키는 방법들이다. $y = |x - 1|$과 같이 $y = |f(x)|$
꼴의 그래프는 위와 같이 평행이동으로 처리하는 것이 좋지만
관점을 바꿔서 절댓값 안이 양수인 그래프 부분을 먼저 그리고
나서 음수인 부분을 꺾어 올려서 양수로 만드는 방법이 있다.
그런데 $y = |(x - 1)(x - 4)|$의 경우는 평행이동이라는
관점으로 처리하기가 어렵다. 따라서 절댓값 안이 양수인
그래프를 먼저 그리고 나서 음수인 부분을 꺾어 올리는 즉 y
대신에 $-y$를 대입하는 x축에 대한 대칭이동으로 그래프를 그리는
것이 편하다. 다음과 그리는 방법을 정리한다.

$y = |f(x)|$의 꼴

**1) 절댓값 기호 안의 수가 양수라고 가정한 함수의 그래프를
점선으로 그린다.**

2) x축의 위 부분의 그래프만을 실선으로 처리한다.

**3) x축의 아래 부분에 있는 그래프를 x축에 대하여 대칭이동시킨
뒤 실선으로 처리한다.**

이번에는 $y = f(|x|)$의 꼴을 설명한다. $y = |f(x)|$를 그리는데 x축에 대한 대칭이동을 이용했다면 $y = f(|x|)$의 그래프는 y축에 대한 대칭이동을 사용한다. 다음은 $y = x^2 - 2|x| + 2$의 그래프이다.

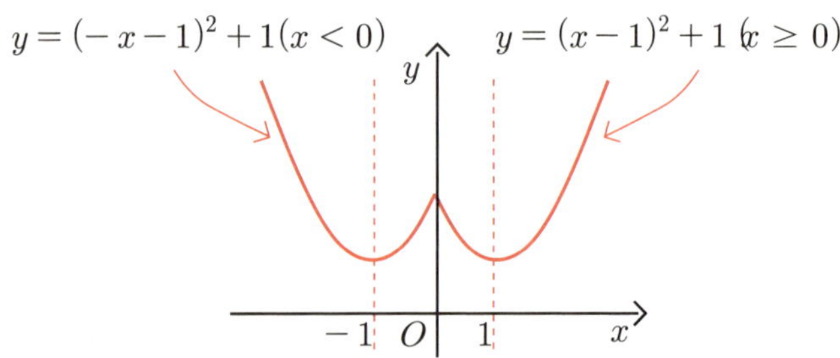

$$y = x^2 - 2|x| + 2$$

$$\Rightarrow y = |x|^2 - 2|x| + 2$$

$$\Rightarrow y = (|x| - 1)^2 + 1$$

$y = f(|x|)$의 꼴

1) 절댓값 기호 안의 수가 양수일 때의 함수의 그래프를 점선으로 그린다.

2) 절댓값 기호 안이 0이상인 부분 즉 정의역이 $x \geq 0$ 인 함수의 그래프를 실선으로 처리한다.

3) 이 실선을 $x = 0$ 즉 y축에 대하여 대칭이동한 그래프를

그린다.

$|y| = f(x)$의 꼴을 설명한다. 보통 절댓값 기호가 x에 붙는 경우가 많지만 간혹 y에 붙으면 당황하는 경우가 있다. 함수가 아니라서 자주 나오지 않기 때문이다. 처음에는 하나하나 해서 하는 방법을 알아야겠지만 결국 $y = |x|$가 ∨자 모양이라는 것이 머릿속에 들어갔던 것처럼 $|y| = x$가 <자 모양이라는 것을 알면 된다.

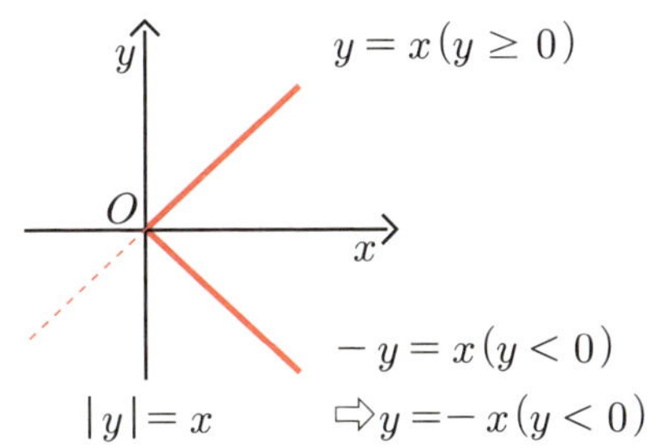

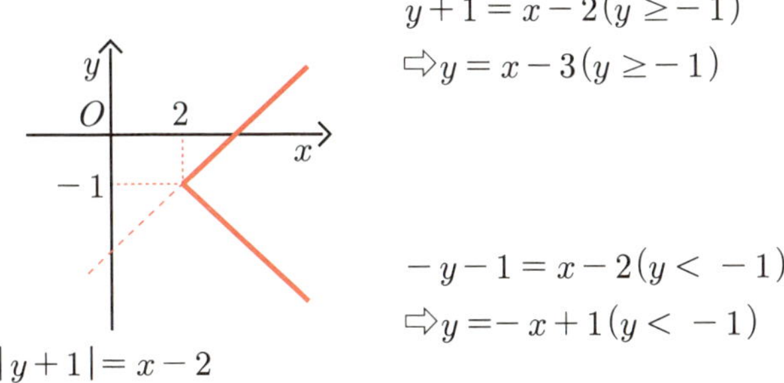

$|y| = f(x)$의 꼴

1) 절댓값기호 안이 양수인 함수의 그래프를 점선으로 그린다.

2) 절댓값기호 안이 0이상인 부분($y \geq 0$)만을 실선으로 처리한다.

3) 이 실선을 $x = 0$, 즉 x축에 대하여 대칭이동한 그래프를 실선으로 그린다.

$|y| = |f(x)|$의 영역은 ① $y > 0$ 그리고 $f(x) > 0$, ② $y > 0$ 그리고 $f(x) < 0$, ③ $y < 0$ 그리고 $f(x) < 0$, ④ $y < 0$ 그리고 $f(x) > 0$이다. 영역이 복잡해 보이지만 이는 결국 각 사분면의 영역이다. 이것을 정식으로 하려면 각 범위에 따른 그래프를 그려야 하지만 귀찮으니 역시 대칭을 이용하여 그래프를 그려야겠지?

$|y| = |f(x)|$의 꼴

1) 절댓값기호가 없는 함수의 그래프를 제 1사분면에만 그린다.

2) 제 1사분면에 그려져 있는 그래프를 x축에 대하여 대칭이 되도록 그린다.

3) 제 1사분면과 제 4사분면에 그려진 그래프를 하나로 보고 전체를 y축에 대하여 대칭이동시킨다.

먼저, y축에 대하여 대칭이동시킨 다음에 x축에 대하여 대칭이동을 시켜도 되는데 문제는 두 번째 이동시킬 때는 앞의 그림 전체를 대칭이동시킨다는 것만 주의하면 된다. 이것이 이해가 잘 안되면 그냥 x축 대칭, y축 대칭 그리고 원점 대칭이라고 생각해도 무방하다. 그런데 이는 무척 귀찮은 일이므로 두 번 이상 해 보는 것도 어렵다. $|y| = |f(x)|$의 꼴의 대표적인 식인 $|x| + |y| = 2$와 $|x| - |y| = 2$의 형태인데 하나만 해보자. 먼저 $|x| + |y| = 2$에서 제 1사분면을 가장 먼저 그리라고 했지? 즉 $x \geq 0, y \geq 0$에서 $|x| + |y| = 2$은 $x + y = 2 \Rightarrow y = -x + 2$이고, 하나하나 대칭이동시키면 〈그림 2〉처럼 마름모 모양이 나온다.

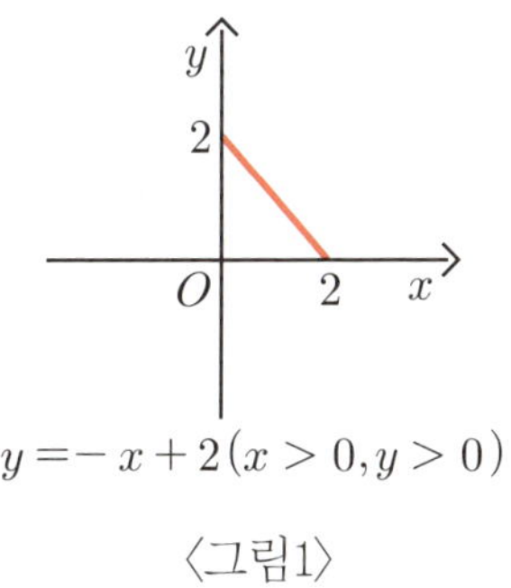

$$y = -x + 2 \, (x > 0, y > 0)$$

〈그림1〉

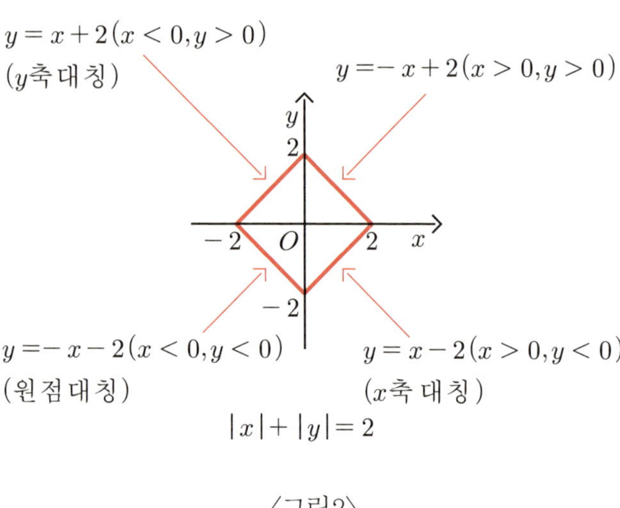

〈그림2〉

4.5

출제자의 정의대로 함수 만들기

'정의대로 함수 만들기'는 고등수학에서 주로 사용하는데, 늘 그렇듯이 설명 없이 문제만 나온다. 중학수학에서 이 부분을 공부하려면 〈함수의 정의〉와 이때의 문제들을 보아야 할 것이다. 그래도 수학에서 가장 믿음직한 것은 정의이다. 출제자의 정의대로 문제를 만든다는 것은 학생들의 입장에서는 처음 보는 문제이다. 처음 보는 문제를 접근하는 유일한 방법은 개념에 의지하는 것이다. 함수의 정의를 이미 다루었지만 상기하는 의미로 쓴다.

함수의 정의

두 변수 x, y에 대하여 x의 값이 변함에 따라 y의 값이 하나로 정해지는 대응관계가 있을 때, y를 x의 함수라고 하고 기호로 $y = f(x)$ 라 한다.

정의대로 x와 y 사이에 인과관계가 없어도 '존재성'과 '유일성'을 갖추면 함수다. 대부분 x와 y 사이에 인과관계가 있는 다항함수들을 많이 다루어서 출제자의 정의에 따른 함수들이 낯설어 보일 수 있는데 이것을 어느 정도 해결하고자 이번 단원을 마련했다. 직접 문제를 통해 확인해 보자.

:: 자연수 x를 5로 나누어 그 나머지를 $f(x)$라 할 때, 다음 중 옳지 않은 것을 골라라.

① $f(5x) = 0$ ② $f(x + 5) = f(x)$

③ $f(2x + 5) = f(2x - 5)$

④ $f(5x + 3) = 5f(x + 3)$ ⑤ $f(5x + 3) = f(5x - 2)$

답: ④

먼저, 출제자가 말한 대로 $f(x) =$ (자연수 x를 5로 나눈 나머지)로 써놓을 수 있어야 한다. 머릿속으로 아는 것과 식으로 써 놓는 것은 차이가 크다. 많이 보던 관계식이 아니라 함수를 말로 설명해 놔서 낯설 것이다. 또 왜 이렇게 놓았느냐는 생각이 들 수 있지만 새로운 함수의 정의는 출제자의 고유권한이고 정의역인 자연수 x마다 하나의 함숫값을 가지니 함수가 분명하다. 그리고 $f(x) =$ (자연수 x를 5로 나눈 나머지) 가 어떤 의미를 가지는지 안다면 문제를 바로 풀어보면 되겠지만, 그렇지 않다면 가장 먼저 이해하기 위해서 하나씩 대입해 보는 것이 이해의 첫걸음이다.

$$x = 1 을 \ 대입하면 \ f(1) = (자연수 \ 1을 \ 5로 \ 나눈 \ 나머지) = 1$$
$$x = 2 를 \ 대입하면 \ f(2) = (자연수 \ 2를 \ 5로 \ 나눈 \ 나머지) = 2$$
$$x = 3 을 \ 대입하면 \ f(3) = (자연수 \ 3을 \ 5로 \ 나눈 \ 나머지) = 3$$
$$x = 4 를 \ 대입하면 \ f(4) = (자연수 \ 4를 \ 5로 \ 나눈 \ 나머지) = 4$$
$$x = 5 를 \ 대입하면 \ f(5) = (자연수 \ 5를 \ 5로 \ 나눈 \ 나머지) = 0$$
$$x = 6 을 \ 대입하면 \ f(6) = (자연수 \ 6을 \ 5로 \ 나눈 \ 나머지) = 1$$
$$\vdots$$

이를 통해 자연수는 5의 배수에서 나머지가 0이며, 어떤 수든 5씩 커질 때 나머지, 즉 함숫값이 같다는 것을 알 수 있다. 한 가지 초등수학에서 '나누어떨어진다'를 나머지가 없다는 잘못된 개념을 가진 학생들이 많다. 나누어떨어지는 나눗셈의 나머지는 0으로 있는데 생략한 것이다. 앞서 생략은 '있는 데 안 쓴 것'이라고 했다. 나머지가 없는 것이 아니라 0이라는 나머지가 있는데 생략했던 것이다.

① $f(5x) = (5x$를 5로 나눈 나머지)인데 $5x$가 5의 배수이므로 $f(5x) = 0$이다.

② 자연수가 5씩 커질 때 나머지 즉 함숫값이 같다는 것이므로 $f(x + 5) = f(x)$는 맞는 말이다.

③ 5씩 커져도 된다는 말은 역으로 5씩 작아져도 된다는 말이므로 $f(2x + 5) = f(2x - 5)$도 역시 참이다. 여기에 $x = 1$을 대입하여 나머지가 음수가 나왔다며 틀렸다고 생각하는 학생도 있다. 참고로 5의 배수는 5, 10, 15, …가 아니라 음의 배수도 포함하여 …, -10, -5, 0, 5, 10, …이다.

④ $f(5x + 3) = 5f(x + 3)$에서 $f(5x + 3) = 3$이지만 $5f(x + 3)$은 나머지의 5배이므로 같지 않다.

⑤ 5씩 커질 때 같다는 것은 주기가 5라는 규칙이고, 어떤 수보다 3이 큰 수와 어떤 수보다 2가 작은 수는 주기가 5라서 같은 함숫값을 가진다. 따라서 $f(5x + 3) = f(5x - 2)$는 참이다. 어려웠지? 낯선 함수의 식에다 여러분이 배우지 않은 배수의 확장, 나머지, 주기 등을 다루고 있기 때문이다. 이러한 개념들 중 하나만 몰라도 틀리는 것이 수학이니, 개념을 하나하나 철저히 해 나가기 바란다. 이러한 것들을 연역적이 아니라 귀납적으로 가르치겠다는 말은 "이 정도는 알아야지!"라며 안 가르친 모든 것을 전부 상식이라고 책임을 회피하는 것으로 보인다. 말도 안 되는 상황이지만 학생들의 입장에서는 더더욱 기회가 될 때마다 개념을 정리해야 할

것이다.

:: 이차함수 $y = 2x^2 + x + 1$의 그래프 위를 점 $P(a, b)$가 움직일 때, $a + b$의 최솟값을 구하시오.

답: $\dfrac{1}{2}$

문제에서 구하라는 것을 액면 그대로 보면 $y = 2x^2 + x + 1$ 위의 임의의 점 (a, b)가 무수히 많은데 이들을 구해서 하나하나 더해보고 더한 값이 가장 작을 때의 값을 구하라는 것이다. 학생들의 입장에서 "어마어마하게 많은 점들이 있는데, 이것을 어떻게 일일이 더하냐?"라는 미친 문제처럼 보인다. 어제나 그렇듯이 문제를 개념대로 풀어보자.

먼저, $y = 2x^2 + x + 1$의 그래프 위를 점 $P(a, b)$가 움직인다고 했으므로 대입했을 때, 등식이 성립한다는 말이다. 따라서 $b = 2a^2 + a + 1$이 성립한다. 그런데 '$a + b$의 최솟값'을 구하라고 했으니 양변에 a를 더하면 $a + b = 2a^2 + 2a + 1$이다. 앞서 함수의 정의에 따라 변수들을 바꿀 수 있다고 했다. 이제 문제가 구하라는 '$a + b$의 최솟값'은 '$2a^2 + 2a + 1$의 최솟값'으로 대체되었고, $f(a) = 2a^2 + 2a + 1$라는 새로운 함수가 된 것이다. 이것을 표준형으로 바꾸어 보면

$f(a) = 2(a^2 + a + \frac{1}{4}) - \frac{1}{2} + 1$이므로 최솟값은 $\frac{1}{2}$이다. "알겠는데, 양변에 a를 더한다는 이런 생각을 어떻게 하느냐?"는 생각이 드는가? 그렇다면 우리가 배웠던 다른 방법으로 풀어보자. '$b = 2a^2 + a + 1$에서 $a + b$의 최솟값을 구하라.'까지는 이해가 될 것이다. 여러분의 이해를 돕기 위해서 변수를 다시 x, y로 바꿔서 '$y = 2x^2 + x + 1$에서 $x + y$의 최솟값을 구하라.'라는 문제를 풀어봅시다. 변수를 a, b로 하면 여러분이 너무 낯설어서 사고를 하는데 방해받을까를 배려한 것이다. 그런데 고등의 어려운 문제들을 풀다 보면, 이런 일이 자주 일어나니 함수의 문자가 통상적으로 쓰는 x나 y가 아니어도 자꾸 익숙해지려고 노력해야 한다.

$x + y = k$ (단, k는 상수)라고 해보자. 그러면 $y = -x + k$라는 미결정직선에서 k는 y절편이 된다. $y = -x + k$는 기울기가 -1인 채로 위아래로 움직이는 직선인데, $y = 2x^2 + x + 1$이라는 포물선과 만나면서 y절편이 가장 작아야 한다. 그래프를 그리면서 이해하면 더 명확하게 들어오겠지만 결국 포물선에 직선이 접할 때이다. 즉, 두 함수 $y = 2x^2 + x + 1$과 $y = -x + k$가 접할 때이므로 대입하여 만든 이차방정식이 중근을 가질 때다. $-x + k = 2x^2 + x + 1$ $\Rightarrow 2x^2 + 2x + 1 - k = 0$ $\Rightarrow x^2 + x + \frac{1-k}{2} = 0$에서 완전제곱의 꼴이 되려면 $\frac{1}{4} = \frac{1-k}{2}$ $\Rightarrow \frac{1}{2} = 1 - k$ $\Rightarrow$ 최솟값 $k = \frac{1}{2}$

이다. 배운 대로 풀었으므로 이해되었을 것이다. 그런데 미결정직선이 이렇게 쓰인다는데 놀랍지 않나?

:: 이차함수 $y = x^2 + 2ax + a$ 의 최솟값을 M이라 할 때, M의 최댓값을 구하여라.

답: $\dfrac{1}{4}$

표준형으로 바꾸면 $y = (x + a)^2 - a^2 + a$ 인데 최솟값을 M이라고 했으므로 $M = -a^2 + a$ 이다. 이 문제를 풀지 못하는 대다수의 이유는 바로 $M = -a^2 + a$ 라는 출제자가 정의한 함수식을 만들어 내지 못하기 때문이다. 만들 수 없었던 이유는 낯설음과 출제자가 말한 대로 쓰지 않았기 때문이다. $M = -\left(a - \dfrac{1}{2}\right)^2 + \dfrac{1}{4}$ 인 M의 최댓값은 $\dfrac{1}{4}$ 이다.

:: 이차함수 $f(x) = x^2 + 3x + 5$ 에 대하여 방정식 $f(x) + x + k = 0$ 의 실수인 근의 개수를 $f(k)$ 라 할 때, $f(k)$ 의 그래프를 그려라.

답: (해설 참조)

낯설어도 $f(k) = $ (방정식 $f(x) + x + k = 0$ 에서 실근의 개수)

라고 출제자가 정의한 함수식을 직접 쓰라고 했다. $f(x)$가 이차라서 이 방정식이 이차방정식이고, 따라서 근의 개수 $f(k)$는 0, 1, 2 중의 하나씩 결정될 것이다. $f(x) + x + k = 0$에 $f(x) = x^2 + 3x + 5$를 대입하여 $x^2 + 4x + 5 + k = 0$이라 놓고 k를 우변으로 이항하면 $x^2 + 4x + 5 = -k$가 된다. 이 방정식을 두 함수 $y = x^2 + 4x + 5$ ⇨ $y = (x + 2)^2 + 1$와 미결정직선 $y = -k$로 보자. 그러면 다음 그림처럼 $y = -k$가 움직이면서 $f(k)$ 즉 교점의 개수를 구하는 문제로 변신하게 된다.

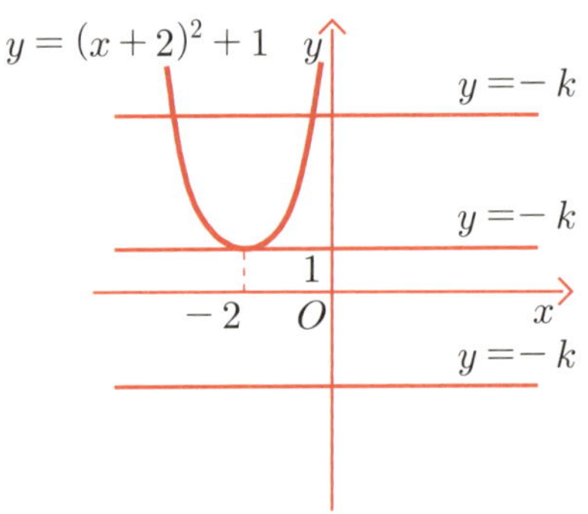

$y = -k$를 아래에서 위로 움직이다 보면 $-k$가 1보다 작을 때는 포물선과 만나지 않다가 $-k = 1$에서 한 점에서 만나고, 다시 $-k > 1$에서 계속 두 점에서 만난다는 것이 보인다. 이제 이해가 끝났으니 함수식으로 만들고 그래프를 그리면 된다.

$$f(k) = \begin{cases} 2\,(k < -1) \\ 1\,(k = -1) \\ 0\,(x > -1) \end{cases}$$ 이며, 이 그래프를 그려보면 다음과 같다.

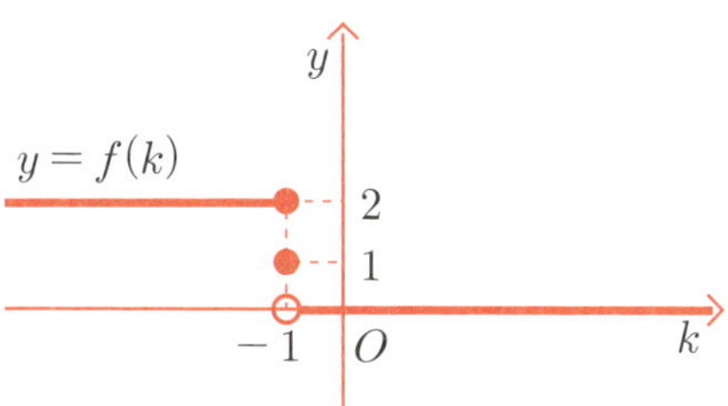

함수 $f(k)$는 정의역이 k인 실수 전체이며, 그래프는 $k = -1$에서만 불연속이다. 지금 당장은 그림이 매우 낯설게 느껴지겠지만 나중에 고등수학에서 자주 만날 것이다. 마지막으로 한 문제만 더 풀어보자.

:: 함수 $f(x)$가 다음 성질을 만족할 때, $f(-3)$의 값을 구하여라.

> I. 임의의 x에 대하여 $f(x) > 0$ II. $f(1) = 2$
> III. $f(x + y) = f(x)f(y)$

답: $\dfrac{1}{8}$

구체적인 함수의 관계식이 주어진 것이 아니라 $f(x+y) = f(x)f(y)$ 처럼 함수들의 연산과 등호로 이루어져 있다. 이러한 식을 함수방정식이라고 한다. 이런 문제는 학교의 교육과정에는 없는 것으로 갑자기 처음 문제를 접하면 당황하는 경우가 많다. 한 번쯤 미리 접해보라고 문제를 넣었다. 수학은 낯설면 항상 노가다를 하려고 생각을 하는 것이 기본이다. 관계식이 직접 주어진 것이 아니므로 귀찮아도 하나씩 대입하면서 함숫값들을 찾아가야 한다. $f(1)$이라는 출발점이 주어져 있고 최종적으로 문제가 요구하는 $f(-3)$이란 곳까지 하나하나 구해나가야 한다. 가장 먼저는 $f(0)$을 구해야겠군. $f(x+y) = f(x)f(y)$에 $x = 0, y = 0$을 대입하면 $f(0) = f(0)f(0)$인데, $f(x)$가 항상 양수라고 했으므로 $f(0)$은 0이 아니기 때문에 나눌 수 있고 양변을 $f(0)$으로 나누면 $f(0) = 1$이다. 아니면 $x = 0$, $y = 1$을 대입하여도 $f(1) = f(0)f(1)$이 되는데 역시 양변에 $f(1)$로 나누어 $f(0) = 1$를 구할 수도 있다. 이번에는 $f(-1)$을 구해야 하는데 0의 성질을 이용해야 한다. 0은 두 수의 절댓값이 같고 부호가 다를 때 합이 0이 된다. 아마 이 부분의 생각이 이 문제를 푸느냐 못 푸느냐의 갈림길이 될 것이다. $x = -1, y = 1$을 대입하면 $f(0) = f(1)f(-1)$이며 각각 구한 것을 대입하면 $f(-1) = \dfrac{1}{2}$이다. 이제 $x = -1, y = -1$을 대입하면 $f(-1-1) = f(-1)f(-1) = \dfrac{1}{4}$이다. 최종적으로 $x = -2, y = -1$을 대입하면 답은 $f(-2-1) = f(-2)f(-1) = \dfrac{1}{8}$이다.

유클리드(Euclid / 기원전 300년경 활약)는 고대 그리스의 수학자로, '기하학의 아버지'로 불린다. 알렉산드리아에서 활동하며, 그 이전에 있던 모르고 기하학 원리를 체계적으로 정리한 저서 '원론'을 집필했다. 이 책은 13권으로 구성되어 있으며, 평면기하학, 수론, 비례론 등을 다룬다. 원론은 기하학적 증명을 논리적이고 체계적으로 정립하여 후대 수학자와 과학자들에게 큰 영향을 미쳤다. 그의 기하학적 체계는 2000년 이상 전 세계 수학교육의 기초가 되었다.

100층 빌딩을 지으려면
지하 4층까지는 파야 한다

필자가 중학교 3학년 때, 함수를 배우면서 이런 생각이 들었다.

"함수를 3년간이나 배웠는데 배운 것이라고는 딸랑 직선과 포물선
뿐이네! 얼른 다양한 곡선의 함수들을 배우고 싶다."

아마 수학 선행을 하지 않았던 시대라서 그런지도 모르겠다. 이제
30년간 아이들을 가르친 지금에 와서 보면, 헛웃음이 나온다. 중학
교 때의 필자는 함숫값, 미결정직선, 대칭이동 등을 몰랐다. 당연
히 그 실력으로 고등학교에 갔으니 고등수학 90%인 함수에서 이
유도 모른 채 엄청나게 고생을 했다. 지금에 와서 보니 직선과 포
물선이 얼마나 어려운 것이었는지, 얼마나 개념을 튼튼히 잡아야

하는지가 보인다. 고등함수가 어렵지 않기 위해서는 중학함수의 튼튼한 실력과 연역적 사고가 필요하다. 직선은 모든 곡선의 기준이고 포물선은 수학에서 가장 어려운 대칭을 다룬다. 그러므로 고등함수를 잡으려면 중학함수를 제대로 잡아야 한다.

수학을 가르치다 보니 본의 아니게 간혹 수학이라는 과목에 대해서 생각해 본다. 인류가 자연으로부터 직사각형, 삼각형, 원이라는 원형을 추출하였다. 배워봐도 별거 아닌 것들처럼 보이는데, 이것들을 이용해서 인류는 엄청난 높이의 마천루도 쌓는다. 직사각형이 없었더라면 인류는 10층을 쌓기도 어려웠을 것이다. 이처럼 수학의 개념은 하나하나가 별거 아닌 것처럼 보이지만, 이것들이 몇 개만 섞이고 노력하면 상상을 초월하는 일들이 벌어진다. 그러나 공부는 쉬울 때는 쉬워서 싫고, 어려울 때는 어려워서 싫다. 필자가 중학교의 함수는 쉬우니 고등의 다양한 함수가 하고 싶었고, 막상 고등함수를 만났더니 어려워서 싫었던 마음하고 똑같다. 수학은 쉬울 때 열심히 해야지, 막상 어려워지면 되돌이키기가 어려운 학문이다. 쉬운 직선이나 포물선을 지나 고등함수의 다양한 그래프를 만나 고전을 면치 못했음에도 그때는 그 이유가 중학함수의 부족임을 몰랐다. 필자의 경험을 독자들에게 물려주고 싶지는 않다. 그러나 "고등함수 전체가 중학교의 직선 때문에 어렵고, 가장 어려운 문제는 포물선에서 배웠던 대칭이다."라는 필자의 말을 어떤 중학생들이 이해하겠는가? 그러니 이미 겪은 부모님이나 선생님들이 고등수학의 얘기를 해주어야 한다. 그게 어렵다면 적어도 기본의 중요성이라도 알려주어야 한다.

전문가들의 말에 의하면 100층의 빌딩을 지으려면 최소 지하 4층까지는 파 내려가야 한다고 한다. 100층까지를 쌓으려면 올라가기도 바쁜데 어찌 거꾸로 지하를 파야 하느냐고 볼멘소리를 하면 안 된다. 또 고등수학의 어려운 문제를 풀다 보면 저절로 개념이 잡힌다는 등 말도 안 되는 헛소리를 믿지 마라. 이것은 일단 100층 건물을 올리고 나면 그 무게로 저절로 땅에 박혀 자리 잡는다고 하거나 그렇지 않다면 그때 가서 지하를 파도 늦지 않는다는 말처럼 황당한 소리다.

'식을 바라보는 눈'을 길러라

아마 수학의 실력을 갖춘 사람이 필자의 책을 보면 아마도 10쪽이면 설명을 모두 끝낼 내용을 이렇게 책 한 권이나 내었다며 뒷말을 할지도 모르겠다. 맞다. 반복되는 내용이 많다. 그럼에도 줄이지 않는 이유는 함수를 어려워하는 학생들이 많아서 반복시키려는 의도 때문이다. 실력을 갖춘 학생이나 선생님이라면 이 부분을 이해해 주기 바란다.

'선생님이 중학교 때 함수가 중요하다고 연습을 많이 시켜서인지 고등함수가 크게 어렵지 않았어요. 그런데 친구를 알려주고 있는 데 아무리 설명해도 이해를 잘 못해요. 왜 그런 거예요?'

학교에서 학생들끼리 멘토-멘티 제도를 실시하는 학교가 많아서 이런 질문이 많다. 이러한 경우, "네가 어렵지 않았다니 다행이다. 원래 잘 알게 되면 쉬운 거고 그렇지 않으면 어려운 거란다. 친구에게는 아무래도 고등학교가 아니라 중학교의 함수부터 차곡차곡 알려주어야 할 것이다. 그리고 그것은 너에게도 큰 도움이 되니 절대 아까운 시간이라고 생각하지 마라."라고 말해주곤 한다.

수학이 어려운 것은 항상 현재 배우는 것이 아니라 대부분 그 이전의 것이 막혀서이다. 중학 수학에서 3년 동안 길러야 하는 것은 '식을 바라보는 눈'이고 이것을 도와주는 것이 개념이다. 이 책도 알고 보면 단순히 $f(x)$라는 식 하나를 설명한 것에 불과하다. 함수가 어려운 이유도 결국은 $f(x)$가 가지는 의미를 생각해 보지 않아서 그 의미가 들어오지 않은 탓이다. $f(x)$, $f(x)$의 그래프, $f(x)$의 값 등을 구분할 수 있겠는가? 이것이 구분된다면 이 책은 소기의 목적을 달성했다고 본다.

이 책은 초판이 나온 지가 10년도 넘었고 최근 절판을 하게 되어 부랴부랴 리뉴얼을 하게 되었다. 필자의 많은 책들이 절판되었음

에도 이렇게 신속하게 이 책을 리뉴얼하는 이유는 함수가 갖는 중
요도 때문이다. "중학 함수를 제대로 하지 않으면 고등수학 90%가
어렵다."라는 필자의 말을 믿고 함수의 정의부터 열심히 공부해서
고등수학에 도움이 되었으면 좋겠다.

중학함수, 제대로 가르쳐주마

지은이 | 조안호
발행인 | 성계정

2025년 1월 22일 1판 1쇄 발행
2025년 11월 3일 1판 2쇄 발행

이 책을 만든 사람들
책임기획 | 정광태
디자인 | 김지수
교   정 | 김지현, 홍경수

이 책을 함께 만든 사람들
제작 및 인쇄 | 대한프린테크

펴낸곳 | 폴리버스
출판등록 | 2021년 10월 8일. 제 2021-000050호
주소 | 대전 서구 문정로 22, 4층 (주)폴리버스
전화 | 042-639-7749
홈페이지 | www.joanholab.com
문의(e-mail) | joanhocrew@gmail.com

ISBN | 979-11-976207-7-5

도서출판 폴리버스는 성장하는 청소년들을 위한 지식과 지혜의 길을 만듭니다.
미래는 universe가 아닌 poliverse!